現代の
家庭教育政策と
家庭教育論

これからの子育てと親のあり方

友野 清文 著

丸善プラネット

2節　生徒の人生選択に学校はどう関わるべきか……………………116
　はじめに
　1　ライフデザイン（ライフプラン）教育　117
　　1.1　ライフデザイン（ライフプラン）教育とは　117
　　1.2　ライフデザイン（ライフプラン）教育への「期待」　119
　2　学習指導要領の規定　123
　3　家庭科教科書の記述　128
　4　生徒の人生選択と学校教育　129
　おわりに――個人が自分らしく生きられる社会のために
　Column 3　パパとママから悠ちゃんへの手紙　132

4章　「親学」「誕生学」をめぐって………………………………134
　はじめに
　1　「親学」について　135
　　1.1　多様な「親学」　135
　　1.2　親学推進協会の「親学」　137
　2　「誕生学」について　149
　　2.1　「誕生学」の目的と内容　149
　　2.2　「誕生学」への批判　151
　おわりに
　Column 4　娘の成人式を迎えて　154

5章　アルフィー・コーンの家庭教育論……………………………156
　はじめに
　1　Alfie Kohn について　159
　　1.1　経　歴　159
　　1.2　著作について　159
　　1.3　日本へのKohnの紹介　161
　　1.4　Kohnの問題意識と関心　163
　2　Kohnの子育て・家庭教育論について　164

2章　家庭教育支援条例の成立過程……………………………………47
　はじめに
　1　熊本県「くまもと家庭教育支援条例」　48
　2　長野県千曲市「千曲市家庭教育支援条例」　59
　3　静岡県豊橋市「豊橋市家庭教育支援条例」　64
　4　条例の審議から見えてくること　68
　おわりに──今後の課題
　Column 2　男が子育てし，世の中変えませんか　77

3章　「親になるための学び」をめぐって………………………………79
1節　自治体における「親になるための学び」の展開………………79
　はじめに
　1　家庭教育支援条例の「親になるための学び」　79
　2　「ライフプラン教育」について　89
　　2.1　文部科学省の「ライフプランニング教育」　91
　　2.2　栃木県『とちぎの高校生「じぶん未来学」』　94
　　2.3　岐阜県『未来の生き方を考える── Life Planning Booklet ──』　98
　　2.4　秋田県『少子化を考える高等学校家庭科副読本「考えよう　ライフプランと地域の未来」』　101
　　2.5　北海道『高校生向け少子化対策副読本「北海道の少子化問題と私たちの将来について考えてみよう」』　104
　　2.6　小括 ──「ライフプラン教育」について　105
　3　「親になるための学び」「ライフプラン教育」の背景　107
　　3.1　1960年代以降の家庭政策　107
　　3.2　1990年代以降の少子化社会対策　108
　　3.3　2000年代の性教育をめぐる「事件」　111
　　3.4　2010年代の「女性政策」　111
　　3.5　「ニッポン一億総活躍プラン」　114
　おわりに

目　次

まえがき　iii

1章　現代の家庭教育政策の動向　1
──家庭教育支援条例・家庭教育支援法案をめぐって

はじめに

1　背　景　2
　1.1　中教審答申等による家庭教育政策の方向性　2
　1.2　教育基本法改定（2006年12月）前後からの動き　8

2　家庭教育支援条例　16
　2.1　子どもに関わる条例について　16
　2.2　家庭教育支援条例の内容について　17
　2.3　「親になるための教育」「ライフプラン教育」について　28
　2.4　家庭教育支援法案について　29

3　「親学」について　34
　3.1　「親学」と家庭教育支援条例・法案　34
　3.2　「親学」とは何か　35

4　まとめと今後の課題　38
　4.1　家庭教育支援をどう見るか ──文部科学省（文部省）と内閣との関係　38
　4.2　家庭教育支援条例と家庭教育支援法案の問題点　38
　4.3　今後の課題　39

参考文献

Column 1　「産む」ことへの国家的まなざしの成立　42

コントロールするのではなく,親や教師とともに行動する主体と見る視点は,大きな示唆を与えるものではないだろうか.

　私は家族や家庭教育を考える際のキーワードは「自己決定」と「多様性」であると考える.この視点から見たとき,現在の動向をどのように捉えることができるのか,そしてどのような方向を目指すべきであるのか,本書がそれを考える糸口となればと思う.

　家庭教育や子育て,そして教育全般に関心を持つ方に,何らかの考える素材を提供することができるならば,私にとっては望外の喜びである.

　なお本書はこれまでに発表した文章を基にしており,収録にあたり,相互の調整を図るために必要な修正を行ったが,各章間での若干の内容の重複は容赦頂きたい.また引用にあたっての翻訳はすべて筆者自身によるものである.

ている．内容的には，主に二つの柱からなる．

　一つは上に述べた家庭教育支援条例や家庭教育支援法（案）を含む，家庭教育政策と家庭教育論（とりわけ「親になるための学び」）である．これらについては既に，木村涼子『家庭教育は誰のもの？——家庭教育支援法はなぜ問題か』（岩波書店　2017 年），本田由紀・伊藤公雄他『国家がなぜ家族に干渉するのか　法案・政策の背後にあるもの』（青弓社　2017 年），早川タダノリ編著『まぼろしの「日本的家族」』（青弓社　2018 年），中里見博・能川元一他『右派はなぜ家族に介入したがるのか　憲法 24 条と 9 条』（大月書店　2018 年）などの単行本や多くの論文で触れられている．本書ではそれらの指摘を踏まえて，条例や法案により焦点をあてた検討を行う．

　また主に自治体レベルで取り組まれている「親になるための学び」「キャリアプラン／キャリアデザイン教育」についても具体的な内容を紹介しながら，その意義・課題・問題点を考える．

　同時にこれらと密接な関係を持つとされている「親学」についても取り上げる．「親学」についても様々に語られているが，まとまった議論があまり見られない状況の中で，その内容と性格を明らかにしようと試みた．また「誕生学」についても合わせて検討をする．

　もう一つの柱はアメリカの教育研究者である Alfie Kohn（1957 年〜）の教育論である．Kohn については，競争原理や動機づけ（賞罰や評価）を扱った初期の 2 冊の邦訳があるが，その後に発表された教育論は，これまで日本ではほとんど紹介されていない．私は勤務校の卒業生とともに，Kohn の家庭教育論 *The Myth of the Spoiled Child*（2016 年）の翻訳書を 2019 年 3 月に刊行したが，本書に収めた Kohn についての文章は，翻訳の過程で覚え書き的に書いたものである．なお Kohn の家庭教育論の単行本としては *Unconditional Parenting*（2005 年）がある．刊行の間隔は空いているが，*The Myth of the Spoiled Child* が「理論編」であるとすれば，こちらは「実践編」である．こちらについても，2020 年度に翻訳を刊行する予定である．

　現在の日本の状況や政策動向を見るとき，Kohn の家庭教育についての問題提起は非常に参考になると私は考えている．また学校教育での道徳教育，教育評価などについての見解も同様である．とりわけ，子どもを教育の客体と見て，

まえがき

　子育てや家庭教育をめぐっては，現在再び児童虐待が社会問題化され，児童虐待の防止等に関する法律には，2019年6月の改正で体罰の禁止の規定が盛り込まれた．民法の懲戒権についても見直しの議論も行われている．これらは，法的に親（保護者）の行為を制限することを目的としているが，虐待が起こるのは，親自身が何らかの問題を抱えていたり困難な状況にある場合が多く，DVを伴うこともまれではない．

　また虐待までには至らなくても，社会的・経済的な事情による子育ての困難さが語られる．とりわけ格差や貧困によって子どもの育ちが阻害されている問題が繰り返し指摘されている．

　そのため，親と子ども双方への社会的支援の必要性が様々な形で主張されている．その一つが，家庭教育支援条例や家庭教育支援法（案）と呼ばれるものである．これは文字通り，「家庭教育」への「支援」を謳ったものであり，今の日本で必要とされていると思う人も多い．

　しかしこのような条例や法（案）の内容や制定の意図を見るとき，実は様々な問題点が浮かんでくるのである．それは家庭教育だけでなく，家族のあり方自体を規定しようとする面を持っている．家族のあり方の多様性を認め，社会全体での子育てを進めるよりも，「あるべき家族像」と「あるべき親像」を掲げ，子育ての責任を親に帰するものであるする批判も強い．

　また自治体レベルで，高校生が「将来の生活設計」を考える副読本などを作成する動きが見られるが，その中には「親になるための学び」が含まれている．また高等学校家庭科の新学習指導要領（2022年度から学年進行で実施）でも「生活設計」が重視されている．児童生徒に将来の生き方を考える機会を与えること自体は必要であるが，問題はその内容である．結婚・出産・子育てをすることが「標準的（あるいは望ましい）生き方」であることを強調する例もあり，それを支持する見解もあるが，学校教育の中で何を伝えるべきかは大きな問題である．

　本書はこのような課題を考えるための情報と論点を提示することを目的とし

2.1　子育て・家庭教育への関心　164
　　2.2　*Unconditional Parenting: Moving from Rewards and Punishments to Love and Reason*（2005 年）　165
　　2.3　*The Myth of the Spoiled Child: Challenging the Conventional Wisdom about Children and Parenting*　168
　3　Kohn の提起する論点とその意義　178
　　3.1　提起する論点　178
　　3.2　Kohn の主張の意義——自明性への疑い　179
　おわりに
　Column 5　「専業主婦」と「専業主夫」　181

捕章　アルフィー・コーンの教育論の諸相　183
1節　道徳教育の目的と方法——キャラクター教育批判　183
　はじめに
　1　Kohn の問題提起　187
　2　Kohn の主張への批評・批判　192
　　2.1　Denis P. Doyle "Education and Character: A Conservative View"　193
　　2.2　Perry L. Glanzer "The Character to Seek Justice: Showing Fairness to Diverse Visions of Character Education"　194
　　2.3　Jacques S. Benninga and Edward A. Wynne "Keeping in Character: A Time-Tested Solution"　195
　　2.4　Amitai Etzioni "How Not to Discuss Character Education"　197
　　2.5　Thomas Lickona "A More Complex Analysis Is Needed"　198
　3　Kohn の再反論　200
　4　関連論文について　201
　5　論争の意義について　203
　　5.1　道徳教育の目的について　203
　　5.2　道徳教育の方法について　204
　　5.3　Kohn にとっての論争（キャラクター教育批判）の意味　205
　おわりに

Column 6　人生の成功の秘訣とは？　206

2節　教育評価批判……………………………………………………… 209
　はじめに
　1　評価をめぐる Kohn の著作・論文について　213
　2　Kohn の評価批判　215
　　2.1　標準テスト批判　215
　　2.2　ルーブリック批判　219
　　2.3　標準準拠評価批判　222
　　2.4　評価批判　223
　　2.5　ま と め　224
　おわりに
　　Column 7　「昔はよかった」のか　227

3節　協 同 学 習 論……………………………………………………… 229
　　　　――「総合的な学習／探究の時間」への示唆
　はじめに
　1　「総合的な学習の時間」に関する規定の変遷　229
　　1.1　1998 年の規定　229
　　1.2　2003 年の規定　230
　　1.3　2008 年の規定　232
　　1.4　2017 年の規定　235
　2　Alfie Kohn の「協同学習」論について　242
　　2.1　Kohn の協同学習（cooperative learning：CL）への評価（1）――*No Contest* での議論　242
　　2.2　Kohn の協同学習（cooperative learning：CL）への評価（2）――*Punished by Rewards* での議論　245
　　2.3　CL と報酬について――Slavin との論争　247
　3　Kohn の提起する論点と「総合」にとっての意義　248
　おわりに

Column 8　家庭教育って何だろう？　251

初出一覧　255
あとがき　257
索　引　260

1章　現代の家庭教育政策の動向
　　　——家庭教育支援条例・家庭教育支援法案をめぐって

はじめに

　2006年に教育基本法が改定されて10年以上が経過した．その後の教育政策は新教育基本法に則って進められてきた．本章は2017年10月までに8県5市で制定されている家庭教育支援条例，並びに政府が成立を目指している家庭教育支援法の内容を分析し，併せてそれらに影響を与えているとされる「親学」の内容を検討するものである．これらは教育基本法改定を受けて進められてきた家庭教育政策の到達点の1つであり，この10年間の家庭教育政策の流れの中に位置づけることができる．

　家庭教育に関する政策は戦前から存在し，特に戦時下の「総力戦体制」では教育政策の1つの柱とされた[1]．戦後は，高度経済成長のための家庭教育が求められた．「期待される人間像」（中央教育審議会（以下，中教審と略す）「後期中等教育の拡充整備について」，別記，1966年）でも家庭の在り方について述べられていた．

　現在の家庭教育政策の背景には大きく3つの出来事があると考える．

　第1は1989年の「1.57ショック」である．これ以来「少子化社会対策」や「子育て支援政策」が進められてきた．

　第2は1997年に神戸市で発生した児童連続殺傷事件である．この事件以来，文部省はそれまで抑制的であった姿勢を転換し，家庭教育の内容に踏み込むようになったと言われる．同時期に「ニート」や「引きこもり」などの言葉も広

---

1) 奥村典子『動員される母親たち——戦時下における家庭教育振興政策』六花出版，2014年．

まった（1999年から「家庭教育手帳・ノート」の刊行・配布が始まった）．

　第3は冒頭で触れた2006年の教育基本法改定である．「家庭教育」（第10条）の条項が新設され，保護者の子どもの教育に対する「第一義的責任」が明記された．同時に新設された「幼児期の教育」（第11条）や「学校，家庭及び地域住民等の相互の連携協力」（第13条）と相俟って，その後の家庭教育政策の基調となっている．

　この他にも，女子差別撤廃条約（1985年批准），男女雇用機会均等法（1986年施行），ワーク・ライフ・バランス憲章（2007年），女性の職業生活における活躍の推進に関する法律（女性活躍推進法2015年）などが関係するものである．

　本章では，①中教審答申や教育再生会議提言などにより，約30年前からの家庭教育政策の流れを確認し，②現在いくつかの自治体で制定されている家庭教育支援条例と，政府が成立を目指している家庭教育支援法案の内容を検討する．併せて，③これらに影響を与えているとされる「親学」について考え，現在の「家庭教育支援政策」のもつ方向性について検討する．なお，中教審答申や報告，各自治体で制定されている条例などの引用は，特に断りのない限り，筆者が摘記・要約したものである．

1　背　景

1.1　中教審答申等による家庭教育政策の方向性

　本項では主に1980年以降の中教審答申の内容を検討する．

　管見の限り中教審答申で「家庭の教育機能の低下」が最初に指摘されたのは，「生涯教育について」（1981年6月）においてである．この「第3章　成人するまでの教育，2　家庭教育の充実，(5)　家庭教育への援助」において「家庭の教育機能の低下が指摘されているが，その機能の充実を図っていくのは，窮極のところ，個々の家庭の教育に対する熱意と自主的な努力である．家庭基盤の充実は，今日国民的な課題であり，従来から行政の各分野において種々の努力が払われてきているが，今後も家庭の教育機能を充実するための施策が求め

られる．」[2)]と述べられている．

　この中で「家庭基盤の充実」と言われているのは，1979年に自由民主党が発表した「家庭基盤の充実に関する対策要綱」を受けたものである．また臨時教育審議会第二次答申（1986年4月）でも「家庭の教育力（の低下）」が取り上げられた[3)]．「家庭の教育力とその低下」の枠での議論の立て方は1980年代に登場し，その後の基調となる．

　これに続くのは10年後の「新しい時代に対応する教育の諸制度の改革について」（1991年4月）である．答申の末尾に付けられた「改革の実現のために」における「企業・官公庁へ」では「最後に，仕事が多忙で父親が子どもの教育のことを顧みるゆとりがないのも大きな問題であり，父親をもっと多くの時間家庭に返してくださるように企業・官公庁にお願いする．」，「家庭へ」では「近年，女性の社会進出，親の単身赴任や離婚の増加などにより，共働き家庭や単親家庭等も増え，我が国の家庭の在り方は多様化している．両親がそろっている場合でも，父親の多くは現代社会の要請から大変に多忙で，育児や教育は母親に任せきりになりがちである．」「育児や教育は母親の役割という考え方を改め，今後は，両親が家庭教育について常によく話し合い，協力していくことが大切である．父親も子どもの成長の基礎である家庭づくりに積極的な役割を果たす必要がある．」[4)]とされた．

　それまで文部省（中教審）は，女性は本来的に家事育児に適しており，どのような進路選択をするにしても家庭内の労働は女性が担うのが望ましいとする「女子特性論」の立場を取っていたが，この答申では，少なくとも文言上は消え，むしろ両親がともに育児や子どもの教育に関わるべきであるとの方針を打ち出したのである．

　その5年後，「21世紀を展望した我が国の教育の在り方について（第一次答申）」（1996年7月）では，「男女共同参画社会」という用語が初めて登場す

---

2) 中教審答申「生涯教育について」，http://www.mext.go.jp/b_menu/shingi/old_chukyo/old_chukyo_index/toushin/1309550.htm （閲覧日：2017年7月26日）
3) 第二次答申について伝えた読売新聞（1986年4月24日付）の社会面（23面）の記事（図1）によると，当時「家庭の教育力」という言葉は耳慣れないものであった．
4) 中教審答申「新しい時代に対応する教育の諸制度の改革について」，http://www.mext.go.jp/b_menu/shingi/old_chukyo/old_chukyo_index/toushin/1309574.htm （閲覧日：2017年7月26日）

讀賣新聞　（第三種郵便物認可）

「家庭の教育力」…とまどうナ

臨教審答申

給食か弁当か激論　田無

いじめ根絶に一声　墨田

「家庭の教育力」って何だろう。二十三日発表された臨教審の第二次答申には、この耳慣れない言葉が数多く飛び出した。いじめやしつけの問題を考えるとき、学校や教師に頼る前に、まず親が自分の子育てのあり方を振り返るのが大切、と答申は言う。そのために、給食に替えて親の手作り弁当の日を提唱したり、学校教育への地域住民の参加などを呼びかけているが、そう言われた親たちの側には「親の責任が問われるのは当然だけれど、なぜ、いまさら臨教審が」と戸惑いも。すでに弁当をめぐる激しい論議のあった東京の田無市と、いじめ根絶のため家庭や地域が模索を続けている下町地域で、親や先生たちの声を拾った。さて、あなたの家庭の教育力は――。

教育力　いじめの要因や背景としては、まず何よりも家庭のあり方に問題がある。乳幼児期から青少年期における教育・学習は主体性をもって生きていく能力を身につけさせるため重要だが、今日、家庭や地域の教育機能が低下している。このため、まず家庭の教育力の回復を図ることが必要である。（答申より）

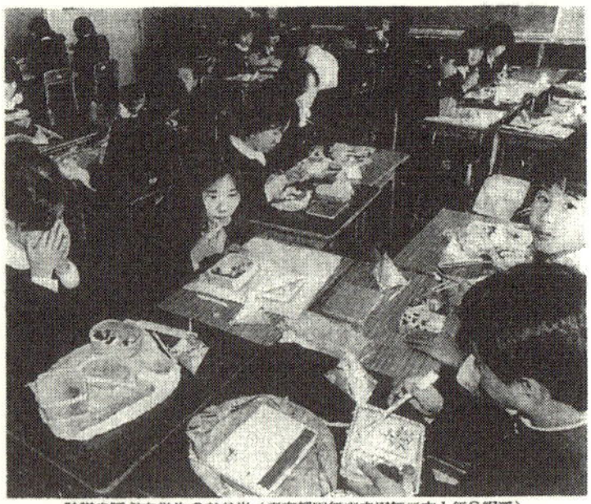

論議を呼ぶ中学生のお弁当（東京都田無市立田無二中１年Ｃ組で）

「いただきまーす」。食事当番の声に合わせて、子供たちは一斉に、はしを取る。六人ずつの班ごとに向かい合い、おしゃべりしながら、持参の弁当をパクつく。パックのミルクだけが給食として配られている。二十三日、東京都田無市立田無二中一年C組の昼食は、にぎやかだった。

サケの切り身にチーズ、インゲン、フキ、サトイモ、ホウレンソウのおかずが、弁当箱の三分の二を占める男子生徒は、「好きなものばっかり」とにこにこ顔。その母親（三九）に電話して意見を聞くと「弁当を作ることで、子供とつながりができる。『おいしかった』とか、会話も弾むし……」。

別の母親（三八）は「小学校のときは、給食だったので、正直いって楽だった。弁当のため、三十分は早く起きています。でも、一生懸命やらなくちゃ」。

母親たちの愛情に満ちた弁当。しかし、三年生になると、教師の許可を得て校外にパンを買いに出る子も一クラスに一、二人でる。父母会で「市販の弁当を持たせてはいけないでしょうか」と質問の出ることもある。

文部省調査によると、全国の公立中学で、完全給食を実施している学校は全体の七〇%。同中のようにミルクだけの給食は一九%と少数だ。同市では、給食を求める父母の運動も根強く、たびたび市議会に請願が出された。市は五十九年二月、「田無市立中学校給食検討委員会」を設け、教師、父母など代表十六人が、一年余にわたり論議して、答申を得た。「学校給食は、望ましい食習慣のあり方について家庭を啓発できる。生徒同士のふれあいもできる」「いや、給食があると、かえって家庭が子供の食事をきちんと作らなくなり、親子のコミュニケーションが損なわれる」。しかし、結論はまだ。

同中一年学年主任の広瀬俊之教諭（三七）は「家庭の役割を親が自覚し、子供と触れ合うためにも弁当の方がよい。その意味では答申は評価できる」というが、「仕事で夜九時、十時の帰宅になると、弁当を作るのは負担」とこぼす他のクラスの母親（四二）も。

一方、東京の下町、墨田区太平の通称夜店通り商店街では「4の日」パトロールが定着して二十年近くになる。今、中心になっているのは、同区立錦糸小PTA会長石井博夫さん（四[illegible]）。商店街の一角にあるお地蔵さまの縁日で夜店が出る毎月四、十四、二十四日に、PTAや地域の母親らがパトロール。たばこを吸っている子どもや、夜遅くまでうろついている子どもに声をかける。

高校三年から小学校三年まで三男一女の子供がいる石井さんは「家庭では母親が他人まかせ、学校は管理職と教師の間にミゾがあり、行政は予算消化を基準に教育を考える。それぞれがまちまちの動きで、言葉だけが先走っている」という。

わが家ではこうです

のびのびしていた外国の子

手作りヨット「エリカ号」で世界を一周、四年九か月の航海から帰った長江裕明さん（三八）「寄港した世界の国々ではいじめはなかった。[illegible]なく、子どもたちはのびのびしていたし、娘（絵梨佳ちゃん、九つ）もすぐ溶け込んでいた。ヨット上は小さいとはいえ、やはり、親やクルーがぶつかり合う社会。釣った魚を解体すれば理科の授業になるし、最低限の国語や算数は親でも教えられる。人並みの〝教育力〟はあったと思う」

言葉づかいは厳しくしつけ

ロンドンの大学に留学中の長女（一八）を頭に高一、中一と娘三人がいる作家森瑶子さん（四五）「わが家の教育方針といえば、子どもは十八歳になったら家から出し、一人で生活させていることかしら。長女もアルバイトで学費を作ってます。でも、自立とは、他人と良い関係を持つことができるということ。そのためにも、とくに言葉遣いには厳しくしています。主人（英国人）も、子供が私に乱暴な言葉遣いをすることがあれば、おしりをたたきます。勉強の面で、もう少し面倒をみてやれば、と思うから、教育力は十点満点なら五点かな」

子のあるがままの姿愛する

臨教審委員で、フランス留学中の長女（二三）と長男（東大二年）がいる木村治美さん（五三）「小さい時に一番大切なのは母と子の一体感。そこから家庭の教育力回復、さらに手作り弁当という発想も生まれた。わが家では、上の娘の時はああだこうだ言い過ぎ失敗したという気持ちがある。『早くしなさい』とか『勉強しなさい』というのは、娘にとっては現在の自分を否定されていることなんですね。だから息子は何も手を加えずに育てました。大事なのはいかに自立させるかと、ありのままに認め愛することだと思います」

しつけは学校　勉強は家庭で

中一の長男、小五の二男がいる作家の三田誠広さん（三七）「しつけは家庭、勉強は学校という臨教審とは逆に、勉強は家庭、コミュニケーションは学校でという主義。しつけは集団の中でなされるものだ。今、子供たちに知る喜びを知ってもらおうと、数学の歴史や微積問題を一緒に勉強している。ぼくの知識を伝え、親と友達のような関係になってほしいと思っている。わが家の教育は、絶えず満点を目指している」

識者に聞く

学歴社会変えることが先決

二男三女の子宝に恵まれた俳優の牟田悌三さん（五七）「家庭教育を見直せ、といっても戸惑う家庭が多いのでは。戦後、マイホームを大切にするようになったのはいいが、隣近所や地域とのつながりをないがしろにしたのでは。他人への感謝の気持ちを知る機会も少ない。先生が、親が何もしてくれない。道で転んでも石のせいにする。そんな責任転嫁の風潮は、大人の無責任さの反映。答申が人間づくりを目指すなら、学歴社会の受け皿となっている社会の仕組みを変えることが先決。ウチ？　子どもが点をつけるものだが、私はどうかな」

図 1-1　臨時教育審議会第二次答申を伝える記事

出典：1986 年 4 月 24 日付　読売新聞 23 面

る[5]．同時に家庭教育が「すべての教育の出発点である」と述べられ，ここでも「家庭の教育力の低下」が指摘されているが，同時に「家庭における教育は，本来すべて家庭の責任にゆだねられており，それぞれの価値観やスタイルに基づいて行われるべきものである．したがって，行政の役割は，あくまで条件整備を通じて，家庭の教育力の充実を支援していくということである」として，行政の役割に一定の歯止めをかけようとする姿勢も見られる（第2部　学校・家庭・地域社会の役割と連携の在り方，第2章　これからの家庭教育の在り方[6]）．

以上の内容は「21世紀を展望した我が国の教育の在り方について（第二次答申）」（1997年6月）でも引き継がれている．

そして「「新しい時代を拓く心を育てるために」――次世代を育てる心を失う危機――」（1998年6月）では「育児不安」について触れ，「固定的な性別役割分担意識」が依然として残っており，「家庭の外で働く母親については（中略）育児と家事を両立させることや，子育ての相談がしにくいことに悩む．女性の社会進出がますます進んでいくことを踏まえると，夫は，男女の固定的な役割分担に捉われずに，家事・育児の役割を積極的に担っていくことが一層求められる．」[7]として，夫（男性）や企業に対しての意識変革を呼びかけている．

更に「少子化と教育について」（2000年4月）では，幼児期の教育について（家庭の）「第一義的責任」が，中教審答申としては初めて指摘されている．そして「家庭の教育力の低下」に対応する「男性の育児への参加」を呼びかけている．同時に「家庭において男女が子育てを協力して行えるよう地域における男女共同参画に関する学習」などの促進についても触れている．

なお，保護者の「第一義的責任」が初めて法令で規定されたのは，少子化対

---

[5] 1985年の女子差別撤廃条約批准後，「男女平等法」の制定への動きが始まった．1994年6月総理府に男女共同参画室が設置され，「男女共同参画社会」という用語が行政で使われるようになった．男女共同参画社会基本法の成立は1999年である．

[6] 中教審答申「21世紀を展望した我が国の教育の在り方について（第一次答申）」，http://www.mext.go.jp/b_menu/shingi/old_chukyo/old_chukyo_index/toushin/attach/1309594.htm（閲覧日：2017年7月26日）

[7] 中教審答申「新しい時代を拓く心を育てるために」―次世代を育てる心を失う危機―，http://www.mext.go.jp/b_menu/shingi/chuuou/toushin/980601.htm（閲覧日：2017年8月4日）

策基本法と次世代育成支援対策推進法（いずれも2003年）である[8]．

以上が中教審答申の流れであるが，補足的にそれ以外の審議会などの答申・報告に触れておく．

まず「今後の家庭教育支援の充実についての懇談会」報告「「社会の宝」として子どもを育てよう！」（2002年7月）は，次のような「冒頭の言葉」を掲げている．

　　子育ては，親だけが担うことだと思っていませんか？
　　そうではありません．子どもを育てることは未来の日本を支える人材を育てることです．社会の一人ひとり，みんなが主役なのです．子どもの成長を社会全体で支え喜び合いましょう[9]．

そして，現在の子育てをめぐる具体的問題として「育児不安」と「児童虐待」を指摘している[10]．また，「家庭の教育力の低下」は「個々の親だけの問題」ではないとして，「子育てを支えるしくみや環境が崩れていること，子育ての時間を十分に取ることが難しい雇用環境があることなどにも目を向けなければならない」と述べている．

8）　広井多鶴子，http://hiroitz.sakura.ne.jp/styled-54/index.html（閲覧日：2017年8月10日）．その後も法令の改正により，保護者の「第一義的責任」を謳う法律は以下の通りである．（右の年は，この用語が使われるようになった年（改定年）を示している．）
　　・少子化社会対策基本法（平成15年7月30日法律第133号），2003年
　　・次世代育成支援対策推進法（平成15年7月16日法律第120号），2003年
　　・教育基本法（平成18年12月22日法律第120号），2006年
　　・児童虐待の防止等に関する法律（平成12年5月24日法律第82号），2007年
　　・子ども・子育て支援法（平成24年8月22日法律第65号），2012年
　　・児童手当法（昭和46年5月27日法律第73号），2012年
　　・いじめ防止対策推進法（平成25年6月28日法律第71号），2013年
　　・児童福祉法（昭和22年12月12日法律第164号），2016年
　　（e-Gov 電子政府法令データ提供システム，http://law.e-gov.go.jp/cgi-bin/idxsearch.cgi　閲覧日：2017年8月17日）
　　この表現は子どもの権利条約第18条，第27条で用いられている「the primary responsibility」の訳語でもあるが，子どもの権利条約では「子どもの最善の利益」を確保する文脈で用いられている．
9）　http://www.mext.go.jp/b_menu/shingi/chousa/shougai/007/toushin/020701.htm（閲覧日：2017年8月10日）
10）児童虐待の防止等に関する法律が成立したのは2000年である．

次に，生涯学習審議会[11]答申「社会の変化に対応した今後の社会教育行政の在り方について」(1998年9月) では，「家庭の教育力の低下」を問題視するとともに，家庭教育は「親の責任と判断において」「親の価値観やライフスタイルに基づいて」行われるとしており，先に見た1996年の中教審答申と軌を一にしている．

　この内容は，生涯学習審議会社会教育分科審議会報告「家庭の教育力の充実等のための社会教育行政の体制整備について」(2000年11月) でも踏襲されている．

　そして，中央教育審議会生涯学習分科会・審議経過の報告「今後の生涯学習の振興方策について」(2004年3月) では，「家庭教育への支援」の中で「親になるための学習」「親が親として育ち，力をつけるような学習」の充実を指摘している．

　「親に(と)なるための学習」については，臨時教育審議会最終(第四次)答申(1987年8月)の「家庭の教育力の回復」の項で触れており，行政文書ではこれが初めてであると考えられるが，その後も例えば，次代を担う青少年について考える有識者会議「次代を担う青少年のために――いま，求められているもの――」(1998年4月)[12]では，「親や親となる者に対する"親としての学習"機会，"親になるための学習"機会の充実」に触れ，教育改革国民会議報告「教育を変える17の提案」(2000年12月)[13]では「すべての親に対する子育ての講座やカウンセリングの機会を積極的に設けるなど，家庭教育支援のための機能を充実する」としている(「親になるための学習」への言及はない)．

　以上のように1980年代から「家庭の教育力」が議論の枠組みとされ，それは初めからその「低下」の認識とセットとして考えられてきた．その認識が30年ほど続く中で，「(親の)子どもの教育についての第一義的責任」や「親

---

11) 生涯学習審議会は1990年に発足した．これは臨時教育審議会が「生涯学習体系への移行」を教育改革の柱の1つとして打ち出し，1990年に，文部省の筆頭局として「生涯学習局」が設置されたのを受けたものである．2001年の省庁再編の中で，中央教育審議会生涯学習分科会に改組された．
12) 臨時教育審議会最終(第四次)答申，http://www.kantei.go.jp/jp/singi/jidaiwoninau/980507report.html#minasamaehe (閲覧日：2017年8月7日)
13) http://www.kantei.go.jp/jp/kyouiku/houkoku/1222report.html (閲覧日：2017年8月7日)

としての教育・親になるための教育」が語られてきた．ただ同時に家庭教育があくまでも「親の価値観やライフスタイルに基づく」とする認識も存在していたことは確かである．そのような動向の中で行われた教育基本法改定は，新しい流れを生み出すことになる．

1.2 教育基本法改定（2006年12月）前後からの動き

2006年12月に教育基本法が全面改定された（手続き上，旧法の改正ではなく，新しい法律として制定された）．その中に家庭教育条項が新設されたのであった．条文は以下のとおりである．

　第10条（家庭教育）
　　父母その他の保護者は，子の教育について第一義的責任を有するものであって，生活のために必要な習慣を身に付けさせるとともに，自立心を育成し，心身の調和のとれた発達を図るよう努めるものとする．
　2　国及び地方公共団体は，家庭教育の自主性を尊重しつつ，保護者に対する学習の機会及び情報の提供その他の家庭教育を支援するために必要な施策を講ずるよう努めなければならない．

第10条のポイントは，①教育について保護者の「第一義的責任」が規定されたこと，②家庭教育の目標として「基本的生活習慣」「自立心の育成」「心身の調和のとれた発達」の3項目が定められたこと，③「保護者に対する学習の機会及び情報の提供」などの「家庭教育支援」が規定されたこと，である．

この政策の具体化は，まず2006年10月に発足していた内閣の教育再生会議（2006年10月〜2008年1月）で議論された．報告は4回出されており，家庭教育に関わる内容は，第一次〜第三次報告で触れられている．その概要は以下の抜粋のとおりである．

［第一次報告（2007 年 1 月）」[14]
○教育委員会，自治体及び関係機関は，これから親になるすべての人たちや乳幼児期の子どもをもつ保護者に，親として必要な「親学」を学ぶ機会を提供する．（中略）
(1) 家庭の対応——家庭は教育の原点．保護者が率先し，子どもにしっかりしつけをする——
【「家庭の日」を利用しての多世代交流，食育の推進，子育て支援窓口の整備】
　家庭は教育の原点であり，基本的な生活習慣や感性などの基礎は家庭で培われるものです．家庭の教育力は，子どもに対する愛情の上に，保護者がその責任を自覚することから始まります．保護者は教育を学校任せにせず，厳しさと愛情をもって子どもとしっかり向き合わなければなりません．
○国・教育委員会・企業等をはじめとするすべての関係者が，保護者が家庭教育に責任をもつこと，及び保護者としての責任を果たせる環境づくりが何より重要であるという価値観を社会全体で共有し行動するよう努める．
○家族が集う正月，盆，彼岸などにおいて，家族，ふるさとの価値・すばらしさ，生命継承の大切さを考える気運を高める．44 都道府県で行われている「家庭の日」なども活用し，多世代交流を進める．知恵や人生経験の豊かな高齢者は，特に主役である．
○早寝早起き朝ごはん運動の推進，挨拶の励行，食育，睡眠の大切さの普及などを通じて，子どもたちの生活習慣の改善に努める．また，家庭学習の習慣をつけるよう各家庭でも努力する．
○核家族化により祖父母の子育て経験が世代間で受け継がれにくくなっている状況を踏まえ，教育委員会，自治体，関係機関は，子育て・家庭教育に関する相談・支援窓口の整備など子育て支援を充実する．また，ひとり親家庭や経済的・時間的に子育てに困難を伴う家庭への支援策を講

---

14) 教育再生会議第一次報告「社会総がかりで教育再生を——公教育再生への第一歩——」，https://www.kantei.go.jp/jp/singi/kyouiku/houkoku/honbun0124.pdf（閲覧日：2017 年 8 月 10 日）

じる．
○乳幼児期の子どもの親やこれから親になる人たちが，子育てについて学べる機会を拡充する．
○子どもの発達と成長，育児環境の在り方などを考えるため，脳科学者，児童精神科医，小児神経科医，小児科医や療育の専門家を含めた，科学的知見を発信する国レベルの学際的な会議を開催し，親が子どもの発達と成長などについて理解を得られる機会を提供する．

［第二次報告（2007 年 6 月）］[15,16]
提言 3　親の学びと子育てを応援する社会へ
【学校と家庭，地域の協力による徳育推進，家庭教育支援や育児相談の充実，科学的知見の積極的な情報提供，幼児教育の充実，有害情報対策】
○子どもたちの規範意識や「早寝早起き朝ごはん」などの生活習慣については，学校と家庭，地域が協力して身につけさせる．また，挨拶やしつけ，礼儀作法についても，子どもの年齢や発達段階に応じ，学校と家庭が連携して子どもに身につけさせる．
○国，地方自治体は，父親の子育て参加への支援，訪問型の家庭教育支援

---

15) 教育再生会議第二次報告「社会総がかりで教育再生を——公教育再生に向けた更なる一歩と「教育新時代」のための基盤の再構築 ——」，https://www.kantei.go.jp/jp/singi/kyouiku/houkoku/honbun0601.pdf（閲覧日：2017 年 8 月 10 日）
16) 第二次報告に先立つ 2007 年 4 月，同会議は以下のような「「親学（おやがく）」に関する緊急提言」を発表しようとしたが，当時の文部科学大臣からの批判などもあり，断念した．ただ内容の一部は第二次報告に盛り込まれている．
「「親学（おやがく）」に関する緊急提言」のポイント
　(1) 子守歌を聞かせ，母乳で育児
　(2) 授乳中はテレビをつけない．5 歳から子どもにテレビ，ビデオを長時間見せない
　(3) 早寝早起き朝ごはんの励行
　(4) PTA に父親も参加．子どもと対話し教科書にも目を通す
　(5) インターネットや携帯電話で有害サイトへの接続を制限する「フィルタリング」の実施
　(6) 企業は授乳休憩で母親を守る
　(7) 親子でテレビではなく演劇などの芸術を鑑賞
　(8) 乳幼児健診などに合わせて自治体が「親学」講座を実施
　(9) 遊び場確保に道路を一時開放
　(10) 幼児段階であいさつなど基本の徳目，思春期前までに社会性をもつ徳目を習得させる
　(11) 思春期からは自尊心が低下しないよう努める

や育児相談など，保護者を支援する施策を充実する．また，PTAの会合，家庭教育学級や妊婦健診，子どもの健診等保護者の多く集まる機会を活用した親の学び，子育て講座，親子が学び遊べる場を拡充する．
○中学校・高等学校の家庭科などにおいて，生命や家族の大切さ，子育ての意義・楽しさを理解する機会を拡充する．
○国は，脳科学や社会科学などの科学的知見と教育に関する調査研究などを推進し，そこで得られた知見の積極的な普及啓発を図り，今後の子育て支援に活用する．
○国，地方自治体は，地域の子育て支援の機能をもつ認定こども園制度を積極的に推進する．
○国，学校は，有害情報から子どもたちを守るため，保護者に対して，携帯電話やインターネットのフィルタリング装着やテレビの有害情報防止に向けた啓発活動を推進する．

［第三次報告（2007年12月）］[17]
(3) 幼児教育を充実する，子育て家庭，親の学びを地域で支援する
　・乳幼児をもつ若い親やこれから親になろうとする人の「親の学び」を支援し，推進するため，
　① 幼稚園，保育所，認定こども園等の相談機能の充実や日常的な保護者の交流の場の提供
　② 「おやじの会」「良い子を育てる親の会」「祖父母の会」などの組織化の推進
　③ 保護者が子どもの教科書を読む活動や，子ども，家庭，教員が連絡を取りながら生活習慣を身に付けさせる活動（例えば「お手伝い手帳」）の推奨
　④ 中学校や高校の家庭科などにおける命を大切にする教育や子どもの養育に関する教育，体験活動の充実を図る．

17）教育再生会議第三次報告「社会総がかりで教育再生を——学校，家庭，地域，企業，団体，メディア，行政が一体となって，全ての子供のために公教育を再生する——」，https://www.kantei.go.jp/jp/singi/kyouiku/houkoku/honbun1225.pdf（閲覧日：2017年8月10日）

・子どもが小さい間は家族が夕食を囲むことができる「ノー残業デー」や，授業参観や学校行事に保護者が参加できる「学校行事休暇」などを設ける企業を，国や自治体が支援するなど，子育て世代の育児を支援するための環境づくり（ワーク・ライフ・バランス）を推進する．

　教育再生会議を引き継いだ教育再生実行会議（2013年1月～）で家庭教育について触れているのは第十次提言「自己肯定感を高め，自らの手で未来を切り拓く子どもを育む教育の実現に向けた，学校，家庭，地域の教育力の向上」（2017年6月）である．ただしここでは「親学」と表現されてはいない．家庭教育については以下のように提言されている[18]．

（2）家庭，地域の教育力の向上
（家庭の教育力）
　教育基本法第10条においては，父母その他の保護者は，子の教育について第一義的責任を有し，「生活習慣」，「自立心の育成」，「心身の調和のとれた発達」を図るよう努めることとされており，また国及び地方公共団体は，家庭教育の自主性を尊重しつつ，保護者に対する支援を行うこととされています．
　家庭においては，すべての教育の出発点として，特に，豊かな情操や基本的な生活習慣，家族や他人に対する思いやり，善悪の判断などの基本的な倫理観，社会的なマナー，自制心や自立心を養うことが求められます．
　一方で，家庭を取り巻く状況に目を向けると，1960年代の高度経済成長期以降，核家族化が急速に進むとともに，ここ20年で共働き家庭が大幅に増加するなど，その態様は大きく変化してきています．
　これに加え，今後，女性活躍社会の実現に向けた取組みを進めていく中においては，学校のみならず地域社会をはじめとした社会全体で，子育てする家庭への支援を進めていく必要があります．

---

18) 教育再生実行会議（第十次提言）「自己肯定感を高め，自らの手で未来を切り拓く子供を育む教育の実現に向けた，学校，家庭，地域の教育力の向上」，https://www.kantei.go.jp/jp/singi/kyouikusaisei/pdf/dai10_1.pdf（閲覧日：2017年8月10日）

また，子どもの相対的貧困率が減少するなどの成果が現れてはいるものの，経済的援助を受けている困窮家庭が 20 年前に比べて約 2 倍に増えるなどの課題があるほか，虐待を行う家庭などそもそも家庭の教育力に期待することが難しい家庭もあります．
　こうした状況の中，教育基本法において求められている家庭の役割を，各家庭がしっかりと果たせるよう，引き続き家庭教育支援を充実していくことが必要です．また，すべての子どもたちが，家庭の経済事情などに関わらず，未来に希望をもち，それぞれの夢と志に向かって頑張ることができるようにするためには，貧困や虐待など様々な困難を抱える家庭やその子どもに対しては，教育と福祉の連携・協力の実効性を高めることなどを通じ，これまでの取組みを更に充実させることが特に重要です．

　ここでは家庭への支援の必要性，困窮家庭・虐待を行う家庭の子どもへの支援の必要性に触れているが，基本的には教育基本法が求めている「家庭の役割を，各家庭がしっかりと果たす」ことが期待されている．
　また，自由民主党教育再生実行本部（2012 年 10 月〜，初代本部長：下村博文）の第八次提言（2017 年 5 月 18 日）における「学校・家庭・地域の教育力部会」（主査：福井照，主査代理：中根一幸，石井浩郎，上野通子）提言でも，同様の議論がなされている．
　これに対して文部科学省の「家庭教育支援の推進に関する検討委員会」報告「つながりが創る豊かな家庭教育――親子が元気になる家庭教育支援を目指して――」[19]（2012 年）は，やや異なったトーンを示している．

1　家庭教育をめぐる社会動向
（3）家庭教育が困難になっている社会

　家庭の教育力が低下しているという認識は，約 20 年前から広がってき

---

19) 文部科学省「家庭教育支援の推進に関する検討委員会」報告「つながりが創る豊かな家庭教育―親子が元気になる家庭教育支援を目指して―」，http://www.mext.go.jp/component/a_menu/education/detail/__icsFiles/afieldfile/2012/04/16/1319539_1_1.pdf，p.5（閲覧日：2017 年 8 月 10 日）

ました(「青少年と家庭に関する世論調査」(平成5年,内閣府)).しかしこれは,世の中全般に見たときの国民の認識であって,必ずしも個々の家庭の教育力の低下を示しているとは言えません.「家庭の教育力の低下」の指摘は,子どもの育ちに関する様々な問題の原因を家庭教育に帰着させ,親の責任だけを強調することにもなりかねません.

(中略)

いずれにせよ,人と人のつながりが弱くなった,家庭教育が困難になっている社会の中で,今,家庭では子育てをしていると,まず教育関係者をはじめとする親子に関わる私たちが認識することが必要です.現代の子育て家庭に対して,望ましい家庭教育が行われていないと厳しい見方がされることもあります.しかし,家庭生活や社会環境の変化の影響によって,子どもの育ちが難しくなっているという面を十分理解する必要があります.

ここでは「家庭の教育力の低下」との認識を相対化し,「親の責任だけを強調する」ことに懸念を示している.

この報告が,教育再生会議の提言などとトーンを異にするのは,本章4-1でも触れるように,文部科学省のこれまでの思索の延長上にあることに加えて,これがまとめられたのが民主党政権下であったこととも関わっていると考えられる.

その傍証となるのが「教育振興基本計画」である.これは,改定教育基本法第17条で規定されており,政府として策定するものである.これまで3回策定されていて,第1期(2008年,対象期は2008年から2012年),第2期(2013年,同2013年〜2017年),第3期(2018年,同2018年〜2022年)となっている。他方民主党政権は,鳩山由紀夫内閣(2009年9月16日〜2010年6月8日),菅直人内閣(2010年6月8日〜2011年9月2日),野田佳彦内閣(2011年9月2日〜2012年12月26日)であった.

第2期教育振興基本計画を審議する中央教育審議会への文部科学大臣からの諮問が2011年6月,答申が2013年4月であり,実質的に民主党政権下で策定されたと見ることができる(諮問時の文部科学大臣は高木義明,答申時は下村博文であった).

3つの期のいずれの計画でも家庭教育関係の記述は見られるが，第2期においては「家庭の教育力」という表現が用いられておらず，「豊かなつながり」や「コミュニティの形成」「コミュニティの協働」という言葉が見られるなど，明らかに前後とは基調が異なるのである．この「つながりが創る豊かな家庭教育」も同じ時期であり，「つながり」という言葉を含めて，政権の基本的方向性を反映していたと考えられる．

　その後文部科学省は以下のような委員会報告をまとめ，家庭教育支援の具体的方策を検討している．

- 「中高生を中心とした子どもの生活習慣づくりに関する検討委員会」審議の整理（2014年3月）
- 「中高生を中心とした子どもの生活習慣が心身へ与える影響等に関する検討委員会」（2014年～15年）[20]
- 「家庭教育支援手法等に関する検討委員会」報告「訪問型家庭教育支援の関係者のための手引き」（2016年3月）
- 「家庭教育支援の推進方策に関する検討委員会」報告「家庭教育支援の具体的な推進方策について」（2017年1月）

　2017年1月の報告書は「家庭教育支援の意義について」の中で，「父母その他の保護者は，子の教育について第一義的責任を有するものとされている．しかし，家族構成の変化や地域における人間関係の希薄化の影響を受けて，家庭教育に関して身近に相談できる相手を見つけることが難しいというような孤立の傾向や，家庭教育に関する多くの情報の中から適切な情報を取捨選択する困難さなどから，かえって悩みを深めてしまうなど家庭教育を行う困難さが指摘されている．」[21]「家庭教育の第一義的な責任は保護者にあるが，十分な経験も

20）報告書などは確認できなかった．
21）文部科学省「家庭教育支援の推進方策に関する検討委員会」報告「家庭教育支援の具体的な推進方策について」，http://www.mext.go.jp/component/a_menu/education/detail/__icsFiles/afieldfile/2017/04/03/1383700_01.pdf，p.2（閲覧日：2017年8月4日）

なく身近に相談できる相手に恵まれない条件の下で，保護者が家庭教育の主体としての役割を十分に果たすことができると判断してしまうことは現実的ではない．むしろ当初は未熟でありながら，徐々に親としての学びを積み重ねて成長しながら子どもと向き合い，家庭教育を試みていくと捉えることが必要である．」[22]と述べている．「第一義責任」に言及はしているが，親の責任だけを強調するのではなく，親の置かれている社会的・心理的状況を踏まえた支援や，親自身の主体的学びの重要性が指摘されている．

以上のように，内閣府の「教育再生会議」「教育再生実行会議」などと文部科学省で，各々の家庭教育支援策が検討されている．この流れの中で，「家庭教育支援条例」や「家庭教育支援法」が登場するのである．

2 家庭教育支援条例

2.1 子どもに関わる条例について

子どもに関わる条例はこれまでにも数多く制定されてきた．

例えば「子どもの権利条約」（1990年発効，日本は1994年に批准）に基づく子どもの権利に関する条例が，2000年の川崎市を皮切りに多くの自治体で制定されている．また少子化社会対策基本法（2003），次世代育成支援対策推進法（2003年），少子化社会対策大綱（2004年），子ども・子育て応援プラン（2004年）を受けて，子ども・子育て支援に関する条例も，北海道（2004年），秋田県（2006年）などで設けられている．更に少子化対策に関する条例（北海道，京都府など）などもある[23]．

例えば秋田県の「子ども・子育て支援条例」（2006年）は，第三条（基本理念）において「父母その他の保護者が子育てについて最も重要な責任を有するという認識」「子どもが権利の主体であるという認識」「結婚及び出産に関する

---

22) 同上，p.4.
23) 内閣府『子ども・子育て白書　平成24年版』参考資料「子どもに関する条例の制定状況及びその規定内容」，http://www8.cao.go.jp/youth/whitepaper/h24honpenpdf/pdf/ref14.pdf（閲覧日：2017年8月20日）

個人の意思並びに家庭及び子育ての価値に関する多様な意識が尊重される」と規定している．親の責任と同時に，「権利の主体としての子ども」（守られる権利・発達への権利・意見が尊重される権利）と「多様な意識の尊重」が謳われている．

2.2 家庭教育支援条例の内容について

2017年10月現在，条例を制定している自治体は表1-1の8県5市である．これらの条例の構成・内容は非常によく似ており，最初に制定された熊本県の条例を雛形にしたのではないかと思われる[24]．そこで，熊本県の「くまもと家庭教育支援条例」の全文を掲げる．

表1-1 家庭教育支援に関する条例を制定している自治体（2017年10月現在）

条例名	自治体	区分	制定（公布）年月
くまもと家庭教育支援条例	熊本県	県	2013年 4月
鹿児島県家庭教育支援条例	鹿児島県	県	2013年 10月
静岡県家庭教育支援条例	静岡県	県	2014年 10月
岐阜県家庭教育支援条例	岐阜県	県	2014年 12月
千曲市家庭教育支援条例	長野県千曲市	市	2015年 12月
ぐんまの家庭教育応援条例	群馬県	県	2016年 4月
徳島県家庭教育支援条例	徳島県	県	2016年 4月
宮崎県家庭教育支援条例	宮崎県	県	2016年 4月
加賀市家庭教育支援条例	石川県加賀市	市	2016年 6月
茨城県家庭教育を支援するための条例	茨城県	県	2016年 12月
和歌山市家庭教育支援条例	和歌山県和歌山市	市	2016年 12月
豊橋市家庭教育支援条例	愛知県豊橋市	市	2017年 3月
南九州市家庭教育支援条例	鹿児島県南九州市	市	2017年 4月

24）熊本県の条例を雛形（原型）としている（あるいは熊本県を含めて共通の原型がある）ことは，資料上は未確認である．しかし，これまでの「子どもの権利条例」などでは，自治体により内容・表現が多様であるのに対して，家庭教育支援条例は類似点が多く，各自治体が独自に策定したものであるとは考えにくい．この点は2章で検討する．

［くまもと家庭教育支援条例］
前文
　家庭は，教育の原点であり，全ての教育の出発点である．基本的な生活習慣，豊かな情操，他人に対する思いやりや善悪の判断などの基本的な倫理観，自立心や自制心などは，愛情による絆で結ばれた家族との触れ合いを通じて，家庭で育まれるものである．私たちが住む熊本では，子どもは地域の宝として，それぞれの家庭はもちろんのこと，子どもを取り巻く地域社会その他県民みなで子どもの育ちを支えてきた．
　しかしながら，少子化や核家族化の進行，地域のつながりの希薄化など，社会が変化している中，過保護，過干渉，放任など家庭の教育力の低下が指摘されている．また，育児の不安や児童虐待などが問題となるとともに，いじめや子どもたちの自尊心の低さが課題となっている．
　これまでも，教育における家庭の果たす役割と責任についての啓発など，家庭教育を支援するための様々な取組が行われてきているが，今こそ，その取組を更に進めていくことが求められている．
　こうした取組により，各家庭が改めて家庭教育に対する責任を自覚し，その役割を認識するとともに，家庭を取り巻く学校等，地域，事業者，行政その他県民みなで家庭教育を支えていくことが必要である．
　ここに，子どもたちの健やかな成長に喜びを実感できる熊本の実現を目指して，この条例を制定する．
第1章　総則
（目的）
第1条　この条例は，家庭教育の支援に関し，基本理念を定め，並びに県の責務並びに保護者，学校等，地域住民，地域活動団体及び事業者の役割を明らかにするとともに，家庭教育を支援するための施策の基本となる事項を定めることにより，家庭教育を支援するための施策を総合的に推進し，保護者が親として学び，成長していくこと及び子どもが将来親になることについて学ぶことを促すとともに，子どもの生活のために必要な習慣の確立並びに子どもの自立心の育成及び心身の調和のとれた発達に寄与するこ

とを目的とする．

（定義）

第2条　この条例において「家庭教育」とは，保護者（親権を行う者，未成年後見人その他の者で，子どもを現に監護する者をいう．以下同じ．）がその子どもに対して行う教育をいう．

2　この条例において「子ども」とは，おおむね18歳以下の者をいう．

3　この条例において「学校等」とは，学校教育法（昭和22年法律第26号）第1条に規定する学校（大学を除く．），児童福祉法（昭和22年法律第164号）第39条第1項に規定する保育所及び就学前の子どもに関する教育，保育等の総合的な提供の推進に関する法律（平成18年法律第77号）第2条第6項に規定する認定こども園をいう．

4　この条例において「地域活動団体」とは，社会教育関係団体（社会教育法（昭和24年法律第207号）第10条に規定する社会教育関係団体をいう．），地方自治法（昭和22年法律第67号）第260条の2第1項に規定する地縁による団体その他の地域的な共同活動を行う団体をいう．

（基本理念）

第3条　家庭教育の支援は，保護者がその子どもの教育について第一義的責任を有するという基本的認識の下に，家庭教育の自主性を尊重しつつ，学校等，職域，地域その他の社会のあらゆる分野における全ての構成員が，各々の役割を果たすとともに，相互に協力しながら一体的に取り組むことを旨として行われなければならない．

（県の責務）

第4条　県は，前条に規定する基本理念（以下「基本理念」という．）にのっとり，家庭教育の支援を目的とした体制を整備するとともに，家庭教育を支援するための施策を総合的に策定し，及び実施しなければならない．

2　県は，前項の規定により施策を策定し，及び実施しようとするときは，市町村，保護者，学校等，地域住民，地域活動団体，事業者その他の関係者と連携し，及び協働して取り組むものとする．

3　県は，第1項の規定により施策を策定し，及び実施しようとするときは，保護者及び子どもの障害の有無，保護者の経済状況その他の家庭の状

況の多様性に配慮するものとする．
（市町村との連携）
第5条　県は，市町村が家庭教育を支援するための施策を策定し，又は実施しようとするときは，市町村に対して情報の提供，技術的な助言その他の必要な支援を行うものとする．
（保護者の役割）
第6条　保護者は，基本理念にのっとり，その子どもの教育について第一義的責任を有するものとして，子どもに愛情をもって接し，子どもの生活のために必要な習慣の確立並びに子どもの自立心の育成及び心身の調和のとれた発達を図るとともに，自らが親として成長していくよう努めるものとする．
（学校等の役割）
第7条　学校等は，基本理念にのっとり，家庭及び地域住民と連携し，及び協働して，子どもに生活のために必要な習慣を身に付けさせるとともに，自立心を育成し，心身の調和のとれた発達を図るよう努めるものとする．
2　学校等は，県又は市町村が実施する家庭教育を支援するための施策に協力するよう努めるものとする．
（地域の役割）
第8条　地域住民は，基本理念にのっとり，互いに協力し，家庭教育を行うのに良好な地域環境の整備に努めるとともに，地域における歴史，伝統，文化及び行事等を通じ，子どもの健全な育成に努めるものとする．
2　地域活動団体は，基本理念にのっとり，家庭及び学校等と連携し，及び協働して，家庭教育を支援するための取組を積極的に行うよう努めるものとする．
3　地域活動団体は，県又は市町村が実施する家庭教育を支援するための施策に協力するよう努めるものとする．
（事業者の役割）
第9条　事業者は，基本理念にのっとり，家庭教育における保護者の役割の重要性に鑑み，その雇用する従業員に係る多様な労働条件の整備その他の従業員の職業生活と家庭生活との両立が図られるようにするために必要

な雇用環境の整備に努めるものとする．
2　事業者は，県又は市町村が実施する家庭教育を支援するための施策に協力するよう努めるものとする．
（財政上の措置）
第10条　県は，家庭教育を支援するための施策を推進するため，必要な財政上の措置を講ずるよう努めるものとする．
（年次報告）
第11条　知事は，毎年度，家庭教育を支援するための施策を取りまとめ，議会に報告するとともに，公表するものとする．
第2章　家庭教育を支援するための施策
（親としての学びを支援する学習機会の提供）
第12条　県は，親としての学び（保護者が，子どもの発達段階に応じて大切にしたい家庭教育の内容，子育ての知識その他の親として成長するために必要なことを学ぶことをいう．次項において同じ．）を支援する学習の方法の開発及びその普及を図るものとする．
2　県は，親としての学びを支援する講座の開設その他の保護者の学習の機会の提供を図るものとする．
（親になるための学びの推進）
第13条　県は，親になるための学び（子どもが，家庭の役割，子育ての意義その他の将来親になることについて学ぶことをいう．次項において同じ．）を支援する学習の方法の開発及びその普及を図るものとする．
2　県は，学校等が子どもの発達段階に応じた親になるための学びの機会を提供することを支援するものとする．
（人材養成）
第14条　県は，家庭教育の支援を行う人材の養成及び資質の向上並びに家庭教育の支援を行う人材相互間の連携の推進を図るものとする．
（家庭，学校等，地域住民等の連携した活動の促進）
第15条　県は，家庭，学校等，地域住民その他の関係者が相互に連携し，協力して取り組む家庭教育を支援するための活動の促進を図るものとする．
（相談体制の整備・充実）

第16条　県は，家庭教育及び子育てに関する相談に応ずるため，相談体制の整備及び充実，相談窓口の周知その他の必要な施策を実施するものとする．
（広報及び啓発）
第17条　県は，科学的知見に基づく家庭教育に関する情報の収集，整理，分析及び提供を行うものとする．
2　県は，教育における家庭の果たす役割及び責任の重要性について，県民の理解を深め，意識を高めるため，必要な啓発を行うものとする．
3　県は，家庭教育の支援に関する社会的気運を醸成するため，家庭教育の支援に積極的に取り組む団体の活動を促進するための取組の実施，家庭教育の支援に関する有用な事例の紹介その他の必要な施策を実施するものとする．
附則
この条例は，平成25年4月1日から施行する．
附則（平成27年3月20日条例第32号）
この条例は，平成27年4月1日から施行する．

2.2.1　概　観

以下では，表1-1の13自治体の条例の内容を概観する．

まずすべての条例に「前文」が置かれているが，その構成はほぼ同一である．つまり「家庭がすべての教育の原点（出発点）」であることを確認し，次に「本県（市）の歴史や取組み」を述べる．そして現代の状況として「少子化・核家族化の進行」「地域のつながりの希薄化」を挙げ，それによって「家庭の教育力の低下」「育児不安・児童虐待」「いじめ・自尊心の低さ」などの問題が起きていると指摘する．最後に「子どもたちの健やかな成長に喜びを実感できる」ようにするためにこの条例を制定するとしている．

本文の第1条は「目的」である．ここでは家庭教育の「基本理念」を定め，「県（市）の責務と保護者・学校・地域住民・事業者などの役割」を明らかにすることで「総合的な家庭教育支援の施策の総合的推進」「親としての学び・親になるための学びの推進」「生活習慣・自立心・心身の調和のとれた発達へ

の寄与」を行うとする．最後の項目は教育基本法第10条が規定する家庭教育の内容と同じである．

　第2条は「定義」で，例えば「家庭教育」とは「保護者などが子どもに対して行う教育」，「子ども」とは「おおむね18歳以下の者」と定めている．ただし，岐阜県は家庭教育の定義として，「保護者（中略）がその子どもに対して行う次に掲げる事項等を教え，又は育むことをいう」として，「1．基本的な生活習慣／2．自立心／3．自制心／4．善悪の判断／5．挨拶及び礼儀／6．思いやり／7．命の大切さ／8．家族の大切さ／9．社会のルール」の9項目を明示している．

　第3条は家庭教育支援の「基本理念」であり，「保護者は子どもの教育について第一義的責任を有すること」「家庭教育の自主性の尊重」「社会のすべての構成員が一体となって取り組む」こととしている．前二者はやはり教育基本法第10条の内容を受けたものである．

　第4条は「県（市）の責務（役割）」であり，「家庭教育支援施策の策定と実施」「関係者との連携・協働」そして「保護者と子どもの障害の有無・保護者の経済状況などの家庭状況の多様性への配慮」を規定している．第3項の「多様性」では「障害の有無や経済状況の多様性」に触れている．

　以上のように第1条から第4条は，すべての条例で同一の構成・内容となっているが，第5条以下では若干の違いが見られるため，主な内容や自治体の独自性を確認する．

　すべての条例が規定するものは，「保護者の役割」「学校等の役割」「地域（住民）の役割」「事業者の役割」「親としての学びの支援」「親になるための学びの推進」「人材育成」「相談体制」「（議会への）年次報告」「広報・啓発」である．

　まず「保護者の役割」としては，「第一義的責任の自覚」「子どもに愛情をもって接すること」「生活習慣・自立心・心身の調和のとれた発達を図ること」そして「自らが親として成長するよう努めること」をすべての条例で定めている．南九州市の条例では，これらを敷衍する形で以下の5点を定めている．

　① 家庭が子どもにとって安心できるものとなるよう，愛情をもって子どもに接し，人への信頼感及び安心感を育てるようにすること．

② 子どもの思いを受け止め，自らが範を示す中で望ましい生活習慣の形成を図り，健やかな成長に必要な力を身につけられるようにすること．
③ 家庭内での役割分担を明確にし，子どもに家庭の一員としての責任をもたせ，自立心を育み，自尊感情・自己肯定感を高めるようにすること．
④ 学校の行事等への参加を通して，子どもの長所及び課題を学校と共有し，自らも親として成長していくようにすること．
⑤ 地域社会の一員として，地域活動への参加を通して，人と支え合うことの大切さを学ぶため，子どもとともに地域との交流を図るようにすること．

　他の関係者（機関）の役割としては，「学校等」は「生活習慣・自立心・心身の調和のとれた発達を図ること」と「施策への協力」，「地域（住民）」は「歴史・伝統・文化・行事を通し，子どもの健全育成に努めること」と「施策への協力」，「事業者」は「職業生活と家庭生活の両立が図れる労働条件」の実現と「施策への協力」を，各々定めている．

　更に，岐阜県・群馬県・茨城県は「祖父母の役割」を規定する条文を設けている（群馬県は「祖父母の世代の役割」．また徳島県は「保護者の役割」の条文の第2項で「祖父母の役割」を規定している）．内容としては「積極的に家庭教育に協力すること・家庭の教育力低下を補うこと（岐阜県）」「子育ての智恵・経験を生かすこと（群馬県・茨城県）」である．

　次は「学び」の支援・推進である．いずれの条例でも「親としての学びの支援のための学習機会の提供」と「親になるための学びの推進」の2点を挙げている．前者については「発達段階に応じて大切にしたい家庭教育の内容・子育ての知識（の提供）」「親として成長するために必要なこと（の学習）」「講座・学習機会の提供」が，後者については「家庭の役割・子育ての意義・将来親になることについて子どもが学ぶこと」「学習方法の開発・普及」「親になるための学びの機会を学校が提供することを行政が支援すること」を，各々規定している．

　更にいずれの条例でも「人材育成」「相談体制」「広報及び啓発」に触れている．「財政上の措置」については，県条例はすべて規定しているが，市では加賀市・和歌山市・南九州市では言及がない．行政間の連携については多くの県で「市町村との連携」に触れており，宮崎県・茨城県は「国との連携」も付加

されている．

「家庭，学校等，地域住民等の連携した活動の促進」についても，静岡県・茨城県以外の県や市で規定している．

また，岐阜県・徳島県・茨城県では「家庭教育の日・週間・月間」についても触れている．

その他としては，「家庭教育の支援活動への支援」（静岡県・岐阜県），「家庭における就学前教育の充実」「幼稚園等に対する就学前教育の支援」（茨城県），「家庭教育について学び合い，支え合う環境の整備等」（静岡県），「多様な家庭環境に配慮した支援及び関係者間の連携強化」（茨城県），「県民の理解の増進等」（静岡県），「学校等への支援」「子どもの自主的活動への支援」「地域社会への支援」「事業者の理解及び協力の推進」「市民の理解及び協力」（南九州市），などの規定が見られる．

例えば南九州市の「子どもの自主的活動への支援」（第13条）は，「市は，郷土の教育的伝統と風土を生かしながら，平和学習，伝統文化，スポーツ活動，体験活動等の自主的活動を支援するとともに，行事等への主体的な参加及び参画の機会の拡充に向けた支援を行うものとする」と定めている．

2.2.2 問題点の検討

以下で現在制定されている家庭教育支援条例の内容を更に検討する．

第1には，先に触れたように，自治体により若干の違いや独自性が見られるが，「目的」「基本理念」や「保護者の役割」など中心となる部分の内容はほぼ同一である．本来であれば自治体の個性が表されるべき前文の内容も類似している．参考までに岐阜県と南九州市の条例の前文を掲げる．

> [岐阜県]
> 　父母その他の保護者は，子どもの教育について第一義的責任を有し，基本的な生活習慣，自立心，自制心，道徳観，礼儀，社会のルールなどを身に付けさせるとともに，心身の調和のとれた発達を図ることが求められている．これらは，愛情による絆で結ばれた家族との触れ合いを通じて，家庭で育まれるもので，その点において，家庭は，教育の原点であり，全て

の教育の出発点であると言える．

　岐阜県では，豊かな自然，歴史，文化や伝統はもとより，三世代同居の割合が高いこと，持ち家率が高いなど住宅事情が良いことなどの環境の中で家庭教育が行われてきた．

　しかしながら，少子化や核家族化の進行，共働きやひとり親家庭の増加，地域のつながりの希薄化など，社会が変化している中，家庭の教育力の低下が指摘されるとともに，育児不安，児童虐待，いじめなどが社会問題となっている．また，他人の子どもを注意できないなど，地域の教育力の低下も指摘されている．

　このような中，これまで行われてきた家庭教育を支援するための取組を更に進め，各家庭が改めて家庭教育に対する責任を自覚し，自主的に取り組むとともに，家庭を取り巻く地域，学校等，事業者，行政その他県民皆で家庭教育を支えていくことが必要である．

　ここに，各家庭が家庭教育に自主的に取り組むことができる環境整備に努めるとともに，家庭教育を地域全体で応援する社会的気運を醸成することで，子どもたちの健やかな成長に喜びを実感できる岐阜県の実現を目指して，この条例を制定する．

[南九州市]
　家庭は，教育の原点であり，すべての教育の出発点であると言われます．基本的生活習慣，倫理観，自立心や自制心などは，家族との触れ合いを通じて家庭で育まれます．私たちの南九州市では，これまでもそれぞれの家庭はもちろんのこと，子どもを取り巻く地域社会で，子どもの育ちを支えてきました．

　しかしながら，地域や家庭の教育力の低下や子育て等に対する親の不安や児童虐待などの問題とともに，いじめ問題や子どもの自尊心の低さも指摘されています．また，少子化や核家族化の進行，情報化社会の進展，地域社会への関心や連帯感の希薄化等の状況を踏まえると，子育てへの不安を解消し安心して子育てができる取組を地域社会で支援していくとともに，次代を担う子どもが健やかに育つ環境づくりなど，家庭教育への支援を更

に進めていくことが求められています．

　そのような背景の中で，各家庭が改めて家庭教育に対する責任を自覚し，その役割を認識するとともに，家庭を取り巻く学校，地域社会，事業者，行政等がそれぞれの役割を果たし，家庭教育を支えていく風土を醸成していく必要があります．

　ここに，社会全体による協働の子育て・人づくりを進め，子どもの健やかな成長に喜びを実感できる南九州市の実現を目指して，この条例を制定します．

　前文に見られる現状認識や課題，目標が類似している（ほぼ同一である）ことから，実際に地域の現状を観察し，課題や目標を導いた結果ではないと推測できる．

　第2はこれと関連するが，現状を判断する根拠が明らかでない．とりわけ現状について「家庭の教育力の低下」と判断する理由が不明である．また何をもって「育児不安・親の不安」と捉えるかについても示されていない．全体としてステレオタイプ的な現状認識に基づいていると考えられる．

　第3は保護者の役割に関して，多くの条例で「愛情をもって子どもに接する」と規定されている．これ自体が「望ましい」ことは否定できないが，行政が住民の精神面にまで立ち入って規定するのは問題である．また前文で「虐待」の問題も指摘されているが，子どもに愛情を注ぐことのできない親の存在を考えるとき，条例で規定することによって親を追い詰める可能性がある．先に触れたように「県（市）の債務（役割）」を定めた第4条第3項の「多様性」では「障害の有無や経済状況の多様性」に触れているが，それは家庭教育の内容・方法についての判断，価値観やライフスタイルの多様性ではない．このように見れば保護者の様々なレベルでの多様性が考慮されていないと言える．

　第4はいくつかの自治体で定められていた祖父母の役割に関して，条例では「家庭の教育力の低下を補う」「子育ての知恵」とされているが，祖父母が関わることで教育力が高まると言えるのかどうか，やはり根拠が不明確である．逆に，祖父母が関わることで親が教育をしづらくなる懸念があり，また祖父母世代の子育てが必ずしも良いとは言えないことを考えれば，この規定の意味は疑

わしいと言わざるを得ない．

　第5は，親としての学びの支援に関して，「家庭教育の内容について学び，親として成長する」ことが求められているが，やはり家庭教育の多様性を無視して，「望ましい親の在り方」を画一的に規定するものと言える．保護者（親）が子どもに何をどのように教えるかは基本的には私事であり，行政の役割は，例えば親のコミュニティー形成の支援（親同士の情報交換の場の確保など）ではないかと考える．

　第6に，親になるための学びの推進についても，子ども（特に高校生）が将来結婚をして親になることを前提とする傾向にある．ここでもまた子どもの人生選択の可能性と多様性が考慮されていない（例えば結婚をしないで子どもを産む，あるいは同性結婚をする，などの選択肢は初めから除外されているのであろう）．

　最後に，先に触れたように，子どもに関わる条例あるいは法令は既に様々なものが制定されている．その上またこのような家庭教育支援条例の制定が本当に必要かどうか，疑問である．「子どもの権利条例」あるいは「子育て支援条例」で対応するほうが実効性が高いのではないかと考える．

2.3 「親になるための教育」「ライフプラン教育」について

　各自治体では家庭教育支援条例の規定に沿って，あるいはそれと並行して，家庭教育に関わる様々な施策を進めている．その中に「ライフプラン教育」と呼ばれる取組みがある．主に高校生を対象として，県の教育委員会などが副読本やパンフレットを作成配布するものである．例えば以下のようなものがある（この中には家庭教育支援条例を制定していない自治体も含まれる）．

- 大分県『おおいた「親学のすすめ」読本』2008 年
- 岐阜県『未来の生き方を考える―― Life Planning Booklet ――』2014 年
- 新潟県『家庭教育支援ガイドブック』2016 年
- 秋田県『少子化を考える高等学校副読本「考えよう　ライフプランと地域の未来」』2017 年
　　　『家庭教育支援ガイドブック』2017 年

・栃木県『とちぎの高校生「じぶん未来学」』2016 年
・福岡県『My Life Design ―― 人生を豊かに生きるには――』
・三重県『ライフプラン教育』[25]
・熊本県『ライフデザイン手帳』
・愛知県『中学生対象の「いのちの授業」』
・沖縄県『沖縄県人口増加計画』[26]

条例の有無に関わらず，主に家庭科や総合的な学習の時間などを使った授業が想定されている．結婚・親になることを目指す少子化対策のための教育と捉えることができよう．高校の家庭科教員を対象とした講座を行い，条例で規定されている（親になるための学びの推進の）「人材の育成」を行っている自治体もある[27]．これらの内容については 3 章で改めて検討を行う．

2.4　家庭教育支援法案について

家庭教育支援条例は「家庭教育支援法」の自治体版であると言われる．以下は政府・与党が成立を目指しているとされる家庭教育支援法案である．

家庭教育支援法案（仮称）未定稿（平成 28 年 10 月 20 日）[28]
（目的）
第 1 条　この法律は，同一の世帯に属する家族の構成員の数が減少したこと，家族が共に過ごす時間が短くなったこと，家庭と地域社会との関係が希薄になったこと等の家庭をめぐる環境の変化に伴い，家庭教育を支援することが緊要な課題となっていることに鑑み，教育基本法（平成 18 年法律第 120 号）の精神にのっとり，家庭教育支援に関し，基本理念を定め，及び国，地方公共団体等の責務を明らかにするとともに，家庭教育支援に関する必要な事項を定めることにより，家庭教育支援に関する施策を総合

---

25) http://www.pref.mie.lg.jp/common/03/ci500004937.htm （閲覧日：2017 年 8 月 17 日）
26) http://www.jinkou-okinawa.com/index.php （閲覧日：2017 年 8 月 17 日）
27) 熊本県教育委員会「平成 28 年度　家庭教育支援の推進に関する施策報告（概要）」http://kyouiku.higo.ed.jp/page3558/page4345/ （閲覧日：2017 年 7 月 15 日）
28) 24 条を変えさせないキャンペーン，2017 年 1 月 13 日投稿の記事，https://article24campaign.wordpress.com/ （閲覧日：2017 年 10 月 8 日）

的に推進することを目的とする．
（基本理念）
第2条　家庭教育は，父母その他の保護者の第一義的責任において，父母その他の保護者が子に生活のために必要な習慣を身に付けさせるとともに，自立心を育成し，心身の調和のとれた発達を図るよう努めることにより，行われるものとする．
2　家庭教育支援は，家庭教育の自主性を尊重しつつ，社会の基礎的な集団である家族が共同生活を営む場である家庭において，父母その他の保護者が子に社会との関わりを自覚させ，子の人格形成の基礎を培い，子に国家及び社会の形成者として必要な資質が備わるようにすることができるよう環境の整備を図ることを旨として行われなければならない．
3　家庭教育支援は，家庭教育を通じて，父母その他の保護者が子育ての意義についての理解を深め，かつ，子育てに伴う喜びを実感できるように配慮して行われなければならない．
4　家庭教育支援は，国，地方公共団体，学校，保育所，地域住民，事業者その他の関係者の連携の下に，社会全体における取組として行われなければならない．
（国の責務）
第3条　国は，前条の基本理念（以下「基本理念」という．）にのっとり，家庭教育支援に関する施策を総合的に策定し，及び実施する責務を有する．
（地方公共団体の責務）
第4条　地方公共団体は，基本理念にのっとり，国との連携を図りつつ，その地域の実情を踏まえ，家庭教育支援に関する施策を策定し，及び実施する責務を有する．
（学校又は保育所の設置者の責務）
第5条　学校又は保育所の設置者は，基本理念にのっとり，その設置する学校又は保育所が地域住民その他の関係者の家庭教育支援に関する活動の拠点としての役割を果たすようにするよう努めるとともに，国及び地方公共団体が実施する家庭教育支援に関する施策に協力するよう努めるものとする．

（地域住民等の責務）
第6条　地域住民等は，基本理念にのっとり，家庭教育支援の重要性に対する関心と理解を深めるとともに，国及び地方公共団体が実施する家庭教育支援に関する施策に協力するよう努めるものとする．
（関係者相互間の連携強化）
第7条　国及び地方公共団体は，家庭教育支援に関する施策が円滑に実施されるよう，家庭，学校，保育所，地域住民，事業者その他の関係者相互間の連携の強化その他必要な体制の整備に努めるものとする．
（財政上の措置）
第8条　国及び地方公共団体は，家庭教育支援に関する施策を実施するために必要な財政上の措置を講ずるよう努めるものとする．
（家庭教育支援基本方針）
第9条　文部科学大臣は，家庭教育支援を総合的に推進するための基本的な方針（以下この条及び次条において「家庭教育支援基本方針」という．）を定めるものとする．
2　家庭教育支援基本方針においては，次に掲げる事項を定めるものとする．
一　家庭教育支援の意義及び基本的な方向に関する事項
二　家庭教育支援の内容に関する事項
三　その他家庭教育支援に関する重要事項
3　文部科学大臣は，家庭教育支援基本方針を定め，又はこれを変更しようとするときは，あらかじめ，関係行政機関の長に協議するものとする．
4　文部科学大臣は，家庭教育支援基本方針を定め，又はこれを変更したときは，遅滞なく，これを公表するものとする．
（地方公共団体における家庭教育支援を総合的に推進するための基本的な方針）
第10条　地方公共団体は，家庭教育支援基本方針を参酌し，その地域の実情に応じ，当該地方公共団体における家庭教育支援を総合的に推進するための基本的な方針を定めるよう努めるものとする．
（学習機会の提供等）

第 11 条　国及び地方公共団体は，父母その他の保護者に対する家庭教育に関する学習の機会の提供，家庭教育に関する相談体制の整備その他の家庭教育を支援するために必要な施策を講ずるよう努めるものとする．
（人材の確保等）
第 12 条　国及び地方公共団体は，家庭教育支援に関する人材の確保，養成及び資質の向上に必要な施策を講ずるよう努めるものとする．
（地域における家庭教育支援の充実）
第 13 条　国及び地方公共団体は，地域住民及び教育，福祉，医療又は保健に関し専門的知識を有する者がそれぞれ適切に役割を分担しつつ相互に協力して行う家庭教育支援に関する活動に対する支援その他の必要な施策を講ずるよう努めるものとする．
（啓発活動）
第 14 条　国及び地方公共団体は，家庭教育支援に関する取組等について必要な広報その他の啓発活動を行うよう努めるものとする．
（調査研究等）
第 15 条　国及び地方公共団体は，家庭をめぐる環境についての調査研究，海外における家庭教育支援に関する調査研究その他の家庭教育支援に関する調査研究並びにその成果の普及及び活用に努めるとともに，家庭教育支援に関する情報を収集し，及び提供するよう努めるものとする．
　附則　この法律は，○○○から施行する．

　なお，その後の報道（朝日新聞，2017 年 2 月 14 日付）で，以下のような修正点があることが伝えられた．
【削除】（第 2 条）
・家庭教育の自主性を尊重
・社会の基礎的な集団である家族
・国家及び社会の形成者として必要な資質
【追加】
・家庭教育支援の重要性
【文言の変更】

・地域住民等の責務→地域住民等の役割（第 6 条）
・学習の機会の提供→学習の機会及び情報の提供（第 11 条）
・地域における家庭教育支援の充実→地域における家庭教育支援活動に対する支援（第 13 条）

　第 2 条関係の削除（2 点目と 3 点目）は，法案の内容が公になってから批判が強かった部分であり，文言の変更は，自治体の条例での表現に合わせたものであると言える．

　法案の内容は，まさに家庭教育支援条例の法律版であると言える．条例と大きく異なるのは，家庭教育支援基本方針（第 9 条）の規定がある一方で，前文と「保護者の役割」規定がないことである．前者については国が基本方針を策定し，自治体や地域関係者がそれに協力する体制が条例以上に強調されることになる．後者に関しては，条例の前文に記されていた現状認識などは第 1 条に記し（条例と同様の問題があるが），保護者の役割も事実上第 2 条に規定している．条例で指摘した問題はそのまま法案にも当てはまるものである．

3 「親学」について

3.1 「親学」と家庭教育支援条例・法案

　これまで見てきた家庭教育支援条例や支援法の制定を推進している勢力の1つが「親学」の関係者である．現在の組織としては，親学推進協会[29]（2006年12月21日設立）が中心的である．親学推進協会は，PHP親学研究会を母体としており，現会長は高橋史朗，元会長は木村治美である．協会のウェブサイトの「歴史的背景」は「昭和62年4月　臨時教育審議会最終答申「親となるための学習」」から始まっている．木村が臨時教育審議会の委員であり，その場で「親になるための教育」を提唱したとされている[30]．

　これに呼応する形で，家庭教育支援（親学推進）議員連盟が2012年4月10日に設立された（会長：安倍晋三）．議員連盟の設立総会で，木村・高橋が記念講演を行っている．また，教育再生会議は2007年4月17日に第2分科会（規範意識・家族・地域教育再生分科会）で高橋史朗からのヒアリングを行っている（「「親学」に関する緊急提言」がまとめられる約1週間前）．また熊本県も家庭教育条例制定にあたって，高橋史朗を含めた3人からヒアリングを実施している[31]．このように親学推進協会，とりわけ高橋史朗は条例・法の推進の中心人物であり，議員への影響力ももっていると言える．

　同時に高橋と木村は日本会議（1997年5月30日設立）の会員でもあり，「男女共同参画社会」「夫婦別姓」への批判を展開していた．

　更に高橋史朗は「子どもの権利条例」も批判している[32]．彼は，子どもの権利条約を踏まえて制定されようとしている長野県子ども支援条例について，「子どもをパートナー扱いしてしまうと，他律によって自律へと導く教育や指導，

29）親学推進協会「親が変われば，子どもも変わる」，http://www.oyagaku.org/（閲覧日：2017年8月10日）
30）木村治美『しなやかな教育論——私の臨教審レポート』文藝春秋，1988年．
31）平野みどり「くまもと県家庭教育支援条例制定について」『進歩と改革』735号，2013年，pp.70-73．
32）産経新聞電子版，2014年1月24日，http://www.sankei.com/politics/news/140124/plt1401240048-n1.html（閲覧日：2017年8月27日）

しつけが否定されかねないのが最大の問題だ」「新たに条例が制定されることで『指導から支援への転換』という誤った子ども中心主義へ逆戻りすることが懸念される」と述べている．

このように，「男女共同参画社会」や「夫婦別姓」，そして「子どもの権利条例」を批判する立場にある人物が家庭教育支援条例や法を推進しているのである[33]．

3.2「親学」とは何か

親学の内容については，高橋史朗をはじめとする関係者が多くの文章を発表しているが，ここでは『「親学」の教科書——親が育つ子どもが育つ——』（PHP親学研究会編，PHP研究所，2007年）に拠って確認を行う[34]．

まず親学は改定教育基本法で明記された「保護者に対する学習」であるとされる．教育基本法改定によって，親学の実践に法的根拠が与えられたとの基本的認識がある．

親学の出発点は「人間の本性に基づいて，親が子を導き育て，子は親を見て成長するといった親子の絆の根底に立ち，親としての責任を果たし，人間としての人格の完成を目指す」「その一番大切なものは，「親子の愛の絆」」とする考え方である．そして子どもが生まれたときに，「親」もまた誕生する．子どもの人生が始まると同時に，「親」としての人生を歩み始める．親もまた，親としての経験を積み重ねて，子どもとともに育っていく．その意味では，子育ては「親育て」なのである．

そして，子どもと家庭についての現状としては，「子どもの心の問題」（我慢ができない，コミュニケーション能力が低いなど）「生活習慣の乱れ」「親の教育力の低下」「家庭と地域の役割の低下」を指摘している．また，子育て支援として整備されてきた保育所などは「親の教育力不足」の補完であり，むしろ

---

[33] 親学については，TOSS（代表：向山洋一），全日本教職員連盟（全日教連），日本青年会議所，日本弘道会も関係している．例えば「親守詩」（親子で作る短歌）のコンクールの実質的主催者はTOSSである．また日本弘道会の機関誌『弘道』には，親学の特集が複数回組まれている．

[34] 併せて，山口敏昭「なぜ今，"子育て"か——「親学」を考える——」（2007年6月15日）を参考にした．http://www.gcibundo.com/yamaguchi/yamaguchi_somo070615.pdf（閲覧日：2017年7月15日）

親の教育力低下の一因となっていると見なしている．

　現代の課題として親学が目指すのは，①子どもの心の育成（「親の成長を通して子どもの心を育てること」），②親の成長（「親自身が変わり，成長しなければならない」「主体変容」「教育は共育」），③父親の子育て参加，である．

　親学の理念として次の3点を挙げている．

① 教育の原点は家庭にある．親は人生の最初の教師として，教育の第一義的責任を負うことを深く自覚する．
② 発達段階に応じて家庭教育で配慮すべき重点は異なる（胎児期・乳児期・幼児期・児童期・思春期という子どもの発達段階に応じ，家庭教育で配慮すべき重点は異なる）．
③ 母性と父性の役割を明確にする（男女の特性をそれぞれ生かし，互いが補い合いながら，共同で子どもの心と体の成長を培っていく）．

　このような考え方の下，具体的な家庭教育の実践が述べられるのである．その概要（章，節，小見出しのタイトル）は以下のようなものである．

1. 親自身が成長するために／①まず，現在の自分を肯定する／②客観的に自分を見直す（人生観，社会観，人間観，幸福観）／③健康的な生活を送る／④自らを磨く（心，知性，感性，社会性）
2. 子どもの人間性をはぐくむために／①子どもにもっと関心をもつ／②子どもとのかかわり方／③他者とともに生きる力を養う（共感性，社会性，抑制力，自己効力感）
3. 愛のある家庭をつくるために／①家族との絆と愛をはぐくむ（愛とは受け止めること，愛を伝えるために）／②心のぬくもりを伝え合う（家族の中で感謝し合う，思いやりの心をもつ，助け合う習慣をつける，家族のルーツ・先祖を大切にする）／③ルールを築き守る（わが家の家訓をもつ）／④食育を大事にする（「いただきます」「ごちそうさま」のあいさつ，食事中はテレビを消す，箸を正しくもつ）／⑤睡眠をきちんととる／⑥5S（整理・整頓・清掃・清潔・躾）を大事に／⑦あいさつができる家庭をつくる

以上が親学のテキストに書かれているポイントである．親学についての本格的検討は稿を改めて行いたいが，とりあえず筆者が考える問題点を指摘しておく．

第1に，親学は1つのまとまった体系ではない点である．引用される人物には，モンテッソーリ，マザー・テレサ，キュリー夫人などがあり，理論としても EQ（emotional quotient），親業（parent effectiveness training）など雑多である．個々の内容について論じるよりも，これらがどのような文脈で引用されているのかに着目すべきであろう．

第2に，「子どもの心の問題」とされる事柄が本当に「心の問題」なのかという問題である．子どもや家族が置かれている社会的・経済的，あるいは文化的状況を考慮する必要があろう．また児童虐待の問題に関しても，昔のほうがより一般的であったとされている[35]．

第3に，上記と同様のことは親についても言える．「親としての責任の自覚」や「自己を肯定する」などの自己認識を変えること以上に，親が親として行動できるような社会的条件の整備がより重要である．例えば虐待にしても，親の自覚の問題以上に，置かれている状況や家族の人間関係などに起因する場合が多く，「親の心」に焦点を当てるのは問題を矮小化することになる．

第4に，子育てと家族の多様性が考慮されていない問題である．例えば母性と父性の強調は（それが現実の母親と父親に対応するものではないとしても）異性の夫婦を前提としていると考えられる．また発達段階に沿った子育ての強調は，発達段階を固定的に捉えるならば，ある意味で子どもを育てる客体と見なし，子ども自身の主体性や自己決定を認めない方向に向かう危険性をはらむ．

第5に，子育てを家族の中の問題として捉え，子どもを育てることの共同性・社会性を軽視している．「親」に焦点を当てることで，子育ては多様な人々の協働で行われる営みである点が無視されるのである．

---

[35] 例えば，大倉幸宏『「昔はよかった」と言うけれど――戦前のマナー・モラルから考える』新評論，2013年を参照．

4 まとめと今後の課題

4.1 家庭教育支援をどう見るか——文部科学省（文部省）と内閣との関係

先に見たように，文部科学省（文部省）の基本姿勢は，「男女共同参画社会」「ワーク・ライフ・バランス」の理念を念頭に置き，同時に「家族をめぐる多様な価値観と実態」にそれなりに配慮したものと言える．

それに対して，家庭教育支援法案は，「男女共同参画社会」や「子どもの権利条約（条例）」に対して（「選択的夫婦別姓」に対しても）批判的な立場を取る「親学」に拠る（これは，臨時教育審議会→教育改革国民会議→教育再生会議→教育再生実行会議の流れの中にあり，これらは総理府・内閣府・首相官邸などに置かれたものである）．

同じ「家庭教育支援」とされていても，文部科学省の「家庭教育支援政策」と政府・与党の「家庭教育支援法案」は異質なものであると考えられる．

4.2 家庭教育支援条例と家庭教育支援法案の問題点

家庭教育支援条例については，自治体により若干の違いはあるが基本的内容は同一であると言え，自治体の主体性がどこまで発揮されているのかが不明である．首長の意向で条例が制定された例もあり，ある意味で「保守派による草の根運動」により，条例が制定されている面があると考えられる．

筆者は「子どもの権利条例」の批判者が「家庭教育支援条例」を推進する構図が何を意味するのかを検討する必要があると考える．「子どもの権利条例」は「子どもを権利の主体として認める」ことを主眼とするものである．それを認めない立場からの家庭教育支援は，子どもを客体（教えやしつけの対象）としてしか見ないことになる．また「子ども・子育て支援条例」は「子育てが社会・地域全体で行われることを認める」ものである．「家庭教育支援条例」の推進者たちが「子ども・子育て条例」を直接批判しているわけではないが，「子ども・子育て条例」とは別の条例を提案することは「社会・地域全体による子育て」を軽視あるいは否定し，子育てを親だけの責任とするものになるのであ

る．

　そして家庭教育という私的領域に行政が関与することの問題性もある．倉石一郎は，支援条例や法案を単に行政の私的領域への介入強化と捉えるのは不十分であり，「家庭を私的領域から公的領域へと引きずり出す「連れ出し」ベクトル」という視点を提唱しているが[36]，家庭教育が公的なものとして（国の末端の組織として）位置づけられる事態に留意しなければならないと考える．

　法案についても同様の問題点があることは明らかであり，今後の動向を注視する必要がある．

4.3　今後の課題

　今後の課題としては，まず，各自治体の具体的取組みの検証である．とりわけ，「親になるための学び」が「ライフプラン教育」としてどのように行われているのかを確認することが必要である．

　第2は「親学」の更なる検討である．その内容と同時に，普及のルート（親学講座・親学アドバイザー認定講座・親学研究会）を明らかにすることが重要である．「ライフプラン教育」と同様に，保育園・幼稚園を含めた学校の場が，1つのルートとして想定されているのであり，その実態を確認する必要がある．

　第3には，国レベルでの「家庭教育支援政策」の動向を見極めることである．家庭教育支援法案の行方に加えて，文部科学省が進めている「家庭教育支援員の配置」の政策が今後どのように展開するのか，そしてこれまでの「子育て支援政策」との関係はどうなるのかを特に留意しなければならない．

　なお，2019年8月の時点で家庭教育支援法案は国会に上呈されていないが，今後も注視したい．

---

36) 倉石一郎「教育基本法「家庭教育条項」と「支援法」を結ぶライン・その向こうにあるもの――深層を読み解く一つのこころみ――」『教育と文化』88号，教育文化総合研究所，2017年．

参考文献

- 木村涼子『家庭教育は誰のもの？―家庭教育支援法はなぜ問題か』岩波ブックレット No.965，岩波書店，2017 年．
- 菅野完『日本会議の研究』扶桑社，2016 年．
- 塚田穂高編著『徹底検証 日本の右傾化』筑摩書房，2017 年．
  (特に 第IV部 家族と女性―上からの押し付け，連動する草の根
  第 10 章 重要条文・憲法二四条はなぜ狙われるのか 清末愛砂
  第 11 章 結婚，家族をめぐる保守の動き 斉藤正美
  第 12 章 税制で誘導される「家族の絆」堀内京子）
- 西山千恵子・柘植あづみ編著『文科省／高校「妊活」教材の嘘』論創社，2017 年．
- 本田由紀・伊藤公雄編著『国家がなぜ家族に干渉するのか 法案・政策の背後にあるもの』青弓社，2017 年．
- 山崎雅弘『日本会議 戦前回帰への情念』集英社，2016 年．

関連文献（刊行順）

- おがわとしお「「家庭基盤」対策の「基盤」は何か」『国民教育』(44)，国民教育研究所，1980 年，pp.102-103.
- 村松喬「ご都合主義的な創作」『国民教育』(44)，国民教育研究所，1980 年，pp.104-105.
- 宗像なみ子「老人と孫と働く母親と」『国民教育』(44)，国民教育研究所，1980 年，pp.106-107.
- 中嶋みさき「今なぜ家庭教育か」『人間と教育』(29)，民主教育研究所，2001 年，pp.44-48.
- 山田総一郎「家庭教育の現状と家庭教育支援施策について」『日本教材文化財団研究紀要』(31)，2001 年，pp.26-30.
- 望月嵩「家庭教育学の構想」『家庭フォーラム』(14)，日本家庭教育学会，2005 年，pp.4-11.
- 福田博行「親学のすすめ」『家庭フォーラム』(14)，日本家庭教育学会，2005 年，pp.29-37.
- 金子珠理「「男女共同参画社会」における家庭教育振興政策――「家庭教育学級」の現在」『天理大学おやさと研究所年報』(13)，2006 年，pp.41-53.
- 広井多鶴子「核家族化は「家庭の教育機能」を低下させたか」『生活福祉研究』(57)，明治安田生活福祉研究所，2006 年，pp.4-22.
- 高橋史朗「「親学」についての一考察 (1)」『明星大学教育学研究紀要』(21)，2006 年，pp.95-109.
- 中藤洋子「「家庭教育」のゆくえ――家庭教育条項の特立新設への過程と問題点から」『季刊教育法』(152)，2007 年，pp.20-25.
- 木村浩則「親学とは 親学＝家庭版「心の教育」を超えて」『クレスコ』(79)，全日本教職員組合，2007 年，pp.22-25.
- 高橋史朗「教育再生会議と「親学」」『日本教育』(360)，2007 年，pp.18-21.
- 片岡洋子「「親学」は子育て支援になり得るか――「正しい家庭」イデオロギーの危険性――」『人間と教育』(55)，民主教育研究所，2007 年，pp.20-27.
- 大森修「「家庭教育」「社会教育」条文は PTA 問題を抜きにできない」『現代教育科学』(609)，2007 年，pp.20-22.
- 菊川律子「家庭教育施策・事業のこれまでとこれから――新条文第 10 条と家庭教育施策・事業――」『社会教育』(731)，2007 年，pp.20-24.
- 長田安司「経済・市場優先の保育行政の問題点と「親学」の実践」『祖国と青年』(349)，日本協議会・日本青年協議会，2007 年，pp.24-34.
- 加藤秀一「ジェンダー論の練習問題 第 28 回「親学」をできるだけ速やかに死語にしよう」『解放教育』(477)，2007 年，pp.72-74.
- 田中壮一郎「教育基本法の改正と教育改革 (10) 10 条「家庭教育」/11 条「幼児期の教育」」『教職

・研修』（434），2008 年，pp.108-112.
・高橋史朗「親学誕生の背景と基本理念」『家庭フォーラム』（19），日本家庭教育学会，2008 年，pp.4-13.
・工藤真由美「家庭教育の現状と課題」『四條畷学園短期大学紀要』（43），2010 年，pp.9-12.
・高橋史朗「脳科学と徳育――親学との連携」『明星大学教育科学研究紀要』（25），2010 年，pp.91-105.
・桜庭大和「"子育て支援"に騙されるな 親を追い詰める「親学」のウソ」『金曜日』（833），2010 年，p.19.
・「大阪維新の会・大阪市議団が「家庭教育支援条例（案）」を全面撤回：高橋史朗教授は「更に論議を尽くす必要」を訴える」『国内動向』（1250），日本教育協会，2012 年，pp.18-24.
・平川則男「家族と社会化をめぐる闘争の 30 年：家庭基盤の充実政策から社会保障と税の一体改革までを見る」『社会主義』（615），2013 年，pp.27-32.
・高橋史朗「親の自立を促す親学の課題」『家庭フォーラム』（25），日本家庭教育学会，2013 年，pp.4-12.
・高橋史朗「日本の精神的伝統に基づく「親学」の推進を――「親守詩」で親子の絆を取り戻そう――」『祖国と青年』（416），日本協議会・日本青年協議会，2013 年，pp.22-31.
・瀧敦弘「日本における家族政策の展開」『広島大学経済論叢』37（2），2013 年，pp.69-76.
・佐藤正志「教育の危機管理 家庭教育支援――学校の役割――」『週刊教育資料』（1299），2014 年，pp.21-23.
・三浦まり「新自由主義的母性――「女性の活躍」政策の矛盾」『ジェンダー研究』（18），お茶の水女子大学ジェンダー研究センター，2015 年，pp.53-68.
・佐藤貢悦・嚴錫仁・西中研二・平良直「日本における「家庭教育」の現状とその課題について」『家庭教育研究』（21），日本家庭教育学会，2016 年，pp.1-11.
・田中彰「「親学」再考」『社会臨床雑誌』23（3），日本社会臨床学会，2016 年，pp.70-76.
・呉栽喜「父親の育児参加と家族政策」『大東文化大学紀要 社会科学』（54），2016 年，pp.59-68.
・FACTA REPORT「整う戦時体制 復古の目玉「家庭教育支援法」」『FACTA』12（1），2017 年，pp.62-64.
・藤森毅「これはヤバい！ 安倍流家庭教育支援「統制」法案」『女性のひろば』（460），日本共産党中央委員会，2017 年，pp.40-45.
・山口智美「家庭教育をめぐる動き「家庭教育支援」「ライフプラン教育」という介入 家庭が「国家のための人材育成の場」に」」『金曜日』（1121），2017 年，p.21.
・本村めぐみ「「家庭教育支援」を担う NPO 法人による「つどいの広場」の有効性と課題――現代の「家族関係」を支えるための社会連携の視点より――」『和歌山大学教育学部紀要』（67），2017 年，pp.121-128.
・鈴木みさ子「家庭教育支援条例制定の経過と問題点（愛知・豊橋市）」『議会と自治体』（232），日本共産党中央委員会，2017 年，pp.42-45.
・吉出由美子「長野県千曲市の家庭教育支援条例と「親学」推進運動」『クレスコ』（200），全日本教職員組合，2017 年，pp.22-23.
・湯山薫「家庭教育支援法案と憲法――国家が家庭教育に介入する危険――」『平和運動』（559），2017 年，pp.21-27.

Column 1 「産む」ことへの国家的まなざしの成立

1 私と「母子手帳」

　私のパートナーの妊娠がわかったとき，「母子手帳」（正確には母子健康手帳）というものをどうやって手に入れればよいのか，2人ともわからなかった．実際には区役所の窓口に行きさえすればもらえたのだが，診断書も要らず自己申告だけでよいというのは私たちにとって意外だった．その後診察や検査の度に，手帳に結果が記入される．「母子手帳」には出産についての事柄が一通り書かれていて「便利なもの」には違いないが，まだ見ぬ子に対するまなざしが，ちょうど成績表を通して子どもを見ているような感じになってくる自分に気づいた．検査結果が良ければほっと安心し，「異常」がないかどうか心配するというのは，与えられた規格に合っているかどうかという判断基準をもっていることではないか．つまり子どもへのまなざしも社会や制度によって大きく規定されていて，この場合「母子手帳」がその制度を支える道具となっているのだ．

　そこでこのような「母子手帳」はいつから存在するのか，そしてどうしてこのようなものが必要であったのか，ということを考えてみたいと思ったのである．ここでは「母子手帳」の前身である「妊産婦手帳」の登湯（1942年）とその背景を考えてみたい．

2 15年戦争下の「人口問題」

　15年戦争下に政府は本格的な「人口政策」をとるが，この政策を可能にした条件として1938年の厚生省の創設は注目すべきである．内務省社会局を主な前身とする厚生省の成立には，軍部からの要請が強かったと言われるが，それは当初，「民族衛生」（国民優生政策）を含んだ人口問題を課題としていたのであった．1940年に「国民優生法」が成立するが，これは妊娠中絶の大幅な制限と強制的「断種」とを明文化したものであった（避妊は1930年の「有害避妊器具取締規則」等でほとんど禁止されていた）．

　更に1941（昭和16）年に政府は「人口政策確立要綱」を閣議決定し，昭和35年の「内地人口」を1億人とすることを目標とした「人口増加政策

を立てた．「妊産婦手帳」制度の直接の背景は，この要綱にあると言える．また，衛生行政の面では1937年に「保健所法」によって，全国に保健所が設置された．これは結核予防が主な目的とされたが，同時に「保健婦」が初めて法的に規定された点でも重要である．そして1942年の「国民医療法」で「保健婦・看護婦・助産婦」が医師と同じ「医療関係者」となった．このように，「保健衛生」が制度的に成立するのは，「大東亜戦争」へ突入する1940年前後のごく短い期間であったことがわかる．

このような人口政策の背景には，実は「出生数（率）低下」という深刻な問題があった．人口1,000人当たりの出生率が1920（大正9）年に36人でピークを迎えた後，出生数（率）は次第に減少してくる．それでも日中戦争の始まった1937（昭和12）年は，出生数が約218万人で，1,000人当たり出生率が30人程度である．ところが翌38年には193万人，39年には190万人の出生数と，急激な減少を示したのである（ちなみに，1986年の出生数は約138万人）．これは，戦争の本格化のためと推測できよう．この事態は総力戦体制を築こうとしている国家にとっては，実に憂うべき現象であったのである．

ついでながら民法で「私生子」という言葉が削除されたのも，1942年であった．これは，「私生子」という言葉が社会的差別を助長するという批判に応えたものであったが，同時に男子が「安心して」兵隊に行ける条件作りの一環でもあった．

このように「大東亜建設」の開始の年とされた1942年を中心に，「総力戦を遂行するための戦力としての国民を作る」ことを目標にして，「母と子」をターゲットにした政策が取られたのである．また，財団法人として1933（昭和8）年に創設された（そして39年に厚生省附属となる）人口問題研究所が，「第一次出産力調査」を実施したのが1940（昭和15）年であった（ちなみに1938年以後，出生数は公表されなくなったが，それは「防護」のためであった．人口はまさに「機密」だったのだ）．

3 「妊産婦手帳」の登場

上のような背景の中で登場したのが，1942年7月13日付の厚生省令「妊産婦手帳規程」に基づく「妊産婦手帳」であった．この手帳の意味が大きいのは，これが国家と妊産婦とを直接に結びつける最初のものであったからで

ある．また，現在でも，妊産婦手帳は「保健サービスを受ける側の者にも所持させ，保健の自己管理を促した点で，我が国公衆衛生上画期的な制度であった」[1]と言われている．国家はこの手帳によって妊産婦に「自覚」を与えようとしたのである（なお，出産後は「国民体力法」によって「体力手帳」が交付され，乳幼児の体力検査・保健指導が行われるが，ここでは触れない）．

そこで「妊産婦手帳規程」によって手帳の具体的内容を見たい．

まず目的としては，「規程」の第1条に「妊産婦（産後1年以内のものを含む）及乳幼児の保健指導其他保護の徹底を図る」とされている．ただこの「規程」と同時に出された「妊産婦保健指導及保護に関する件」という厚生省から地方長官宛の通牒の冒頭には，「大東亜戦争を遂行し我が国永遠の発展を期する為人口の速やかな増強を図るは刻下の急務」であると述べられている．ここにこの制度の「目的」と，その背後の「意図」をはっきりと読み取ることができる．

次にこの規程は，妊娠した者が速やかに地方長官（役所）に「妊娠届出」を出すことを定めている．実は「妊産婦手帳制」は「妊婦届出制」とも呼ばれており，届出義務制（罰則はない）によって行政が妊婦を特定し把握することを定めたのは，これが最初である．当時の新聞によると，「結婚していなくてもよいからきちんと届を出すように」とか「手帳をもっていると食料物資の優先配給が受けられる」とか書いてあり，盛んに届け出ることを薦めていることがわかる．

第3に，妊産婦が保健所・医師・助産婦・保健婦に就いて保健指導を受けること，がある．「流産・死産が年30万人，早産が13万人」ということが資料によく出ているが，それを減らすための「定期検診」を行うということである．

最後に，この規程で「手帳」の様式が定められている．まず氏名・居住地・世帯主氏名・出産予定日を書く表があり，次に「妊産婦の心得」が10カ条，そして「妊産婦新産児健康状態欄」（検診の記録で検査者が印を押す），「出産申告書」「分娩記事欄」と続き，「取扱の注意」で終わる．

この制度の直接の担当官であった瀬木三雄（厚生省人口局母子課）は「妊産婦手帳制の真の目的は，之によって妊産婦の健康を増進し，年々莫大な数に達する流死産，妊娠出産に因る母体死亡の防止を図り，更に早産を防ぎ，

新産児体力向上を図ることによって乳幼児死亡率の減少に貢献する事にある」[2]と述べている．しかし，問題はどうしてこの時期に国が「妊産婦・新生児保護」に関心をもったか，である．手帳の「妊産婦の心得」の第1項にはこう書かれている．「丈夫な子は丈夫な母から生まれます．妊娠中の養生に心がけて，立派な子を生みお国につくしませう」．国家が妊婦に対して初めて直接的に声をかけたその第一声がこの言葉であったことは，国家のねらいがどこにあったのかを物語っている．

4　子どもへのまなざしを規定するもの

　上に紹介した瀬木は，1944年に出された本[3]の中で「出産愛国」という言葉を使い，女性には10人くらい子どもを産んで欲しいと言っている（当時は「結婚報国」という言葉も使われた）．もしかしたら「戦争中は特別だった」と思う人がいるかもしれない．また「当時の制度が現在まで続いているとしても，根本理念が全く違う」と言う人もいるだろう．

　しかし瀬木はこの本の中で次のような意味のことを言っている．「今の状態が続くと，昭和75年に，日本の人口は1億2,300万人となって，その後は年々減っていく．それは出生数の減少とともに老人人口が増えて死亡する者も増えるためだ．60年後には老人が増え，若者が減る．それは兵隊となる男子，子どもを産む女子の減少を意味する．これは国防の面でも，生産力の面でも由々しき問題である」

　「生産力の面で由々しき問題」！　今まさに言われているのはこの「問題」ではないか．人口を量的・質的に捉えてそれを国力との関わりで見る発想は，近代国民国家に共通であり，日本においても明治期からあった．しかし，行政が直接に人口管理にコミットできる体制ができたのは，15年戦争下であった．そしてそれは，「国家の強制」というよりも，国民の自覚」——この場合で言えば「元気な子を産むという妊婦の自覚」——をテコとして行われた．この意味で，出産や育児を社会的に捉える視点の原型は戦時中に形成され，現在までその基本的構図は変わっていないと言えよう．また，母子保護の行政的措置や健康管理の在り方が国家の意図を反映していることも同様である．

　私は，衛生行政や母子保護が戦時中に成立したものだから悪いと言うのではない．ここで考えたかったのは，「出生」が「社会問題」として成立する

事情であり，問題の背景にある「国家の子どもへ熱いまなざし」である．私は「出生率低下というチャンスを活かして出産・育児に関する制度を充実させよう」というだけの主張は，下手をすると国家や企業の意図を補完するものになってしまうのではないか，と思う．「問題」の枠自体を見定めることによって，本当に自分たちの考えるべきことが見えてくるのではないかと考えている．

注
1)『厚生省五十年史』1988 年，pp.459-460.
2) 瀬木三雄「妊産婦手帳制（所謂妊婦届出制）に就いて」『公衆街生』日本衛生会，1942 年 8 月，p.3.
3) 瀬木三雄「母子保健」『戦時生活叢書　六』国民生活科学化協会，1944 年，pp.39-59.

参考文献
清水勝嘉『日本公衆衛生史（昭和前期編）』不二出版，1989 年．

［1992 年］

2章　家庭教育支援条例の成立過程

はじめに

　家庭教育の支援を謳った「家庭教育支援条例」は，2013年4月に施行された熊本県を皮切りに，2018年3月の埼玉県志木市まで，8県（制定順に，熊本県・鹿児島県・静岡県・岐阜県・群馬県・徳島県・宮崎県・茨城県）・6市（同じく，石川県加賀市・長野県千曲市・和歌山県和歌山市・鹿児島県南九州市・愛知県豊橋市・埼玉県志木市）で制定されている（2018年12月現在）[1]．

　これらの条例の内容やこれに基づく施策は1章で述べた．また条例と共通する内容をもつ家庭教育支援法案の問題点については既にかなりの議論が行われている[2]．

　個々の条例がどのような過程を経て制定されたのかについては，いくつかの自治体の議員らが明らかにしている[3]．ただ実際の議会でどのような議論がなされたのかについては，これらの資料を含めて，これまで触れられていない．そのため本章では，条例策定にあたってどのような議論があったのかについて，議会の会議録を具体的に紹介した上で，その内容を検討する．同時に条例を提

---

[1] 一般的に「家庭教育支援条例」と総称されるが，名称は自治体により若干異なる．また志木市の条例は「志木市子どもの健やかな成長に向け家庭教育を支援する条例」であり，内容もやや異なるが，家庭教育支援を掲げていることから，ここに含めた．

[2] 例えば最近のものとしては，一般財団法人生活経済政策研究所『政策経済政策』260号，2108年9月号の特集「再び『家族』がねらわれる──家庭教育支援法案と憲法第24条」がある．

[3] ・平野みどり「「くまもと県家庭教育支援条例」制定について」『進歩と改革』735号, 2013年3月.
　・鈴木みさ子「家庭教育支援条例制定の過程と問題点（愛知・豊橋市）」『議会と自治体』, 2017・年8月.
　・満留澄子「和歌山市で『家庭教育支援条例』制定」『婦人通信』, 2017年11月.

案した議員らと「親学」[4]との結びつきを示す．

会議録は各々の議会のHPで閲覧・検索が可能である．その中から，賛成・反対の議論の内容が十分に把握できる熊本県，長野県千曲市，そして愛知県豊橋市の例を示す．

1 熊本県「くまもと家庭教育支援条例」

熊本県は，家庭教育支援条例を最初に制定した自治体であり，2013年4月に条例を公布した．

ただ，家庭教育支援条例と名づけられた最初の条例案は，大阪市の「大阪維新の会・大阪市会議員団」が提案を予定しているとして，2012年5月に公になったものであった[5]．この条例案の中に「乳幼児期の愛着形成の不足が軽度発達障害またはそれに似た症状を誘発する大きな要因であると指摘され，また，それが虐待，非行，不登校，引きこもり等に深く関与していることに鑑み，その予防・防止をはかる」とする条文があったため，発達障害の原因を子育ての在り方に求めるものであるとして大きな社会問題となり，この条例案は撤回された．熊本県の条例は，この時期を挟んで議論されたものであった．

県議会に最初に提案されたのは，2012年6月であった．提案者は前川收議員（自由民主党）であった[6]．前川は次のように提案した．

　2012年6月13日

　〇（前川收）　次に，知事の教育に対する思いと教育長の決意についてお尋ねをいたします．

　教育を取り巻く環境は，科学技術の進歩や情報化，国際化の進展，少子

4）「親学」は「親に対する教育」「親になるための教育」などの意味で普通名詞として用いられることもあるが，ここでは，高橋史朗や親学推進協会が推進する運動の名称として「親学」と表記する．名古屋市や島根県の教育委員会でも，親学という名称での取組みが進められているが，これはとりあえず「親学」とは区別して考える．これらの取組みについては4章で検討を行う．
5）発言する保護者ネットワーク from 大阪，http://hogosyanet.web.fc2.com/（閲覧日：2018年11月9日）
6）議事録は，http://www.kaigiroku.net/kensaku/pref_kumamoto/gikai.html による（閲覧日：2018年7月29日）．

高齢化の進行，家族形態の変容など，大きく変化をしており，様々な課題が生じています．特に，子どもたちに関して，基本的な生活習慣の乱れや学ぶ意欲の低下や思考力，表現力の不十分さ，体力，運動能力の低下，社会性や規範意識の希薄化など，憂慮すべき状況にあると思っています．

　自民党としても，子どもたちに世界トップレベルの学力と規範意識，そして日本に誇りが持てる教育再生とともに，地域を愛する豊かな心を育む真の道徳教育や家庭教育，親学に力を注ぐことが必要と考え，議会内に，熊本県家庭教育支援基本条例，仮称でありますけれども，策定委員会の設置を提案させていただきました．

ここでは条例の策定委員会設置が提案されているが，これを受けて，6月7日～11月29日の期間で，各会派の6人からなる，熊本県家庭教育支援基本条例（仮称）策定検討委員（委員長：溝口幸治議員）が設置され，「家庭教育の重要性，親として学ぶことの重要性を啓発していくことに関して，議員提案条例の策定のため，協議を行う」こととされた．その後改めて議会で討論が行われた．最初は条例制定に慎重な立場の平野みどり議員（無所属）からの発言である．

2012年12月12日
○（平野みどり）　熊本県議会では，この12月定例県議会において，くまもと家庭教育支援条例（仮称）を制定しようとしています．6月に条例策定検討委員会が立ち上がり，私も委員の1人として議論に参加してまいりました．

　実は，この条例の制定が提案されたとき，正直，とうとう来たかという危機感をもちました．というのも，5月に大阪市議会に提出される予定だった条例案の中身が，全国的な注目を浴びるほど劣悪なものだったからです．

　例えば「乳幼児期の愛着形成の不足が軽度発達障害またはそれに似た症状を誘発する大きな要因である」とか「我が国の伝統的子育てによって発達障害は予防，防止できる」という非科学的な内容です．

　直ちに，自閉症協会や障害者団体などから，この基本的な発達障害に関

する無知を露呈した条例案に批判が寄せられました．その後，大阪市議会での条例策定は進んでいません．

　さて，私に対しては，なぜ策定委員を引き受けたのかとの御指摘もあったほどですが，どのみち条例ができるのなら，本当の意味で保護者を支援する条例にすべきだと思いましたし，間違っても，しつけや子育てと障害を連関させ，障害をもつ子どもや様々な問題を抱える保護者を苦しめる条例にすることだけは，絶対に避けなければと思いました．

　幸い，大阪での認識の誤りは策定委員の中でも共有されており，安心しましたし，パブリックコメントも実施され，93件の御意見が寄せられ，直接条例案の一部に反映されるなど，前進もあったと思います．

　さて，本県において，家庭教育支援，子育て支援など，家庭に対する支援を進めていく基本的スタンスは，教育と福祉の連携だと思います．更に，上から目線で課題をもつ保護者を指導しようとしたり，強い主張をする保護者をモンスターと呼び，問題視するのではなく，寄り添って課題に向き合って解決していくというスタンスこそが重要です．

　更には，民生費抑制のための公助から自助へという圧力ではなく，公的支援を導入することで，親みずからが潜在的にもっている力を引き出せる，つまりエンパワーするというスタンスが肝要ではないでしょうか．

　（中略）

　特に発達障害をもつ子どもの親御さんたちからは，もう会派を問わず，いろんな先生方に，個人的に，あるいは会派，政党に対して，この条例に関して心配だというお声が寄せられていると思います．パブリックコメントで93件出た中にも，その御懸念がかなり多数ありました．

　本当に今まで，あんたのしつけが悪かっただろうという言い方をされたり，本当につらい思いをしてこられています．私たちは，やはりそういった皆さんたちのつらい思いにしっかり寄り添いながら，この家庭教育支援が本当の意味で障害をもつ子どもたちや病気をもっている子どもたちの親御さんも含めて支援をしていける条例になるように育てていかないといけないというふうに思っています．

　お母様方も，保護者の皆さんたちも，この条例をしっかりモニターして

いく，監視していくというふうにおっしゃっています．何の役にも立たないということもいけませんので，この条例があることによって，更に県がやっていく施策が一歩でも二歩でも前にどんどん進んでいくように，条例を良い意味でプラスに変えていかないといけないと思います．御懸念をプラスに変えていけるように，議員の皆さんとともに頑張っていきたいと思います．

そして12月20日に条例案が溝口幸治議員（自由民主党）によって県議会に提案される．

2012年12月20日
○（溝口幸治）　自由民主党の溝口幸治です．
　自由民主党，民主・県民クラブ，公明党の共同提案によります議員提出議案第3号くまもと家庭教育支援条例の制定について，提出者を代表して提案理由の説明を行います．
　家庭教育に関する条例は，全国のどの都道府県，市町村でもまだ制定されていません．そういう中，条例制定に向け，4月ごろから具体的に動き始めました．
　その矢先の5月に，橋下徹大阪市長が代表を務める大阪維新の会の市議団が，市議会に提案を予定していた家庭教育支援条例案に，発達障害は親の愛情不足が原因という旨の記述があり，その条例案を事前に外部に漏らすという大失態を演じ，関係者に誤解を与えるとともに不快な思いをさせ，当該市議団が謝罪して条例案の白紙撤回をするという事件がありました．
　このため，我々が検討する条例案も，同様の考えに基づいた条例案ではないかという疑念や誤解が各方面から寄せられました．ここではっきり申し上げますが，大阪維新の会の条例案とは全く違うものです．
　そういった経緯があるため，当条例の制定にあたっては，誤解が生じないように，丁寧な説明やきちんとした進め方をすることが大切であると考え，そのように実行してきたところであります．
　それでは，具体的に提案理由の説明をさせていただきます．

戦後，少子化や核家族化の進行，地域のつながりの希薄化など，社会が大きく変化してきました．そのため，過保護，過干渉，放任など，家庭の教育力の低下が指摘されています．

　そういう社会の変化に対応するために，国では，平成18年に教育基本法を改正し，家庭教育の項目を第10条に新設し，すべての教育の出発点である家庭教育の重要性に鑑み，保護者が子どもの教育について第一義的責任を有すること及び国，県，市町村が家庭教育支援に努めるべきことを規定いたしました．

　本議会におきましても，家庭教育に関して，平成21年2月定例県議会で西岡県議，平成21年6月定例会で増永県議，平成22年2月と9月定例会で小早川県議，平成23年6月定例会で高木県議，平成24年2月定例会で山口県議が質問をされたところです．

　我々も，保育園，幼稚園，小中学校の先生方から家庭教育に関する現場の声を聞かせていただき，家庭教育の重要性を感じ，更に，講演会，勉強会を開催して知見を深めた結果，家庭教育支援の在り方として条例制定の必要性を感じることとなりました．

　今回，条例制定を検討するにあたっては，超党派による検討委員会を6月27日に設置いたしました．なお，検討委員会は，地方自治法第100条第12項に基づく協議等の場として，名称は熊本県家庭教育支援基本条例（仮称）策定検討委員会としました．

　当委員会は6名の委員で構成され，6月から11月まで，計6回の委員会を開催しました．委員会では，熊本大学の古賀倫継教授，白梅学園大学の汐見稔幸学長，明星大学の高橋史朗教授の3人の学識者から意見聴取し，更に委員間での協議を重ね，条例案を作成いたしました．

　また，パブリックコメントについては，議員提案条例には義務づけられていませんが，県民から広く意見をお聞きするため，10月19日から11月19日までの約1カ月間実施し，93人という多くの方々から御意見をいただきました．

　主な意見として，家庭教育支援の必要性に係る意見が20件，障害児者の家庭教育支援に係る意見が16件，広報及び啓発に係る意見が12件，

個人の価値観の自由に係る意見が9件などでありました.

　家庭教育支援の必要性については，条例の制定の根幹をなすものでありますが，家庭教育という個人のプライバシーの領域まで条例で規定すべきではないという御意見や，逆に条例制定に大いに期待するという御意見をいただきました．これについては，検討委員会において十分議論をさせていただきました．

　家庭教育は，本来保護者の自主的な判断に基づいて行われるべきですが，先に申し上げたように，社会の変化に伴い，県として家庭教育を支援することが必要であるとする考え方をお示ししたところです．

　次に，障害児者の家庭教育支援に係る意見については，検討委員会においても十分議論させていただきました．

　県では，障害をもった子どもを抱える家庭や一人親の家庭などには今までも配慮してまいりましたが，御意見にあった危惧を払拭するために，あえて条例案に配慮する旨の項目を加筆いたしました．

　また，パブリックコメントの期間中に，県内の障害児者の親の会の2団体及び県内大学で障害児者に対する支援や臨床活動を行っている先生方9人連名の要望書の計2通が提出されました．

　要望書の内容は，いずれも条例案に障害のある子どもの家庭についての配慮の記述がないことへの不安や疑念と発達障害者への支援策の充実を要望するものでしたが，両者とも，実際にお会いして，御意見をしっかり伺った上で，丁寧に説明させていただきました．

　なお，発達障害者への支援策については，県議会全体で力を入れて取り組んでいる事項でもあり，現在策定中である発達障害者支援基本指針を取りまとめ，きめ細かな施策を実施していく旨，説明をいたしました．

　このように，今回提案いたしました条例案につきましては，これまで以上に丁寧な説明を心がけ，各会派でも議論していただき，更に検討委員会でも十分な議論を行ってきたことで，充実した内容の条例になったのではないかと考えております．

　条例案は，前文と全17条から構成され，子どもたちの健やかな成長に喜びを実感できる熊本の実現を目指して，目的，基本理念，県の責務，市

町村との連携，保護者，学校等，地域，事業者のそれぞれの役割，親としての学びを支援する学習機会の提供，親になるための学びの推進，人材養成，家庭，学校等，地域住民等の連携した活動の促進，相談体制の整備，充実，広報及び啓発などを定めた条例となっております．

　本条例が制定されることで，教育県熊本のこれまでの家庭教育支援施策がしっかりと位置づけられ，加えて新たな施策が実施されることで，家庭教育支援が更に強化されるものと考えております．それとともに，ほかの県の条例制定の先駆けになればと願っています．

　議員各位におかれましては，何とぞ御理解をいただき，この条例案に御賛同賜りますようお願いを申し上げ，提案理由の説明とさせていただきます．

この提案を行った溝口議員は，2011年11月に熊本県親学推進議員連盟を立ち上げ，その副会長となった人物である．当時のブログ（2011年11月25日）[7]には，以下のように記されている．

　昨日は熊本県親学推進議員連盟の設立総会並びに記念講演会を行いました．会長に兄貴分の松田三郎県議，私は副会長を仰せつかりました．
　この「親学」という視点での勉強会の取組みは自民党の部会で数年前から取り組んできたものであり，その都度，高橋史朗先生にご指導いただいてまいりました．
　今回は市町村議員の方々，子育てに関係する保育所，幼稚園，行政の方々とも更に連携を図っていくつもりです．
　子どもたちを取り巻く環境が変化する中，日本古来の子育て文化を真剣に学び，また時代とともに変化する環境にいかに対応するか追求していきたいと思います．

提案者が「親学」の推進者であり，制定過程でも高橋史朗からのヒアリングを行ったことからわかるように，家庭教育支援条例と「親学」は強く結びつい

---

7) http://www.k-mizoguchi.com/blog111125080422.html （閲覧日：2018年11月23日）

ていると言える．これに対して，松岡徹議員（日本共産党）が以下のような反対討論を行った．

　○（松岡徹）　日本共産党の松岡徹です．
　議員提出議案第3号くまもと家庭教育支援条例制定について，反対討論を行います．
　（中略）
　生命を宿した瞬間から子育てが始まるとも言われ，養育，教育の環境の多くは家庭であり，養育，教育において親や保護者の責任が求められていることは言うまでもないことであります．このことを前提にして，家庭教育支援条例に同意できない理由を，以下述べます．
　第1は，教育についての基本的な理解，捉え方の問題であります．
　戦前，国民を戦争に動員する手段として教育が利用されたことへの深い反省の上に立って，戦後の教育はスタートしました．教育基本法第10条は「教育は，不当な支配に服することなく，国民全体に対し直接に責任を負って行われるべきものである」とし，第1項は，教育が国民の信託に応えて，国民全体に対して直接責任を負うように行われるべきであり，党派的な不当な支配の介入や，一部の勢力の利益のために行われることがあってはならないことを示し，第2項は，教育行政は，第1項の自覚のもとに，教育の目的を達成するために必要な諸条件の整備確立を期して行われるべきであることを明らかにしました．
　この教育基本法が，以前の安倍政権のもとで改正されましたが，これは改正と言えるものではなく，旧法とは理念が大きく異なるものであり，新教育基本法と言えるものでありました．
　その特徴は，国家主導の教育への改変であります．新法では，教育は，法律の定めるところにより行われるべきと，間接責任制となり，教師の直接責任も廃止されました．
　こうした状況の中での家庭教育支援条例制定は，条例の中身をいろいろな意見，批判に考慮し改善したというレベルとは質の違う，公権力の過干渉と言うべきものであり，こうしたものはそもそも制定すべきものではな

いと考えます．

　第2に，親が我が子にどのような養育をし，教育の機会を与えるかは，親に与えられた裁量であります．それぞれの人格，自己実現といった観点から，これは最大限尊重されるべきであります．虐待や普通教育義務の放棄など，法的限界を超えない限り，親が子に対して家庭で何を大事にしていくかは，それぞれの親，家庭の価値観に沿うものであり，尊重しなければなりません．こういう点でも，条例による義務づけはなじまないものであり，すべきではありません．

　最後に，条例は，親が子の教育について第一義的責任を有すると書いております．これは，公権力に言われなくても，親ならわかり切ったことであります．にも関わらず，こう書かれることが，養育，教育に特別な配慮を必要とする障害のある子どもを抱える親，家庭に負担にならないか，追い詰めることにならないか，深く杞憂するものであります．

　障害をもつ子や孫を育てている友人たちのこと，多くの親たちのことを思いながら，心を痛める次第であります．家庭教育支援条例には反対です．

　条例案についての実質的審議は以上であり，賛成多数で可決され，12月25日に公布，翌2013年4月1日に施行された．

　ここでの議論を検討する．

　第1に，提案理由の中で，条例の内容が大阪維新の会のものとは異なることが強調されている．確かに発達障害と子育ての関係については熊本県条例には盛り込まれていない．しかし，家庭教育についての基本的認識には共通点が多い．大阪市の条例案は前文で「親心の喪失と親の保護能力の衰退という根本的問題」を指摘するが，熊本県も「過保護，過干渉，放任など家庭の教育力の低下」に触れており，親・家庭の教育力に問題があるとする認識では一致している．また「家庭教育の役割と責任」を強調する点も共通である．

　第2に，先にも触れたように，提案者が熊本県親学推進議員連盟の副会長であり，条例制定にあたって聞き取りを行なった3人の中の1人が，「親学」の提唱者である高橋史朗であったことから，条例への「親学」の影響をはっきり捉えることができる．

第3に，条例への反対論は，公権力の家庭（教育）への過干渉である，家庭教育は私的なものであって条例による規定にはなじまない，親（保護者）の責任の強調は親を追い詰めるものとなる，といった点を根拠としていることがわかる[8]．

　条例が制定された後には，県議会では施策の進捗状況などが報告されるが，その中で小早川宗弘議員（自由民主党）の以下の発言が注目される．

2013年12月11日
○（小早川宗弘）（前略）　それでは，次の質問に移ります．3番目の質問は，親守詩の推進についてであります．
　ことし9月8日，熊本県親学推進議員連盟——松田会長でありますけれども，並びにTOSS親学推進委員会熊本支部の主催で，第1回親守詩熊本県大会が開催されました．
　TOSSというのは，御存知の方もいらっしゃるかもしれませんが，主に小中学校の先生方のグループで，日ごろから子どもたちへの教え方などを

---

[8]　なお，大阪弁護士会は2012年12月12日に，以下のような「『くまもと家庭教育支援条例（仮称）』案の制定に反対する会長声明」を発表した．

1　現在開催されている熊本県議会の定例議会に，「くまもと家庭教育支援条例（仮称）」案（以下「本条例案」とする．）が，本年12月20日に上程・議決が予定されている．（中略）

2　しかし，公権力が，保護者に，家庭教育支援として学習の機会などを提供し，条例をもって「親としての学び」により「自ら成長していく」ことを義務付けることは，公権力による過干渉というべきである．親が我が子にどのような養育を施し，どのような教育の機会を与えるかについては，本来親に相当に広い裁量があり，それは親子それぞれの自己実現や人格的利益といった観点から最大限尊重されるべきことである．もちろん，虐待に及ぶことや，憲法に謳われている普通教育を与える義務に背くようなことは認められないが，そうした法的限界を超えない限り，親が我が子に対する家庭での養育ないし教育において何を大事にし，どういった方針で臨むかは，まさにそれぞれの家庭・親の価値観そのものであるといわなければならない．（中略）そもそも，育児不安の解消や児童虐待の防止は，家庭教育のみで解決できる問題ではない．これらの事態は，生活保護世帯の増加や失業率の増加といった経済的な要因との相関が高く，「貧困の解消」が不可欠の前提条件となるものであり，具体的な経済的支援や就業支援こそが最良の解決策である．

3　そこで，当会は，本条例案ないしこれと趣旨を同じくする条例案が今後各地において提出されることが強く懸念されることに鑑み，本条例案の問題点を指摘してその危険性に警鐘を鳴らし，親に対して「親としての学び」により「自ら成長していく」ことを義務付ける本条例案の制定に反対するものである．

研究しているサークル組織でありまして，この親守詩大会も中心となって企画をしていただきました．
　また，親守詩というのは，5，7，5，7，7で構成される短歌でありまして，5，7，5の上の句を子どもが歌い，後半の7，7を親が歌う，キャッチボール形式でつくられます．
　例えば「つらい時ささえてくれた父と母」と子が詠み「ささえかえした子のえがお」と親がつくります．また「おとうさんたべすぎだめだよふとるからふとってないよまだせいちょうき」など，ユーモアな歌もあります．
　子が親に感謝をし，親が子を思う気持ちを表現するとても感動的な短歌でありますし，作品を通じて，家族のきずなや親と子のきずなも深まるのではないかと実感したところであります．
　また，当日は，県内から集まった親守詩の表彰式，教師による親を大切にし熊本の心を育む授業の発表会，更には家庭教育を考えるというシンポジウムもあり，約3時間の大会も大変有意義なものとなりました．ぜひ，このすばらしい取組みを県下全域に広げていく必要があると感じた次第です．
　ちなみに，この大会に後援をいただいた団体は，県教育委員会，熊本市教育委員会，熊本市，県市PTA連合会で，残念ながら県からは後援をいただけなかったとのことであります．第1回目の大会ということで，県のほうも内容を十分に把握できずに後援まで至らなかったとは思いますが，大会はすばらしく感動的な内容でありますので，ぜひ2回目以降は県の後援をいただきたいと思います．

　ここで熊本県親学推進議員連盟とTOSS親学推進委員会による「親守詩」の大会について触れられている．TOSSは向山洋一を中心とする「教育技術法則化運動」の組織で，小学校教員が中心となっている[9]．TOSSが「親学」に関わっていることは自身のHPでも紹介されている[10]．また，熊本県の家庭教

---

9) Teachers' Organization of Skill Sharing の略称．向山が立ち上げた．「教育技術の法則化運動」を前身とする組織で，授業技術の開発・共有を目的としている．TOSSは道徳教育と関わって，「水からの伝言」や「江戸しぐさ」を教材として取り上げていた．

育支援条例制定にあたって，TOSS の会員が推進していたことも既に指摘されているが[11]，この発言により改めて，家庭教育支援条例の制定者と「親学」・TOSS のつながりが確認できる．

2　長野県千曲市「千曲市家庭教育支援条例」

　千曲市の条例は 2015 年 12 月 25 日に公布され，2016 年 4 月 1 日に施行された．市としては最も早い時期の制定であった．
　会議録[12]から確認できるのは，2015 年 12 月 9 日の討論からである．ここでは反対の立場を取る中村了治議員（日本共産党）から，提案者の 1 人である原利夫議員（千曲政経会）へ質問がなされている．

2015 年 12 月 9 日
○（中村了治）　議席番号 10 番，中村了治です．ただいま議題になっております議会第 12 号千曲市家庭教育支援条例制定について質問いたします．
　（中略）
　それでは最初に 1 番目の質問ですが，千曲市において本条例案を今，なぜ制定しなければならないというような御判断をなされたのかお聞きいたします．2 つ目，本条例案は，熊本県の条例案をベースにされておりますが，そこで熊本県の条例のどんな点が特に重視されたのか，その点についてお聞きいたします．3 つ目，本条例案の基本理念第 3 条では，保護者が子どもの教育について第一義的に責任を有すると謳っておりますけども，公的機関——公権力と言ってもいいんですが，特定の価値観を奨励するようなことになれば，過干渉——干渉のしすぎになるのではないかと思うわけでありますが，なぜ，そこまで今，踏み込まなければならないのか，そ

---

10) https://www.toss.or.jp/homeedu（閲覧日：20018 年 12 月 7 日）
11) FACTA「安倍教育親衛隊『TOSS』蠢動」，2017 年 2 月．
12) 千曲市議会会議録検索システム，http://ssp.kaigiroku.net/tenant/chikuma/SpTop.html（閲覧日：2018 年 8 月 10 日）

の必然性についてお考えをお聞きします．

○（原利夫）　ただいま中村議員から3つのお尋ねがありました．

　1つ目の千曲市がという話であります．これは，家庭教育が千曲市だけは別で全国的に落ち込んだということではなくて，全国レベルで家庭教育をもうちょっと徹底すべきではないかということで，各県，各方面がそのことをやっています．我がほうが少し早かったかなと，だからそういうことだと思いますが，なぜ今かということ，これは全国の事例を見てもわかるとおり，きのう，おととい宮坂議員の発言がありましたし，その他の議員からもありましたとおり，3世代でおじいちゃん，おばあちゃんがいて，そして子どもたちを育てるのとは違った核家族になってからの今の子どもたちというのは，非常に昔とは違った形になってるということから1日も早くやったほうがよいということが今日に至った理由であります．

　それから，熊本県条例を引用したことは何なのか，どこがポイントだったのか，大阪の条例は否決されちゃったんです．それから香川の条例は林議員さんからも御呈示をいただきました．いろいろなことを兼ね合わせて関係賛成議員の代表で話し合った結果，これに落ちついたわけでありますが，熊本の条例が一番，基本条例，細部にわたっては市役所が執行団体できちっと整えるわけですが，基本的な考え方としてはこの辺がベストではないかということでやりました．したがって，もしこの辺について問題があるならば審議の過程もありますから，修正案をお出しいただくことも結構でありますが，要は，この熊本の分がベストだったという考え方に落ちつきましたのでお願いをいたしたいと思います．

　それから3番目の前文及び17条のすべてを見ても，この条例は親が子どもを育てていくためにきちんとした生活へのモラルや道徳観や，あるいは人をいたわるというようなそういうことをしっかり植えつけていくために親御さんを支援しようという考え方で，前文から17条全部にわたって公権力をもって特定の価値観を強制するという考え方は最初から毛頭ありませんでしたし，中村先生御懸念のようなことは私は全く考えておりませんでしたし，運用上もその点についてはしかと市側に申し上げておきたい

と思います．ぜひ，御理解をいただきたいと思います．

　また，大方の議員さんから御賛同をいただいており，この提案は私が今，答弁をいたしましたが，各課の代表者による共同提案でありますことを御理解いただいて，御賛同をお願いします．

質問で，条例制定の意義は何か，熊本県条例をどのように参照したのか，そして公権力による特定の価値観の押しつけになるのではないか，の3点が問われている．2点目については，千曲市の条例案が熊本県の条例を参考にしたものであることが前提として議論されている．これは他の自治体でも同様であり，各自治体の条例の内容や表現に類似点が多いのは，いずれも熊本県の条例を基にしたためであることが確認できる．また，価値観の押しつけについては，議論がかみ合っていないと言える．
　この9日後には賛成・反対の討論が行われている．賛成討論は袖山廣雄議員（千曲政経会），反対討論は中村了治議員による．

2015年12月18日
○（袖山廣雄）　議席番号6番，千曲政経会，袖山廣雄です．ただいま議題に上っております千曲市家庭教育支援条例制定について，賛成の立場より討論いたします．

　時の変遷により，今まで経験のない少子高齢化，核家族化，地域のつながりの希薄化また自然環境，子育て環境，社会環境が変化しております．育児放棄，児童虐待等子どもにまつわる多くの事件が報道され起きております．子どもたちのいじめが問題になっております．

　しかし，親が親として子どもに愛情を注ぐ，我が子をいとおしいと思う心は時代が変わっても不変であるはずです．太古の昔より親は子育てに悩み，考え，学び，我が子が思いやりや優しい心をもち，よく考え，最後まであきらめない粘り強さ，人の立場を尊重し，協調性のある子どもになるよう奔走し，世の中の一員として成長できることを願ってきました．

　三つ子の魂百までものことわざどおり，幼いときの愛情のある家庭教育は，非常に大切であり，生きる力の基本が育まれます．子育ては，片手間

で行うことはできません．当議会において宮坂議員の一般質問の発言の中で，「乳飲み子からは，肌を離すな，幼児は肌を離して手を離すな，少年は手を離して目を離すな，青年は目を離して心を離すな」の教えは全く同感であり，時には優しく，時には厳しく，子育てに日々奮闘する若い親の指針として，今の時代にこそ意味ある教えです．そんな愛情のある家庭教育に支えられた子どもは，やがては家族のため，郷土のため，日本，世界のために奉仕の心が涵養された自立心や自尊心をもった人間として成長します．

　家庭や子どもに地域社会，行政がそれぞれの役割をもち，家庭の自立性を尊重し，それぞれの多様な事情に配慮しつつ手を差し伸べる，そんな家庭教育支援条例は地域の意識改革向上につながり，また子育てへの学びの場提供などの施策により，千曲市の財産となる人間力のある人を形成し，人を得ると確信します．

　以上の理由により，条例制定は大きな意味をもち，私は本案に賛成であり，議員各位の御賛同をお願いし，提案申し上げます．

○（中村了治）　議席番号10番，中村了治であります．日本共産党千曲市議団を代表いたしまして，ただいま議題になっております議会第12号千曲市家庭教育支援条令制定について反対の立場で討論をいたします．

　まず第1は，本条例案は先日の質疑で指摘いたしましたが，熊本県条例を手本にしたものであります．説明ではいくらも全国のレベルで家庭教育の決定を各県各方面でやっていることになっているという話でございましたが，それぞれ環境や条件が異なっております．したがって，本来千曲市の社会・教育環境の実態を把握し，広く市民の中で議論し，その場に立って千曲市独自のものを成案にしていくべきではないでしょうか．

　第2は，内容面についてであります．本条例案は前文で「家庭は教育の原点であり，すべての教育の出発点であって，基本的な倫理観，自立心や自制心などは家庭で育まれるものである」と，家庭教育の基本認識，基本的認識を示しております．

　そしてまた，少子化や核家族化の進行に伴う地域のつながりの希薄化，

過保護，過干渉，放任などの家庭の教育力の低下といった社会環境の変化が起きているとの指摘も引用いたしまして，育児不安や児童虐待，いじめや子どもたちの自尊心の低さが課題であると問題提起をしているわけであります．

その上に立ちまして，本条例制定の願意として親や将来親になる子どもに対して，親としての学びや親になるための学びを支援する学習の機会などを提供するとしております．

また第6条では，保護者に対しても，子どもの教育について第一義的責任を課し，子どもに愛情をもって接し，みずから親として成長していくよう努めるものとするとの努力義務を定めております．

そこで，公的機関いわゆる公権力でありますが，保護者に対しまして，家庭教育支援として学習の機会などを提供することはあっても，あえて条例をもって，親としての学びによりみずから成長していくことを義務づけることは，果たして認められることでしょうか，大いに問題を感じるわけであります．公権力による過干渉，こうした批判もございます．

また，親が我が子をどのように養育するかは，本来親が決めるべき範疇のことです．個々の家庭教育で何を大事にし，どういった育て方をするかは，まさにそれぞれの家庭，親の価値観に属するものであります．したがいまして，相当に広い裁量があり，いかなる場合でも虐待や義務教育を受けさせない等の反社会的な行為は認められないことは言うまでもありませんが，それぞれの家庭でどのように自己実現が図られ，人格が陶冶されるかは固有の教育権であり，最大限尊重されるべきであります．

親が，子の教育について第一義的責任を有するものであることをあえて強調することによって，画一的な支援の押しつけとなる恐れがあります．例えば，養育に特別な配慮を有する障害のある子どもさんをおもちの保護者などに対しても，たとえ特別な配慮を必要とする家庭教育支援の考え方を加えたからといっても，親が悪いからといった風潮によって保護者が追いつめられる危険性も払拭できません．

今日，児童虐待，育児放棄，いじめなど社会問題化していることは御承知のとおりでありますが，これらは家庭教育のみで解決できる問題ではあ

りません．非正規雇用の拡大，生活保護世帯の増加や失業率の増加等による貧困・格差社会の拡大といった経済的な要因が大きく影響しております．かつて中流社会といった時代には一家団欒があり，今より余裕と豊かさがありました．まさに貧困の解消こそ国や県，市を上げて取り組むべき課題であり，具体的な経済的支援や就業支援が最良の解決策であると思います．
　以上申し上げまして，条例という形で家庭教育を律するべきではないという考え方から，本条例制定に対して反対といたします．

　賛成の論点は，家庭教育が人間形成の基本であるが，諸環境の変化により育児放棄や児童虐待が見られるため，愛情のある家庭教育を取り戻すために条例が必要であるとするものである．反対論は，公権力の家庭への過干渉であり，親の「第一義的責任」の強調が親を追い詰めることになり，更に家庭教育の問題は家庭だけで解決できるものではないとするものである．

3　静岡県豊橋市「豊橋市家庭教育支援条例」

　豊橋市家庭教育支援条例は2017年3月29日に公布，同日施行された．3月9日で提案者の1人である中村竜彦議員（自由民主党）から提案理由が説明されている[13]．

2017年3月9日
○（中村竜彦）　私は，ただいま議題となりました議案会第1号豊橋市家庭教育支援条例について，提案者を代表して，提案理由の説明を申し上げます．
　近年，家族形態の多様化や地域社会とのつながりの希薄化と，家庭を取り巻く環境が大きく変化し，子育ての不安を抱える親や孤立化する親，社会性や自立心の形成に課題のある子どもの増加など，様々な問題を抱える

---

13) 豊橋市議会──会議録の検索と閲覧，http://www.kaigiroku.net/kensaku/toyohashi/toyohashi.html
（閲覧日：2018年8月17日）

家庭が増えています．また，子どもの成長に不可欠な体験量において，経済的な格差等による影響も懸念されています．

このような，家庭や子どもたちを取り巻く環境の変化を踏まえ，改めて家庭教育の意義を見つめ直し，家庭教育に対する各家庭の役割の重要性を深く認識するとともに，より一層の家庭教育への支援が求められていると考えます．また，地域に住まう保護者と子どもが，地域社会に溶け込み，学校区を中心とした地域ぐるみでなされる教育活動の更なる推進が求められていると思われます．

本条例案では，その目的について，家庭教育支援に関する基本理念を定め，市の責務並びに保護者，学校等，地域住民，地域活動団体及び事業者の役割を明らかにするとともに，家庭教育を支援するための施策の基本となる事項を定めることにより，家庭教育を支援するための施策を総合的に推進し，保護者が親として学び，成長していくこと，及び子どもが将来親になることについて学ぶことを促すことにより，子どもの生活のために必要な習慣の確立，並びに自立心の育成，及び心身の調和のとれた発達に寄与することを規定しております．

あわせて，市は，家庭教育支援のための体制を整備し，保護者，学校等，地域住民，地域活動団体，事業者，その他の関係者と連携・協働して，家庭教育を支援するための施策を総合的に策定し，実施するものといたしたものでございます．

この提案の後，予算特別委員会で議論され，3月29日に議会で賛成・反対の討論がなされる．賛成討論は近藤喜典議員（自由民主党），反対討論は寺本泰之議員（無所属）による．

2017年3月29日
○（近藤喜典）私は，自由民主党豊橋市議団を代表して，ただいま議題となっております議案第1号平成29年度豊橋市一般会計予算をはじめとする各議案に対して，すべてを賛成する立場から討論いたします．

次に，豊橋市家庭教育支援条例案についてであります．条例提案にあた

りましては，私ども自由民主党豊橋市議団から代表者6名により，議員提案させていただきましたが，現行定められている制度下での可能な限りにおいて，関係団体や関係者，市民の皆様からの御意見を頂戴し，議員の皆様にも3月議会開会以前の早い段階から数次にわたり御説明や御相談にお伺いし，御意見を頂戴いたしてきたところでございます．私ども自由民主党豊橋市議団といたしましては，今日の家庭を取り巻く環境として，家族形態の多様化や地域社会とのつながりの希薄化などがあり，子育てに不安を抱える親や孤立化する親，また社会性や自立心の形成に課題がある子どもの増加，更には経済的格差などが子どもの成長に負の影響を与えている懸念があるなどの課題を深く認識しているところであります．

　これらの諸課題を解決していくには，子どもの生活のために必要な習慣の確立，自立心の育成，心身の調和の取れた発達に寄与する家庭教育支援施策の充実と推進が重要であり，これを促す上には，学校，家庭，地域，事業者，行政などによる一体的な取組みを推進する本条例の制定が必要であると考えたものでございます．

　教育基本法第10条においては，父母その他の保護者は，この教育において第一義的責任を有するとしながらも，国及び地方公共団体は家庭教育の自主性を尊重しつつ，保護者に対する学習の機会及び情報の提供その他の家庭教育を支援するための必要な施策を講じるよう努めなければならないとしています．このことは，本条例第3条にも記載され，条例全体をつなぐ基本理念となっております．

　これを受けた施策推進の基本姿勢は既に実施されています．子どもや保護者の相談，支援と同様に家庭教育の自主性を尊重し，保護者や子どもに寄り添って一緒になって家庭教育や生活について考え，社会全体でそれぞれの立場から支援していくものであります．

　国の調査によれば，家庭教育相談や親の学習などの家庭教育施策を行っている自治体は，全国津々浦々に広がっております．そして，先行して家庭教育支援条例を制定した自治体における家庭教育支援施策においても，これが適切に遂行されており，公権力による家庭教育への過介入という実態はないものと，調査，確認，認識しております．

本市において，家庭教育支援条例が制定され，親としての学びの支援並びに親になるための学びの支援，人材養成等及び相談体制の整備，充実などの検討推進がなされることで，これまでの施策を整理し，新たな施策の構築につながるものと期待いたします．

　また，本市のこれまでの経験を生かしつつ，国内外の先進事例を学ぶことや，親学習のプログラムを考究することなどを，関係者とともに総合的な施策の策定と実施に臨まれることによって，保護者や子どもたちの成長の上により効果的な大きな下支えになることを期待いたします．

〇（寺本泰之）　紘基会寺本は，ただいま上程されている諸議案について討論します．

　議案第1号平成29年度豊橋市一般会計予算，高齢者社会参加援護事業について，議案第1号豊橋市家庭教育支援条例案について，反対の立場で討論します．　（中略）　以下，その理由を申し上げます．

　議案第1号豊橋市家庭教育支援条例案について．本条例案は，家庭を取り巻く環境が大きく変化し，子育ての不安を抱える親や孤立化する親，社会性や自立心の形成に課題のある子どもら様々な問題を抱える家庭が増えている現況を踏まえ，条例化することで積極的に家庭支援を行おうとするものです．しかし，家庭を取り巻く環境は一定認めるとしても，条例化することには反対です．

　公権力は内心の自由を保障すべきであり，憲法で謳う普通教育を受けさせる義務に反しない限り，親が我が子をどのように育てるかは，最大限尊重されるべきです．ところが本条例案第9条には，親としての学び，第10条親になるための学びとして，家庭教育の内容や親として成長するために必要なことを学ぶことに努めることとしております．公権力が保護者に法的な縛りをもって価値観の押しつけ的なことはすべきではないと考えます．

　教育学者でもある東大教授本田由紀さんはこの法案に対して，次のように批判しております．法的な枠組みで国が子どもに対する接し方など，私的な部分に踏み込むようなことになれば，親子ともに自由や逃げ場がなく

なりかねません．国は，法制度で家庭に重圧をかけるのではなく，困窮した家庭を助け，子育てを社会で担うようにするという役割に徹するべきです．国や自治体は安易に私的な領域である家庭に踏み込み，一定の価値観を押しつけることは避けるべきですと言及しています．私も同じ考えです．家庭教育支援の趣旨は理解しますが，条例化することには反対です．

　ここでの賛成と反対の論点は，これまで見てきた議論と基本的には同様である．ただ賛成論では教育基本法第10条が積極的に援用されていると言える．賛成討論を行った近藤議員は公益社団法人豊橋青年会議所の運営理事である．この上部組織である公益社団法人日本青年会議所は，「親学」を推進する団体の1つであり，ここでも家庭教育支援条例と「親学」とのつながりを見ることができる．

4　条例の審議から見えてくること

　以上の条例の審議から以下のように結論づけることができる．
　第1は，各自治体の家庭教育支援条例が，多かれ少なかれ熊本県の条例を基にしていることである．各々の条例の内容が類似していることは既に指摘したが，これは最初に制定された熊本県の条例を基本にしたためであることが確認できる．
　第2は，家庭教育支援条例は「親学」の影響を受けている場合が多いことである．本章で取り上げていない自治体について，条例の提案者と「親学」とのつながりが確認できた例は以下のとおりである．

- 鹿児島県議会：永田憲太郎議員．鹿児島県選出の安岡興治衆議院議員のブログ（2012年6月1日）[14] に以下の記述がある．

　　親学推進協会・高橋史朗理事長との懇談会（県議会教育問題調査会永田

---

14) http://www.yasuoka.org/report/edit.cgi?v=396 （閲覧日：2018年11月24日）

憲太郎会長）（2012/06/10）

　高橋先生が「親になるための学び」「親としての学び」（親学）の大切さを具体的に熱心に話されました．教育基本法に基づき「家庭教育支援法や条例」の成立への努力の必要性を痛感しました．県議会や日本会議，TOSS の先生方，保護者などの活発な意見が交わされ，とても有意義な会でした．

・静岡県議会：小楠和男議員（自由民主党）．ブログ（2008 年 3 月 11 日）[15]に以下の記述がある．

　　平成 20 年 2 月 28 日に自民党県連政調会長として代表質問しました．
　　（中略）
　　2008 年 2 月，自民県連政調会長として静岡県の「親学」について質問．2006 年の教育再生会議での「親学のすすめ」．
　　私は，昨年の 2 月議会で家庭の在り方と親教育について質問をしました．子どもの親殺し，親による児童虐待，学校への無理難題要求などを例に挙げ，家庭が正常に機能しているのかとの疑問からの質問でした．ちょうど同じころ，政府の教育再生会議の第一次報告では親も子育てを学習する必要があるとの認識から，「親学」と称する提言の構想が示されました．子守唄を聞かせて母乳で育児，父親も PTA に参加するなどの具体的な内容が盛り込まれていました．発想は私と同じだと思います．しかしこの提言は価値観の押しつけとの反発が強く，「親学」は日の目を見ませんでした．
　　今の親が育った時代について，財団法人日本青少年研究所の千石保所長は「学校で自由や楽しさが一番とされ，先生を尊敬しない子どもが増えた時期に当たる．大人になっても先生を尊敬しない親が多くなり，保育園や学校に対して，わがままな要求をしたり他人の迷惑を考えなかったりするようになっている．」と指摘しています．社会のあらゆる場面で権利だけを強く主張し，自らの責任と義務にはほおかむりを決め込む，そんな未成

---
15) http://www.ogusukazuo.jp/tsurezure/index.html （閲覧日：2018 年 11 月 24 日）

熟な大人がはびこっているのは何とも嘆かわしいことではありませんか．
　静岡県では平成 11 年の「人づくり百年の計委員会」により，大人が「美しく挨拶する」「美しく歩く」「美しく話す」ことを実践することで家庭でのしつけを始める「しつけの静岡方式」を提言されるとともに，「お父さんの子育て手帳」を配布するなどして，いわば密室状態にあり，行政の目の行き届かない家庭に対して様々な働きかけをしてきました．すぐに目に見える成果が表れる施策ではありませんが，息の長い取組みが必要だと思います．
　そこで，国では日の目を見なかった「親学」について平成 20 年度予算に計上されておりますが，新規の，「親学」推進事業についてどんな取組みを考えているのか教育長に伺います．

・群馬県議会：星野寛議員（自由民主党）．「市政をひらく安中市民の会」のHP[16] に以下の記述がある．

　群馬県職員措置請求書．
　群馬県議会議員・星野寛に対する措置請求の要旨．
　1. 請求の要旨
　　平成 26 年度政務活動費収支報告書の Ref. No.052～054 によれば，群馬県議会議員星野寛が，平成 26 年 10 月 23 日から 25 日にかけて，2 泊 3 日で，親学議員連盟による「家庭教育支援条例」についての調査を行い，調査場所「熊本県庁，鹿児島県庁」，調査の相手方「熊本県庁職員，鹿児島県議会議員，鹿児島県庁職員」であったとして，調査研究費として 75,200 円を請求したと，議長に報告をしていることがわかる．

・茨城県議会：加藤明良議員（自由民主党）ブログ．（2016 年 12 月 24 日）[17] に以下の記述がある．

---

16) https://pink.ap.teacup.com/ogawaken/1877.html （閲覧日：2018 年 11 月 24 日）
17) https://ameblo.jp/katoakiyoshi/entry-12231658034.htm （閲覧日：2018 年 11 月 24 日）

TOSS茨城の勉強会に参加，家庭教育支援条例について説明．
　　　TOSS茨城の勉強会に出席．
若手教師と茨城大学の皆さんが教育現場の問題や課題を研究し，教師としてのスキルアップに取り組む勉強会に伺い，先日，県議会にて制定された『茨城県家庭教育を支援するための条例』と郷土の歴史と魅力についてお話しをさせていただきました．
　　　定期的に勉強会を開いているグループの皆さんには頭が下がります．これからも子どもたちのより良い未来の教育環境のために，更なるご尽力をお願いいたします！
　　　『家庭教育支援条例』は，提案者としてプロジェクトチームで約1年かけて勉強会を行ってきた新条例！多くの皆様にご協力いただき，12月定例議会で可決成立！TOSS茨城の皆さんにも様々な場面でご意見やご協力を賜りました．
　　　これから全県的に普及啓発していくまで，更に努力してまいります！

同じく，翌年のブログ（2017年11月30日）[18]にも以下の記述がある．

　　　家庭教育支援条例について講演．
　　　小中学校の教師の皆さんで組織するNPO法人子ども未来飛行／TOSS茨城の研修会に出席．
　　　親守詩大会や五色百人一首大会を主催するなど，子どもたちの家庭での親子の絆や道徳教育などについて，大変熱心に取り組む若手の先生方の勉強会です．
　　　本日は"家庭教育支援条例"について，説明とのことでお招きいただき，約1時間お話をさせていただきました．
　　　また，先生方の学校での問題の根深さについて様々なお話を伺いました．これからの対応策について協議していきたいと思います．

────────────
18) https://ameblo.jp/katoakiyoshi/entry-12332470680.html （閲覧日：2018年11月24日）

・和歌山市議会：戸田正人議員（至政クラブ）．ブログ（2016 年 1 月 30 日）[19] に以下の記述がある．

> 親学研究会に行ってまいりました．
> 親学推進協会会長　高橋史郎（編注：原文ママ・正しくは高橋史朗）先生の「親学」をめぐる最新動向，そして，東北薬科大学准教授杉山雅宏先生の「スマホ・ラインなど子どもを取り巻く環境下での子どもとの関わり方」の 2 つのテーマの研究会でした．
> 高橋史郎先生いわく，最近は親学とマナーとの関連性も注目されているとのこと．
> 理由は，西洋式のマナーは形にこだわることが中心であるのに対し，日本式のマナーは礼儀や御作法であり，日本古来から教えや伝えから来ているとされています．
> 大和心が原点であるということです．
> 今まさに，オリンピックを迎える我が国とって，おもてなしの言葉は先行しているものの，具体的な策が講じられておらず，今後親学精神のもと日本式おもてなしが構築されていく動きがあるとのことでした．
> また，台湾をはじめ外国からも注目されており，日本式マナー（礼儀，御作法）が世界の関心を集めているとも述べられていました．
> さて親学の話では，親になるための準備教育が必要になってきたとも言われ，国や自治体が図るべき物差しの基準は，経済的物差しから幸福的物差しへと移行していかなければならないとも述べられていました．
> また昨年 7 月，国連人権理事会で「多様な家族の形」を却下し「家族保護」を決議しており，世界的にも家族重視の政策を実施，促進することを求めているとのことでした．
> 要は，①単なる，子育て給付金など物質的サポートのようなものだけではなく，親と子がいかに関わっていくかなどの政策や，②結婚などに夢をもてない若年層に対して家族の大切さ，家族をもつ喜びを提唱すべく政策

---

19) https://ameblo.jp/todamasato/entry-12123196566.html （閲覧日：2018 年 11 月 24 日）

に転換していくべき，とのお考えを示されました．

また，親守唄〔ママ〕が全国的に広がりを見せ，マスコミや教育関係，保育関係からも関心を寄せられているとのことでした．

私は，親学というのは，決して価値観の押し付けなどではなく，核家族化や近所付き合いが希薄になり親（大人）が周りから教えを受ける機会を無くしてしまった昨今，「親として」また「親になるため」の学びを提供していくことが行政の責務ではないかと考えます．

親学をひとりでも多くの市民に伝えると同時に，親学を学びたい市民の方々のサポートができるよう強く行政に働きかけていきます．

また，翌年のブログ（2017年7月2日）[20] にも以下の記述がある．

一般財団法人親学推進協会による「親学基礎講座」が和歌山市で開催されました．

参加者のみなさんは，朝9時から夕方4時半までと長丁場での講義となりましたが，最後まで集中し真剣に学ばれていました．

さて，親学（親の学び）という言葉．昭和62年に臨教審で「親となるための学習」という文言が初めて盛り込まれ，平成16年の中教審では「親の学び」という文言も用いられました．また平成24年には，当時の政権下で「親育ち」の必要性も提唱されました．

しかし現在，まだ国では法制化には至っていません．

福祉政策による物質的な支援も必要ですが，教育政策による精神的な支援も大切だと思います．そのためにも，家庭教育の根幹である親学を市民の方々とシェアしていきたいと思います．

以上のように，条例の提案者が様々な形で「親学」と関わっていることがわかる[21]．熊本県に加えて，茨城県でも条例提案者とTOSSとの関係が深いこ

---

20) https://ameblo.jp/todamasato/entry-12289005863.html （閲覧日：2018年11月24日参照）
21) ここで取り上げなかった自治体（岐阜県・徳島県・宮崎県・南九州市）では，特に「親学」とのつながりは確認できなかった．

とが確認できる．

　また，加賀市の宮本陸市長は一般財団法人日本教育再生機構理事である．この機構は，「新しい歴史教科書をつくる会」から 2006 年に分かれた組織で，日本会議と関わりが深いと言われる．

　家庭教育支援条例と「親学」のつながりは従来から指摘されていることであるが，熊本県条例の提案者が「親学」関係者であったこと，他の議会での条例の提案者や賛成討論者の中も「親学」とのつながりがある議員が存在することが確認できたことで，改めて条例と「親学」の関連を認めることができる．

　条例の審議から見えることの第 3 は，条例の提案者や賛成者が必ず言及する「家庭の教育力の低下」の実証的根拠は全く示されていないことである．例えば岐阜県議会[22]の討論の中に山本勝敏議員（県政自民クラブ）による，以下のような一節がある．

2014 年 3 月 6 日
○（山本勝敏）　家庭は，教育の原点，すべての教育の出発点と言われています．生活習慣，しつけ，自立心，道徳心．家庭教育が原点となって人間形成が行われます．最も大切な教育だと思います．しかし，近年その家庭の教育力が低下していると感じます．実際に岐阜県が行った県政モニターアンケートでは，「家庭の教育力が低下している」と答えた人が 67.3％，約 7 割の方が家庭の教育力が低下している．また，こういう報告もあります．新聞の全国調査で，「最近，日本人のマナーが悪くなった」と答えた人が 88％．そして，そのマナーが悪くなった原因を尋ねたら，1 位が「家庭のしつけに問題がある」，やはり家庭教育に問題意識がもたれています．ちなみに 2 位が「大人がマナーを守らない」，3 位が「大人が子どもに注意をしない」，すべて大人の問題です．更に学校現場などでこういう声を聞きます．「昔の親と今の親は大分変わってきた」とか，「昔はおじいちゃん，おばあちゃんとともに行う子育ての中で，子育て観や方法を自然と受け継いできていたが，今は親としての振る舞いがわからない親御さんが増

---

22) 岐阜県議会会議録検索，https://www.pref.gifu.lg.jp/gikai/kaigiroku/（閲覧日：2018 年 8 月 17 日）

えてきた」など．また，近年では，家庭の教育力の低下の実情として，過保護，過干渉，放任などが指摘されるようになりました．ほかにも，育児の不安，児童虐待，いじめ，子どもたちの自尊心の低さなどが課題とされていることは御承知のとおりでございます．また，こうした家庭の教育力低下の背景には，核家族化，少子化，地域のつながりの希薄化，生活スタイルの変化，価値観の変化など，様々な社会環境の変化があると思われます．背景が大きいだけに根深いものがあると感じます．しかし，家庭教育は避けては通れない大事なテーマだと思います．

　この部分は，家庭教育支援条例についての議会の会議録の中で，管見の限り唯一，「家庭の教育力の低下」についての「データ」が示されているものであるが，それは県政モニターアンケートや新聞の意識調査である．これらはあくまでも主観的な意見であって客観的な論拠とはならない．またこの発言の後半は経験的な印象であり，「データ」ではない．

　第4に，条例への反対討論が，全体として一般論に留まっており，内容についての問題点を明らかにするものになっていないと言える．とりわけ「家庭支援」と「家庭教育支援」の関係が不明瞭である．例えば，「経済支援」や「就業支援」は必要であるが，条例の規定する「家庭教育支援」は「介入」につながる，との論理は分かりづらい．条例自体が理念的な性格をもっているため，審議の段階で具体的な問題の指摘が難しかったことも1つの理由であるが，反対の立場を明確にしているのが限られた会派であったこともあり，審議の過程で条例の内容について十分に議論されたとは言えない．

おわりに——今後の課題

　家庭教育支援条例と「親学」との関わりは，これまでも指摘されてきたが，本章では条例の提案者の多くが何らかの形で「親学」に関わっていることを確認することができた．今後は，条例制定に力のあったとされるTOSSなどについて検討を行う．

　また条例に基づいて行われている施策の実態を検討することが必要である．同時に，多くの自治体で取り組まれている「ライフプラン（デザイン）教育」，

とりわけ「親となるための教育」と条例との関わりを究明することも求められる．

同時に，「家庭教育支援法案」の動向を注視し，少子化社会対策や「女性活躍政策」と連動する国レベルでの動きを明らかにすることも大きな課題である．

更に，家庭教育論の視点から「親学」をどのように捉えることができるのかについても明らかにしていくことが必要である．そのためには「親学」を支える思想やイデオロギーだけではなく，家庭教育論の内容のレベルでの検討が不可欠である[23]．

---

23)「親学」への内在的批判の端緒として，筆者らは日本協同教育学会第15回大会（2018年11月18日）において，研究発表「協同学習の視点からの家庭教育論──Alfie Kohnを手がかりとした『親学』の検討──」（友野清文・佐々木邑華）を行った．

Column2　男が子育てし，世の中変えませんか

　私は3歳と1歳の2人の子どもがいる．共働きであるが，私のほうが時間の融通がきくので，保育園の送り迎えや集団健診，予防接種等は私のほうが行くことが多い．保育園は毎日のことなので父親が行っても何でもないが，それ以外の場面だと結構おもしろい体験をすることが多い．
　上の子のBCG接種のために保健所に行ったときのことは，私にとっても初めての体験であり，今でもよくおぼえている．暑い中，だっこひもで子どもを抱えて保健所に着くと，まず受付で「お母さんはどうしたのですか．病気ですか？」と言われた．私が「妻は仕事です」と言うと今度は「夫婦で協力できていいわねぇ」というような言葉が返ってきた．このときは子どもが生後4カ月くらいで，母親のほうの健診もあったから，そのように言われたのかもしれないが，とにかく場違いな所に来てしまったものだと感じた．回りを見ると本当に母親と子どもばかり．みんな楽しそうにしゃべっていたが，私は子どもを抱いたまま隅のほうで下を向いていた．
　その後，何回か同じような体験をした後は平気になった．でも妻について夫が来ているというのは毎回数組あるが，父親と子どもの「2人連れ」に出会ったことは一度もない．まさに「女，子どもの世界」だ．
　それに相手の医者や保健婦の反応はいつもおもしろい．「お父さんは大変ですね」と言われたときには，ちょっと得をしたような気分になった．同じことでも，母親がすると当然だが，父親なら「感心なこと」になるわけである．
　逆のこともももちろんある．下の子の1歳半健診をいつも行っている開業医でやってもらったとき，「スプーンはどう握るか」とか「絵を指さしできるか」とかいう「問診」がたくさんあって，その中のいくつかには答えられなかったのであるが，医者は「いつも子どもの様子を見ているお母さんでなければだめだね」と言ったのだ．子どもの様子を知っていると言っても，医者が患者をみるような目で普段子どもを見ているわけではないのだから，たとえ母親でも突然いろいろ聞かれればわからないのは当然だろうと思ったが，とにかくその医者にとっては父親では子どものことはわからないものらしい．

（ついでながらこういうときに「母子手帳」を持参するのには，少しだけ抵抗がある．「母子一体」のほうが何かと好都合なのだろうけれど，「父親はお呼びでない」と言われているような気がするのだ）．

　少し違うことであるが，保育園でもやはり父親は影が薄い存在だと思うことがある．保護者会等で保母さんは「お母さん方は…」という言い方をする．そしてこちらをちらっと見て「お父さんお母さん方」と言い直すという場面が何回かあった．私以外はみんな「お母さん」という状況ではしかたないのかとも思うが，保育園もまだまだ「女，子どもの世界」だ．

　このような日常的経験から思うのは，マスコミで言われている「男の育児」というのが一体どこの世界の話かということだ．そういえば育児雑誌に出てくる「父親の育児参加」の記事の内容はたいていの場合，休日に子どもの面倒を見たり，赤ん坊のうんちのおむつを換えたり，保育菌の連絡ノートを記入したりということがほとんどだ．そういうことをこなせば「満点パパ」になれるのである．

　しかし，その程度のことで「満点パパ」になれるのは，結局「毎日子育てに追われて疲れている妻の負担を少しでも軽くする」というのが，夫（父親）の役割であるという前提があるからだと思う．つまり子育ての責任を分担するのではなく，あくまで「参加」であり「援助」なのだ．だから仕算のやりくりをして健診や注射に連れていくことや，子どもの病気のときに休むことなどは初めから求められないのだろう．

　でも夫婦が2人とも働き，本当に子育てを分担しようと思ったら，男のほうも仕事を犠牲にする覚悟がなければやっていけない．私はもっと男が育児の日常的場面に登場することが必要だろうと思う．そうすれば，職場でも「育児責任をもっていて当たり前」という風潮ができるだろうし，行政側でも，例えば集団健診を平日の午後2時ごろに設定する（つまりたかだか20分程度の健診のために，少なくとも半日仕事を休んで，昼寝の真っ最中の子どもを無理やり起こして連れていかなければならないという状況）ことも考え直すだろう．最近は育児休業を取る男性がぽつぽつ出ているらしい．育休ももちろん必要であるが，それ以上に，縦続的に仕事と育児を両立させていく努力（行政や職場への要求も含めた）を男たちがすることが大切ではないかと思う．

[1996年]

3章　「親になるための学び」をめぐって

1節　自治体における「親になるための学び」の展開

はじめに

　筆者は先に「改定教育基本法制下における家庭教育の政策動向について——家庭教育支援条例・家庭教育支援法案・「親学」をめぐって——」[1]（以下，前稿と略記）において，自治体が制定している家庭教育支援条例や政府が検討をしている家庭教育支援法案，そしてそれらと密接な関わりをもつ「親学」について検討した．家庭教育支援条例は「親としての学び」と並んで「親になるための学び」を規定し，そのための取組みを推進しており，前稿では「親になるための学び」に関する課題が浮かび上がってきた．

　同時に，条例の制定とは別に，主に高校生を対象として，自分の将来を考えるための副読本を作成する自治体も現れている．その内容として，進路・職業選択や社会参加と並んで「家庭をもつこと」や「親になること」が1つの柱となっている．これらは「ライフプラン教育」と呼ばれるものである．

　本章では，家庭教育支援条例や「ライフプラン教育」の内容について，公表されている資料を摘記・要約しながら検討を行う．同時にこれらが登場した背景についても概観する．

1　家庭教育支援条例の「親になるための学び」

　家庭教育支援条例では県・市が行うべきものとして「親としての学びを支援

1）『学苑』929号，2018年3月．（本書1章）

する学習機会の提供」「親になるための学びの推進」「人材養成」「相談体制の整備・充実」「広報及び啓発」を定めている．この中で「親になるための学びの推進」について，最初に条例を制定した熊本県では「県は，親になるための学び（子どもが，家庭の役割，子育ての意義その他の将来親になることについて学ぶことをいう．次項において同じ．）を支援する学習の方法の開発及びその普及を図るものとする．（中略）県は，学校等が子どもの発達段階に応じた親になるための学びの機会を提供することを支援するものとする．」[2]と規定している．その他の自治体でもほぼ同様の内容である．

そしてこれらの具体的施策については，各年の実施状況についての議会への報告書（実施状況の議会への報告や公表を条例で義務づけている）により，その概要を知ることができる．県レベルでの「親になるための学び」の具体的な取組みの要点は以下のとおりである[3]．

〔1〕熊本県（「家庭教育支援の推進に関する施策の報告（概要）」）[4]
平成28年度の主な取組みと成果
・親になるための学びの推進（第13条関係）4部局5課6施策
　子どもたちが家庭の役割，子育ての意義その他の将来親になることについて学ぶことを支援する学習方法の開発及び普及を行うとともに，学習機会の提供を行う．
○私立幼稚園における高校生の保育体験の受入れ等の推進（私学振興課）
　幼稚園と高校が連携して実施する事業で，高校生が参加する交流事業・保育体験を実施している園に対し，実施回数に応じて経常費助成費補助に加算し，支援を行った．1回5人以上の高校生受入れの園（7園），2回以上受入れの園（6園）に交付した．

2）くまもと家庭教育支援条例，第13条，熊本県．
3）以下，確認できる各県の最も新しい年度の報告書の関係部分を，書式・形式等は一部変更し，抜粋した．なお家庭教育支援条例を制定している県は，熊本県，鹿児島県，静岡県，岐阜県，群馬県，徳島県，宮崎県，そして茨城県である．そのうち徳島県と茨城県については，本節執筆時（2018年3月15日）において，報告書が確認できなかった．
4）熊本県教育委員会「くまもと家庭教育支援条例」，http://kyouiku.higo.ed.jp/page3558/page4345/ （閲覧日：2018年3月4日）

また，熊本県には「くまもと「親の学び」プログラム」があり，その中には保護者向けとともに中高生向けの「自立を育むコミュニケーションプログラム」がある．

〔2〕鹿児島県（「平成28年度家庭教育支援施策の取りまとめ」）[5]

・親になるための学びの推進
○女性健康支援センター事業
　実施主体：県（子ども福祉課）／事業開始年度：平成24年度
＜趣　　旨＞
「女性健康支援センター」を保健所等に設置し，思春期から更年期に至る女性に対し，婦人科的疾患及び更年期障害，望まない妊娠を含む妊娠・出産についての悩み，女性の健康に関する相談指導や情報提供を行う．
＜事業内容＞
　① 相談窓口（一般相談（保健所）・専門相談（助産師会））の設置
　② 女性の健康相談従事者研修会の実施
　③ 中学校・高校からの依頼により健康教育の実施
○かごしまの"食"推進事業（食育支援体制）
　実施主体：県（農政課）／事業開始年度：平成28年度
＜趣　　旨＞
　関係機関・団体による「食育」に係る農業体験等の支援体制を整備し，幼稚園・保育園・小中学校で，支援者が子どもたちに農林水産業・農山漁村の役割，食の楽しさや大切さ，食と健康などについての理解を促す機会を増やすことで，食育の推進を図る．
＜事業内容＞
　① 食育支援体制検討会の実施
　② 食育支援リストの充実と活動支援（学校の授業等で様々な体験学習がで

---

[5] 鹿児島県「平成28年度　家庭教育支援施策の取りまとめ」, http://www.pref.kagoshima.jp/ba07/kyoiku-bunka/katei/documents/52327_20160609145540-1.pdf（閲覧日：2018年2月5日）

きるように，講師として指導してもらえる支援者の一覧を作成し，その活動を支援）
○地域ぐるみの家庭教育支援事業（家庭教育推進委員会）
　実施主体：県（社会教育課）／事業開始年度：平成 26 年度
＜趣　　　旨＞
　家庭の教育力の向上に資する効果的な家庭教育支援の在り方や具体的方策等についての検討を行うために設置する．
＜事業内容＞
　推進委員：学校関係者，子育て支援団体，企業団体，行政関係者（県・市町村の教育・福祉），学識経験者：15 人
　協議内容：家庭教育に関する世代別学習プログラムの検討及び地域における効果的な家庭教育支援の在り方についての意見交換等

　なお鹿児島県の報告書内では，〈参考〉として，小学校学習指導要領の「家庭」と「体育」（保健領域），中学校学習指導要領の「技術・家庭」（家庭分野）と「保健体育」（保健分野），そして高等学校学習指導要領の「家庭」（科目「家庭基礎」）と「保健体育」（科目「保健」）に関連する主な指導内容を示している．

〔3〕静岡県（「平成 27 年度家庭教育を支援するための施策の実施状況」）[6]
　子どもが親になるための学びに関する学習方法の開発や普及，学習内容の充実を図るための事業
○思春期の健康支援対策（思春期健康相談室），妊娠・出産に関する講座事業
　・趣旨：学校以外の場においても，性や健康に関する悩みや相談に対応するため，教育委員会や NPO 法人と協働し，助産師や保健師，若者と同世代のピアカウンセラーによる相談窓口を設置するとともに，将来に向けたライフデザイン形成や健康づくりへの取組みを支援するため，妊娠・出産に関する正しい知識や理解について，学校での出前講座を実施する．

---

6) 静岡県「平成 27 年度　家庭教育を支援するための施策の実施状況」．http://www.pref.shizuoka.jp/kyouiku/kk-080/tunagaru/about/documents/27shienjourei_jishijoukyou.pdf（閲覧日：2018 年 2 月 5 日）

・実施状況：
　＜思春期の健康支援対策（思春期健康相談室）＞
　　・相談日：水曜日 13〜17 時，土・日曜日 10〜17 時（H27 年度稼動日数：154 日）
　　・相談方法：電話，メール，来所による相談（H27 年度実績：電話 4,223 件，メール 144 件，来所 122 件，計 4,489 件）
　＜妊娠・出産に関する出前講座事業＞
　　・主に県内高校生への出前講座（H27 年度実績：県立高校等 2 校で実施，受講生徒及び教員 204 名）

○家庭教育支援事業費
・趣旨：すべての親が安心して家庭教育を行えるよう，身近な地域において，地域のリーダーとなる家庭教育支援員を養成し，家庭教育支援チームの組織化，学校等との連携により，保護者への学習機会の提供や相談対応等の家庭教育支援活動を実施する．
・実施状況：
　・県高等学校長協会に，家庭教育ワークシート「つながるシート（未来の子育て世代版）」を使用した講座開催の働きかけを実施．
　・若い社員を含む企業内家庭教育講座を実施し講師を派遣．

〔4〕岐阜県（「家庭教育の支援に関して講じた施策に関する報告について，平成 28 年度」）[7]
○食育推進連携事業（大学と協働した食育事業）
　担当課：健康福祉部保健医療課
　＜事業概要＞
　　心身の健康増進と豊かな人間形成の実現のため，若い世代に対して適正体重の維持や朝食を毎日食べることなど望ましい生活習慣の確立を大学等と協働して推進する．

---

[7] 岐阜県「平成 28 年度　家庭教育の支援に関して講じた施策に関する報告ついて」，http://www.pref.gifu.lg.jp/kyoiku/shogai-gakushu/shakai-kyoiku/17768/jyourei.data/gikaihoukoku-28.pdf（閲覧日：2018 年 2 月 7 日）

＜平成 28 年度実績＞
・大学生，専門学校生を対象とした食育講座や大学祭等を活用した食育展示の実施
・大学生と協働した食育活動（10 回 1,239 名）
○ライフプランを考える啓発プロジェクト事業
　担当課：健康福祉部子ども・女性局子育て支援課
＜事業概要＞
　若いうちから就労，結婚，妊娠，出産，子育て等の人生設計を前向きに考えてもらえるよう高校生，大学生向けにライフプラン啓発を実施する．
＜平成 28 年度実績＞
　・ライフプランを考える啓発冊子 23,000 冊（高校家庭科副読本として使用）
　・大学生向けのライフデザインセミナーの開催（実施大学：5 大学）

〔5〕群馬県（「平成 28 年度家庭教育支援施策の実施状況について」）[8]
　親になるための学びの支援
［主な実施内容］
・思春期保健対策の「命に関する講座」を開催し，県内の小・中・特別支援学校の 5,000 人を超える児童生徒が受講した．
・ライフデザインセミナーなど，これから親になる若者を対象とした各種講座を実施した．
［課題と今後の方向］
・ライフデザインにかかる研修等において，親としての心構えを学ぶ機会を充実させていく．
・これから親になっていく，中・高・大学生を対象として，「ぐんまの親の学びプログラム」の普及活用を図る．

○ぐんまの親の学びプログラム作成

8）群馬県「平成 28 年度　家庭教育支援施策の実施状況について」, http://www.pref.gunma.jp/contents/100034702.pdf（閲覧日：2018 年 2 月 11 日）

担当所属：教育委員会生涯学習課
＜事業概要＞
　親としての学びや将来親になるための学びを支援するための参加体験型学習プログラムを作成する．
＜実施状況＞
・プログラム作成委員会を組織し，作成委員会を3回開催．
・平成28年度版として，子どもの成長段階に応じた21種類のプログラムを作成．
○保育アドバイザーの派遣
　担当所属：教育委員会総合教育センター
＜事業概要＞
　幼稚園・保育所等からの要請に応じて，保育アドバイザーが出向いて保育者等に向けて研修を行う．
＜実施状況＞
・保護者向け研修会　59カ所に派遣3,378人参加
・教職員向け研修会　34カ所に派遣1,390人参加
・子育て支援員向け　9カ所に派遣1,166人参加　計5,934人
○独身の若者を対象としたライフデザインセミナー
○親世代に向けたライフデザインセミナー
　担当所属：こども未来部こども政策課
＜事業概要＞
　独身の若者（男女）を対象に，前橋市，高崎市，太田市，桐生市において，自らのライフデザインを考える講座，身だしなみやコミュニケーションスキルを身につける講座及び交流会を実施する．
　独身の子をもつ親を対象に，前橋市，桐生市において，婚活中の子をもつ親の心構えや具体的な接し方等を学ぶ講座や親同士の交流会を開催する．
＜実施状況＞
・独身の若者向けライフデザインセミナーを，9回開催．参加者数193人．
・親世代向けライフデザインセミナーを，2回開催．参加者数46人．
○ピアサポーター協議会

担当所属：こども未来部こども政策課
＜事業概要＞
　独身者等を対象に，ピアサポーター（自身の経験を基に支援する人）が，結婚，妊娠・出産，子育てに対する支援や意見交換を行う．
＜実施状況＞
・婚活，出産・育児，イクメンの3分野でピアサポーターを公募し，養成研修講座（入門編及び発展編）を3回開催．
・ピアサポーター数28人
・独身の若者向けライフデザインセミナー及び親世代向けライフデザインセミナーにピアサポーターが出席し，セミナー参加者を支援．
○未来の家族への手紙コンクール
　担当所属：こども未来部こども政策課
＜事業概要＞
　中高生及び20代までの若者を対象として，自らのライフデザインを意識しながら，将来の自分の家族に向けて手紙を書くコンクールを実施する．
＜実施状況＞
・応募作品数　中学生1,186点，高校生304点，大学生等及び若年社会人680点．
・入賞作品24点について表彰を行うとともに，作品集2,500部を配付．
○「少年の日」「家庭の日」普及啓発作品コンクール
　担当所属：こども未来部子育て・青少年課
＜事業概要＞
　毎月第1土曜日を「少年の日」，第1日曜日を「家庭の日」と定め，青少年の健全育成のための県民運動を推進する．
＜実施状況＞
・絵画・ポスターの部と標語の部の募集をし，絵画・ポスターの部2,100点，標語の部10,448点の計12,548点の応募があった．
・平成28年12月20～26日まで県庁県民ホール1階南側で作品展示を行い，「少年の日」「家庭の日」の普及啓発を行った．
○思春期保健対策

担当所属：子ども未来部児童福祉課
＜事業概要＞
　児童生徒が自らの命と親子関係の大切さを見つめ直し，自他を思いやることができるよう，助産師が小学校等に出向いて，出産の模擬体験授業を通して生命の大切さを学ぶ講座を実施する．
＜実施状況＞
・小学校：62校4,396人受講
・中学校・特別支援学校：8校859人受講
○若い世代食育推進協議会
　担当所属：健康福祉部保健予防課
＜事業概要＞
　若い世代に関わる関係機関等が協働・連携し，若い世代に対する食育推進について検討・協議をする．
＜実施状況＞
・開催日：平成29年1月25日
・出席委員：県内大学の教員及び大学生，計15名

〔6〕宮崎県（「平成28年度に実施した施策の実績」）[9]
　○次世代ペアレント授業
　　担当課・室名：特別支援教育室
　　事業名：共に学び支え合う理解啓発充実事業
　　実施状況等：すべての県立高校及び中等教育学校39校において，障がいのある方やその家族，障がい者団体の代表等による講話や高校生との交流などを取り入れた「次世代ペアレント授業」を実施し，障がいに対する理解を深めた．
　○「みやざき家庭教育サポートプログラム」を活用した講座へのトレーナー派遣
　　担当課・室名：生涯学習課
　　事業名：「みやざき家庭教育サポートプログラム」普及事業

9）　宮崎県「平成28年度に実施した施策の実績」，https://www.pref.miyazaki.lg.jp/ky-shogaigakushu/kurashi/kyoiku/documents/34483_20171221101907-1.pdf（閲覧日：2018年2月7日）

実施状況等：トレーナー派遣を 2 講座で行い，中学生を対象に「働くことについて考えよう」や「地域活動に参加しよう」のプログラムを実施した．
○生活困窮者の中の生活習慣・対人関係等に課題を抱えている者に対する就労準備支援
　担当課・室名：福祉保健課
　事業名：「ためしにやってん！」就労準備支援事業
　実施状況等：生活困窮者の中で，引きこもりや対人関係等の課題があり，すぐに求職活動や就労が難しい方を支援するために，県内 3 カ所の社会福祉施設に委託して就労準備支援を実施した．
○子ども職場参観日
　担当課・室名：こども政策課
　事業名：子育てに優しい環境づくりサポート事業
　実施状況等：3 回目となる県庁子ども職場参観日を実施し，57 名の子どもの参加があった．車イス・お年寄り体験や企業局総合制御室見学などの県庁ラリーを実施し，ラリーの第 1 問のクイズを知事が出題するなど，趣向を凝らして実施した．
○食育講座，地産地消料理教室の開催
○食農教育の実践
　担当課・室名：農業連携推進課
　事業名：みんなで実践みやざき食の安全・地産地消推進事業
　実施状況等：みやざきの食と農を考える県民会議の食育ティーチャーによる食育・地産地消料理講座を県内 7 支部で 68 回，農業大学校農業総合研修センターにおいて食農教育を 37 回実施した．また，小学校と連携した「味覚の授業」を県内 10 小学校で実施した．

　以上が県による取組みの状況である．市においても同様の施策を行っている[10]．

---

[10] 家庭教育支援条例を制定している市は，千曲市，加賀市，和歌山市，豊橋市，そして南九州市である．(2017 年 12 月現在) この中で施策が確認できたのは千曲市と豊橋市であった．例えば，小学校・中学校・高等学校の総合的な学習の時間・道徳・家庭科などでの「親になるための学び」を整理し，授業を行うなどである．

その内容は自治体によって異なるが，その多くは条例制定以前から行われてきたものである．

前稿で見たように家庭教育支援の取組みは1990年代後半から本格化した．近年文部科学省は家庭教育支援員（チーム）の配置を進めており，それに伴う取組みも各自治体で行われている．また妊娠・出産や子育てに関することは，以前から中学校では技術・家庭科や保健体育科，高校では家庭科や保健体育科で扱われており，授業の内外で乳幼児との触れ合い体験学習，保育園・幼稚園訪問，出前講座などを行ってきた（中学校の職場体験でも保育園・幼稚園が受入れ先の1つである）．更に後で検討するように，少子化対策として各自治体で若者を対象とした講座・セミナー・各種行事を行っている．

現時点では「親になるための学び」は，このような既存の取組みを条例によるものとして改めて位置づけた色合いが強く，新しいものはほとんど見られない．しかし「親としての学び」と併せて，今後はより体系的な施策として展開すると考えられ，同時に高校生を主なターゲットとすることが予想される．その動きの1つが「ライフプラン教育」である．

2　「ライフプラン教育」について

「ライフプラン」は『広辞苑（第7版）』（2018年1月）によれば「生涯にわたる生活の設計．人生設計．」とある．「ライフデザイン」も同義で用いられる．通常は，保険や資産管理の領域で使われる言葉である．本節執筆時（2018年3月15日）現在，「ライフプラン教育」について国会図書館の所蔵資料検索を行うと，雑誌記事では10件のヒットがあるが，ほとんどすべてが企業の労務管理や人材養成に関するものである．

それに対してここで取り上げる「ライフプラン教育」は主に高校生を対象として，将来の進路や人生設計の構築を目的とするものである．そのためにいくつかの県の教育委員会やその他の部署で，副読本やパンフレットの作成・配布を行っている．現在筆者が確認したものは以下のとおりである[11]．

・北海道：『高校生向け少子化対策副読本「北海道の少子化問題と私たちの

将来について考えてみよう』』，24 頁，2016 年，北海道保健福祉部子ども未来推進局子ども子育て支援課少子化対策グループ
- 秋田県：『少子化を考える高等学校家庭科副読本「考えよう ライフプランと地域の未来」』，21 頁，2017 年，秋田県・秋田県教育委員会
- 栃木県：『とちぎの高校生「じぶん未来学」』，93 頁，2016 年，栃木県教育委員会事務局生涯学習課
- 神奈川県：『mosimo book もしも，ちょっと未来のことがわかったら…』，15 頁，2017 年，神奈川県県民局くらし県民部人権男女共同参画課
- 富山県：『とやまの高校生ライフプランガイド――自分の未来を描こう――』，22 頁，2016 年，富山県教育委員会
- 静岡県：『高校生向け　男女共同参画を考える副読本　自分らしい生き方の選択』，22 頁，初版 2001 年（2013 年改訂），静岡県くらし・環境部男女共同参画課[12]
- 岐阜県：『未来の生き方を考える ―― Life Planning Booklet ――』，50 頁，2014 年，岐阜県健康福祉部子ども・女性局子育て支援課
- 福岡県：『My Life Design ―― 人生を豊かに生きるには ――』，21 頁，2017 年，福岡県（作成部署記載なし．問合せ先は福祉労働部子育て支援課）

なお，冊子体ではないが，三重県は子ども・福祉部少子化対策課の HP 上で「ライフプラン教育」に関する情報・資料を掲載している[13]．

各自治体の刊行に関わる部署は，教育委員会（生涯学習担当），子育て支援

---

[11] 熊本県は『ライフデザイン手帳』（熊本県子ども未来課，2015 年）を刊行している．県の資料 (http://www.pref.kumamoto.jp/common/UploadFileOutput.ashx?c_id=3&id=18507&flid=94478, 閲覧日：2018 年 3 月 15 日）には「H27 年度に新たに作成したもので，若者がライフデザインを描けるよう，高校等での思春期保健教育講演会で活用する．」とあるが，直接確認することはできなかった．また各自治体が少子化社会対策として作成している冊子は非常に多くあるが，ここでは高校生を主な対象としたものに限定した．保護者・一般向けとしては，大分県『おおいた「親学のすすめ」読本』（大分県教育庁生涯学習課，2008 年），新潟県『家庭教育支援ガイドブック』（新潟県教育委員会・新潟県地域家庭教育推進協議会，2016 年），秋田県『家庭教育支援ガイドブック』（秋田県教育庁生涯学習課，2017 年）などがある．

[12] 『中学生向け　男女共同参画を考える副読本「自分で拓こう自分の未来」』（2004 年作成，2009 年改訂），『小学生向け　男女共同参画に関する副読本「大事にしたいね自分らしさ・あなたらしさ」』（2004 年作成，2008 年改訂）も刊行している．

[13] 三重県子ども・福祉部少子化対策課「ライフプラン教育」，http://www.pref.mie.lg.jp/common/03/ci500004937.htm（閲覧日：2018 年 2 月 18 日）

関係部署，そして男女共同参画関係部署，の3つのいずれかである．

　以上の中から，栃木県・岐阜県・秋田県・北海道の資料を取り上げる．栃木県の資料は頁数が最も多く，高等学校教育の中で実際に活用が始まっていることから，この種の副読本として代表的な存在と考えてよい．岐阜県の冊子は前項〔4〕で挙げた報告の中にもあったように，家庭教育支援条例の施策の一環として作成されたものであることから，その内容を確認しておく必要がある．一方で秋田県と北海道については，各々の標題に「少子化」を挙げており，ライフプラン教育を地域の少子化対策と関連づけている1つの典型として，その内容を検討する．

　その検討に入る前に，「ライフプラン教育」に関係する文部科学省の取組みについて触れる．

2.1　文部科学省の「ライフプランニング教育」

　文部科学省では，「ライフプランニング教育」の名称で取組みを進め，生涯学習政策局男女共同参画学習課男女共同参画推進係で「ライフプランニング支援推進委員会」（2016年7月～2017年3月）を置いた．設置要綱の一部を次に示す[14]．

> 　男女がともに仕事と家庭，地域における活動に参画し，活躍できるような社会の実現を目指すためには，個人の可能性を引き出すための学びが必要不可欠である．
> 　学校教育段階におけるキャリア教育の推進については，これまでの成果も踏まえ，多様な職業を示すだけではなく，若者が自らの進路を選択する際に就職のみならず結婚，出産，育児等のライフイベントを踏まえた生活の在り方も視野に入れて，総合的に考えることができるようにすることが重要である．
> 　ライフプランニング支援については，ニッポン一億総活躍プラン（平成

---

14) 文部科学省「ライフプランニング支援推進委員会　設置要綱」，http://www.mext.go.jp/a_menu/ikusei/kyoudou/detail/1376843.htm（閲覧日：2018年2月18日）

28年6月2日閣議決定）に「ライフプランニングに関する教育の支援の推進」について盛り込まれ，ライフプランニング支援の推進が求められている．

このため，文部科学省では，「若者のためのライフプランニング支援の推進事業」において教材等を作成し，ライフデザイン構築のための学びを推進するため「ライフプランニング支援推進委員会」を設置する．

　委員会は2016年に3回開催されたことが確認できる．同時に埼玉県立本庄高等学校，富山県立砺波高等学校，立命館宇治中学校・高等学校，沖縄県立西原高等学校各校の生徒へのヒアリングを実施したが，その内容は明らかでない．
　委員会は2018年10月に「高校生のライフプランニング」と題するキャリア支援教材を作成した（文部科学省の組織改編により，担当部署は総合教育政策局男女共同参画共生社会学習・安全課男女共同参画推進係となった）．
　「はじめに」では以下のように述べられている．

　　男女が共に仕事と家庭，地域における活動に参画し，活躍できるような社会の実現を目指すためには，個人の可能性を引き出すための学びが必要不可欠です．
　　学校教育段階におけるキャリア教育の推進については，若者が自らの進路を選択する際に就職のみならず結婚，出産，育児等のライフイベントを踏まえた生活の在り方も視野に入れて，総合的に考えることができるようにすることが重要です．
　　そのため，高校生が生涯を通して，主体的に生涯の生活を設計したり，社会の中で自分の役割を果たしながら，自分らしい生き方を実現したりすることができるよう，この教材を作成しました．
　　本教材は，3章11節の構成となっておりⅠ章から順番に進めて活用することができますが，授業の内容に応じて，キャリア形成支援の教材としてワークを選択して進めることも考えられます．家庭科，総合的な学習の時間，特別活動等において，高校生のキャリア形成支援の教材として御活用いただければ幸いです[15]．

また，これとは別に「女性の学びの促進に関する有識者会議」(2015年8月～2017年3月) を置いた．その趣旨を以下に示す[16]．

> 文部科学省では，「男女共同参画社会の実現の加速に向けた学習機会充実事業」において，一旦離職した地域の女性人材等を対象に，学びを通じた社会参画を促進するため，地域の関係機関・団体によるネットワークの形成とその取組の在り方を検討し，全国に普及することとしており，広く有識者からの協力を得て，地域における女性の学びの促進のためのネットワーク形成及びその取組の在り方を検討するため，「女性の学びの促進に関する有識者会議」を設置する．

それに続き「男女共同参画推進のための学び・キャリア形成に関する有識者会議」(2017年8月～2018年3月) を設置した．設置要綱による趣旨は以下のとおりである[17]．

> 男女がともに仕事と家庭，地域における活動に参画し，活躍できるような社会の実現を目指すためには，個人の可能性を引き出すための学びが必要不可欠である．
> このため，女性が子育てをしながら学びやすい環境整備と学びから社会参画へつなげるキャリア形成支援は，一体的に推進していくことが必要である．
> しかしながら，学びの場として重要な教育機関である大学等においては，保育所の整備は十分に進んでおらず，また，女性や企業のニーズに合ったプログラムや学びから社会参画につながる仕組みも十分ではないという状況がある．

---

15) http://www.mext.go.jp/a_menu/ikusei/kyoudou/detail/1411247.htm
16) 文部科学省「女性の学びの促進に関する有識者会議」，http://www.mext.go.jp/a_menu/ikusei/kyoudou/detail/1365994.htm (閲覧日：2018年2月18日)
17) 文部科学省「男女共同参画推進のための学び・キャリア形成に関する有識者会議　設置要綱」，http://www.mext.go.jp/a_menu/ikusei/kyoudou/detail/1396559.htm (閲覧日：2018年2月18日)

このため，文部科学省では，女性がリカレント教育を活用して復職・再就職しやすい環境整備の在り方や，地方公共団体や男女共同参画センター等の関係機関と連携し，地域の中で女性の学びとキャリア形成・再就職支援を一体的に行う仕組みづくり等について検討するため，「男女共同参画推進のための学び・キャリア形成に関する有識者会議」を設置する．

　これらの有識者会議は，主に女性の再就職支援・リカレント教育に重点を置いている．文部科学省は主に男女共同参画の立場からのライフプラン教育を検討しているのである．
　以下，各道県の該当資料の内容について概観する．

2.2　栃木県『とちぎの高校生「じぶん未来学」』

　まず，栃木県作成の冊子『とちぎの高校生「じぶん未来学」』の趣旨は，全国知事会に公表されている資料によると次のようになっている[18]．

　　やがて親となる世代である高校生が，親・家族・家庭などの意義や役割，地域の人間関係など地域社会について主体的に学ぶことにより，次世代を育成し，地域への愛着や定住意識の醸成を図るとともに，地域を支え守る気持ちをはぐくむことを目的とし，とちぎの高校生「じぶん未来学」プログラムを開発し，実施する．

　『とちぎの高校生「じぶん未来学」』では柱として，家庭教育への理解と地域への愛着・定着意識の醸成の2つを掲げている．内容構成は以下のとおりである．

　　第1章　とちぎの高校生「じぶん未来学」ガイダンス
　　　第1節　とちぎの高校生「じぶん未来学」で何を考えるか

18）全国知事会「先進政策バンク　先進政策創造会議」，http://www.nga.gr.jp/app/seisaku/details/4640/（閲覧日：2018年3月1日）

第2節　とちぎの高校生「じぶん未来学」プログラムの特徴
　　第3節　将来の設計図を描こう
第2章　とちぎの高校生「じぶん未来学」プログラム
　　第1節　自分を考える（自分の将来を想像することを通して，豊かに生きることを考える.）[19]
　　　1　自分を見つめる
　　　2　ライフプランを考える──豊かに生きるためには──
　　第2節　親を考える（子どもを育てる意義や子どもを育むことを通して得られる充実感について考える.）
　　　1　親としての役割・責任
　　　2　親となる意義
　　第3節　子どもを考える（発達段階における子どもの成長・発達の特徴について学び，子どもとのコミュニケーションや接し方について考える.）
　　　1　子どもの誕生
　　　2　子どもの成長と発達
　　第4節　家族を考える（家族は互いに助け合いながら成り立っていることを学び，家族の役割について考える.）
　　　1　家族のあり方を考える
　　　2　ライフスタイルと家族
　　第5節　地域を考える（地域で子どもを育む必要性や住民としての関わり方について学び，子どもが成長する社会環境や地域の人間関係を考える.）
　　　1　地域で子育てを支える
　　　2　地域社会の人間関係と地域力
　　第6節　社会を考える（社会生活と家庭生活，個人の生きがいなどが生活設計には大切であることを学び，キャリアデザインやワークライフバランス，社会参加について考える.）

---

19)（　）内の説明は，前註の資料に掲載されているもの．以下同様．

1　社会参加・社会貢献を考える
　　2　社会生活・家庭生活，生きがいを考える
　第3章　体験活動から学ぶ「じぶん未来学」
　第4章　相談機関等一覧
◎参考文献等
◎平成27年度とちぎの高校生「じぶん未来学」企画委員会及びとちぎの
　高校生「じぶん未来学」プログラム作成委員会委員名簿

　第1章第1節において「じぶん未来学」で考える内容をまとめている．それは「"じぶん"の未来を考え，生き方を考える」（第2章第1節に対応），「親・家族・家庭について考える」（同第2節・第3節・第4節に対応），「地域社会で子どもを育てる意義を考える」（同第5節・第6節に対応）の3項目

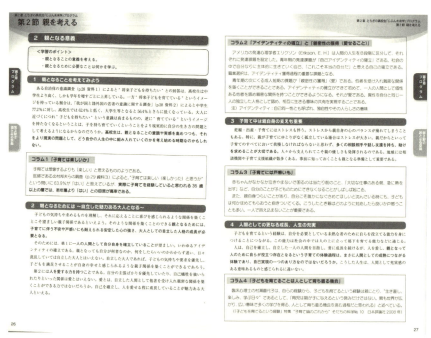

図3-1　とちぎの高校生「じぶん未来学」（26～27頁）
　　　編集・発行：栃木県教育委員会事務局生涯学習課
　　　発行年月：平成29年3月（3刷）

である．各項目は本文（コラムを含む），統計や資料，ワークシートから成る．

2016年度の初めに県立高校生徒全員に配布し，その年の入学生からこれを使った授業を行っている．家庭科・保健体育科・公民科・総合的な学習の時間・特別活動等での使用を想定し，3年間かけて教科担任や学級担任が指導する．2017年からは私立学校の入学生にも配布されている．

例えば第2章第2節「親を考える」の「1　親としての役割・責任」では，本文で「「安心感」と「生きる希望」をプレゼント」すること，「子どものこころを支える」ことを親の役割としており，資料として，「子どもをもつことについての考え方」（統計グラフ），「子育て日記」「子育ては親だけの責任なの？」（児童福祉法の抜粋）などを示し，最後のワークシートでは「子どもが親にしてほしいことはどんなことだと思うか，考えてみましょう．」「親として，どんなことをすれば子どもに「こころ」をプレゼントできると思いますか．将来，自分でどんな親になりたいかをイメージしながら考えてみましょう．」などの

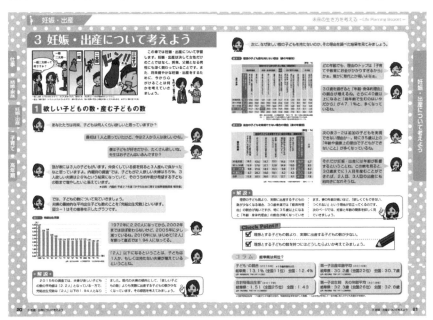

図3-2　未来の生き方を考える ── Life Planning Booklet ──（20〜21頁）
編集・発行：岐阜県健康福祉部子ども・女性局子育て支援課
発行年月：平成29年7月（改訂版）

問いを提示している．「2　親となる意義」では，本文で「親となることを考えてみよう」「親となるためには──自立した魅力ある大人となる──」「人間としての更なる成長，人生の充実」等を述べ，ワークシートでは「親となることによって，楽しいことがあるとすればどんなことだと思いますか．また，親自身が得られること（成長すること）があるとすればどのようなことだと思いますか．」などの問いがある．

　また第2章第4節「家族を考える」では，「家族のかたち」が多様であること，「自分の生き方，ライフスタイルを自分で自由に選ぶことは重要」であることを述べている．

2.3　岐阜県『未来の生き方を考える── Life Planning Booklet ──』

　次に岐阜県の副読本は，作成の目的について以下のように記している（表記は原文どおり）[20]．

> 　県では，若い世代にライフプランを考える機会を提供するため，就労から結婚，妊娠・出産，子育てに至る各ライフステージに関わる知識，情報などを盛り込んだ冊子「未来の生き方を考える── Life Planning Booklet ──」を作成しました．冊子の作成にあたっては，高校生が将来に向かって自らが希望する生き方をどのようにつくっていくのか，今後の人生を思い描きやすいように，岐阜県のデータやライフステージごとに参考となる体験談などを記載し，同年代の主人公とともに考えることができる構成としました．

　冊子のタイトルからは明確ではないが，高校生を対象としたものであることがわかる．目次構成は以下のとおりである．

　　冊子の使い方

---

[20] 岐阜県公式HP「ライフプランを考える啓発冊子：未来の生き方を考える── Life Planning Booklet ──」，http://www.pref.gifu.lg.jp/kodomo/kekkon/shoshika-taisaku/11236/lifeplanningbooklet.html（閲覧日：2018年3月15日）

ライフプランづくりのヒント
1. 仕事について考えよう
    1　仕事についての現状
    2　非正規雇用の問題点
    3　脱「非正規雇用」のために
    4　企業が求める人材とは？
    5　ワーク・ライフ・バランス
    6　岐阜県ワーク・ライフ・バランス推進エクセレント企業
    7　先輩の声
    8　まとめ
2. 結婚・家族について考えよう
    1　結婚についての現状
    2　未婚化・晩婚化の原因
    3　結婚相手に求める条件
    4　恋愛と結婚
    5　男女共同参画で乗り切ろう
    6　結婚することの良さについて考えよう
    7　家族について考えよう
    8　まとめ
3. 妊娠・出産について考えよう
    1　欲しい子どもの数・産む子どもの数
    2　妊娠には「適齢期」がある
    3　不妊と高齢出産について
    4　妊娠から出産まで
    5　安心して妊娠・出産するために
    6　産婦人科医からのメッセージ
    7　早すぎた妊娠
    8　まとめ
4. 子育てについて考えよう
    1　子どもってどんな存在？

    2　イクメンになろう
    3　育休をとろう
    4　行政・民間のサポート
    5　先輩の声
    6　まとめ
  5. 高年期について考えよう
    1　元気な高齢者
    2　世代間交流
    3　充実した高年期のために
    4　余暇の過ごし方
    5　まとめ
  ライフプランの実践
  ライフプランの見直し
  岐阜県の少子化問題について
  各種連絡先一覧
  ライフプランシート
  ライフプランシート（詳細版）

　登場人物が3人おり，「かなえ先生」が高校生の「みらいさん」と「マモルくん」に問いかけ，2人が答える形式である．各パートの最後に「まとめ」があり，かなえ先生はそれぞれ次のように語っている．

  1. 仕事はこれからの人生の大半を占めます．仕事について考える場合，「どんな職業に就くか」を考えるとともに，ワーク・ライフ・バランスを実現するために，正規雇用で働く（正社員になる）ことへの意識をもつことも重要です[21]．
  2. 結婚して家族をもつことは，生きがいになり，喜びにつながります．

---
21) マモルくんは最初，将来の仕事が「フリーターでもいいかな」と思っていたという設定になっている．

また，それによってより豊かに社会と関わっていくことになります．
3. 年齢が高くなるにつれて妊娠率は低下し，不妊の可能性も高まります．同時に日ごろの生活習慣も，妊娠に大きな影響を与えます．ライフプランを考える中で，何歳ごろに子どもをもつのが良いかを考えてみましょう．更に，元気な赤ちゃんを授かるためには今からどんなことに気をつければよいか考えてみましょう．
4. 子どもを産み育てることに，喜びや幸せを感じられるようになるためには，どんなことが必要でしょうか．夫婦の意識，夫婦を取り巻く環境などについて考えてみましょう．あなたは，どんなお父さん，お母さんを目指しますか？
5. まだずっと先のことのように思える高年期ですが，実は今，若い世代としてどのようにお年寄りと関わっていくかが，未来をつくっていくことにもなるのです．世代間の交流を前向きに進め，理解・協力を深めることが「しあわせな老後」への第一歩です．

なお，表紙裏の「はじめに」の部分では「結婚，妊娠・出産，子育てなどについては，個人の考え方や価値観が尊重されることが大前提にあります．」と記している．

2.4 秋田県『少子化を考える高等学校家庭科副読本「考えよう ライフプランと地域の未来」』

秋田県の家庭科副読本である．この冊子は県教育委員会が作成したものであるが，県としては，あきた未来創造部次世代・女性活躍支援課が中心となって「ベビーウェーブアクション」のキャンペーン[22]を展開しており，その一環であると言える．県では『考えよう 秋田の少子化 秋田県の少子化関連データと少子化対策』（2017年3月）なども刊行している．

『考えよう ライフプランと地域の未来』の目次構成は以下のとおりである．

---

22) 秋田県あきた未来創造部次世代・女性活躍支援課「秋田県少子化対策総合ウェブサイト ベビーウェーブアクション」，http://common3.pref.akita.lg.jp/babywave/ （閲覧日：2018年3月15日）

はじめに・目次
1　秋田の少子化の現状
　（1）出生数の減少
　（2）秋田県の人口減少の状況
　コラム　秋田県における出生数減少の要因
2　秋田　再発見！
　（1）資源豊かな国・秋田
　（2）祭りの国・秋田
　（3）食の国・秋田
　（4）自然と文化あふれる国・秋田

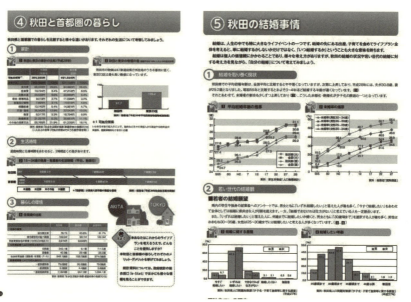

図3-3　少子化を考える高等学校家庭科副読本「考えよう ライフプランと地域の未来」（13〜14頁）
　　　発行：秋田県・秋田県教育委員会
　　　編集：「少子化対策副読本」作成委員会
　　　発行年月：平成29年3月

3　秋田で働く
　　(1) 秋田をリードする産業（工業）
　　(2) 秋田をリードする産業（農林業）
　　(3) 少子化克服に向けて先進的に取り組んでいる企業・法人
　　コラム　伝統的工芸品等産業
4　秋田と首都圏の暮らし
　　(1) 家計
　　(2) 生活時間
　　(3) 暮らしの環境
5　秋田の結婚事情
　　(1) 結婚を取り巻く現状
　　(2) 若い世代の結婚観
6　秋田で子育て
　　(1) 理想の子どもの数・現実の子どもの数
　　(2) 様々な子育て支援制度
　　(3) 市町村での取り組み
　　(4) 地域で支える子育て
　　コラム　子の看護休暇と病児・病後児保育
　　コラム　ライフプランと妊娠・出産
　　コラム　家事・育児の協力
7　自分のライフコースを描いてみよう

　タイトルや目次構成からわかるように，少子化対策を全面に打ち出している．目的はライフプランを描くことであるが，内容的には，少子化をめぐる県の状況，県の産業やワーク・ライフ・バランスへの取組み，結婚や子育てに関する行政の取組みなどを紹介するものになっている．「秋田と首都圏の暮らし」の章では，「それぞれのメリット・デメリットを挙げてみましょう」と問いかけているが，資料は秋田の優位性を強調するものとなっている．

2.5 北海道『高校生向け少子化対策副読本「北海道の少子化問題と私たちの将来について考えてみよう」』

　この北海道の冊子はタイトルからもわかるように，秋田県以上に「少子化」を前面に打ち出している．作成は北海道保健福祉部子ども未来推進局子ども子育て支援課少子化対策グループであるが，北海道教育委員会『平成27年度北海道の教育施策』[23)]では，「小規模校で文化芸術に触れたり，科学的な実験や観察を体験することができるよう教育環境の充実を図るとともに，学校教育における少子化対策として，知事部局と連携し，高校生向けの副読本を作成し，結婚や出産，家庭をもつことの素晴らしさを伝える次世代教育を行います．」と述べている．目次構成は以下のとおりである．

　　第1章　北海道の少子化の現状
　　　(1) 少子化の状況
　　　(2) 少子化の要因と背景
　　　(3) 少子化の影響
　　第2章　北海道で働く
　　　(1) 北海道の産業
　　　(2) 地域を支える役割
　　第3章　北海道で結婚して家庭をもつ
　　　(1) 若い世代の結婚観
　　　(2) 結婚して家庭をもつ
　　第4章　北海道での子育て
　　　(1) 子育てをめぐる状況
　　　(2) 子育てを支える制度
　　　(3) 地域における子育て支援
　　　(4) 子どもとかかわる

---

23) 北海道教育委員会「平成27年度　北海道の教育施策」，http://www.dokyoi.pref.hokkaido.lg.jp/hk/ksk/grp/08/H27kyouikusesaku.pdf（閲覧日：2018年3月15日）

第5章　北海道の魅力
　(1) 自然豊かな環境と個性ある地域づくり
　(2) 北海道の少子化対策
第6章　自分の将来について考えてみよう
　(1) 自分の生き方を自分できめる
　(2) 自分らしい生き方を選ぶために
　(3) ライフプランを作成してみよう

　少子化対策を前面に打ち出している点，地元の産業や行政の取組みを紹介している点，その上でライフプランを考えさせる点など，内容・構成は秋田県と共通している部分が多い．

2.6　小括――「ライフプラン教育」について

　以上4道県の冊子に加え，ここでは取り上げなかった資料も含め，共通する内容とその問題点について，以下に整理する．

　第1には，いずれも高校生の時点で，生涯にわたる「ライフプラン」の作成を目的としていることである．これはある意味で当然のことであるが，これを作成することの意義と同時に問題点もあるのではないかと考える．キャリア教育として見れば，当面の進路選択だけではなく，長期的な視点で自分の生き方を考えることは重要である．そのことで目的意識が高まり，現在の生活や学業への姿勢も変わってくる．ただそれを考える枠組みがどうあるべきかが問題である．文部科学省関係者が好んで引用する言葉に「2011年度に米国の小学校に入学した子どもたちの65％は，大学卒業時に今は存在していない職業に就くだろう」(Cathy N. Davidson) がある．これが正しいかどうかは措くとしても，将来どのような社会になるかわからないことは事実である．現在の状況を延長する形で考えることの妥当性や有効性を検討する必要がある．そもそも高校生の時点で（大学生でも同様であるかもしれないが），ライフプランやライフコースを書くことの意味は一体何なのであろうか．10年後・20年後の自分を思い描いたとしても，それが実現するかどうかを確かめる術は（少なくとも学校には）ない．生徒自身にとっても「とりあえず考えてみた」以上の意味を

もたないかもしれない．

　第2には，枠組みの問題とつながるが，いずれも「結婚，妊娠・出産，育児」を織り込んでいることである．先に見たように「家族の多様性」や「個人の考え方や価値観の尊重」に触れている場合もあるが，全体として見ると，将来結婚をして，子どもを産み育てることを「標準的な生き方」として提示しているように感じられる．そのような生き方を押しつけるものではないと述べてはいても，家庭をもつことや親になることへの意識づけを意図している．この意識づけをこのような形で行うことが果たして有効であるかは疑問である．

　その点と関わって第3には，いずれの冊子でも「妊娠・出産適齢期」を強調していることである．できるだけ若い間に（おおむね20代で）出産するのが望ましいとしている．

　第4には，秋田県や北海道では明確に見られたが，それ以外の自治体でも「少子化社会対策」の要素が多かれ少なかれ見られることである．生まれる子どもの数が少ないこととともに，地元から離れてしまう若者が多い状況の中で，将来地元で生活することを奨めているのである．自治体にとってはそのような期待を高校生に伝える必要性を感じるのは当然であろう．しかし，例えば秋田県で紹介されている職業は農業や製造業が中心であり，主に地元の専門高校卒業生の就職先となるものである．大学進学者にとっては，県内の大学は限られているため，首都圏などに出ざるを得ないことになるが，大学卒業後に地元で働くことができる場があまりないのが現実である．そのような状況の中で，こういった内容は生徒にとってリアリティがないのではないか．

　以上が内容に関する共通点と問題点である．同時に考えなければならないのは，これが学校現場でどのように使われるのかである．この点は今後調査を行うが，これらの冊子を通読すると，上に指摘したような問題点はあるにしても，非常に良く考えて作成しているとの印象を受ける．構成や内容に工夫が見られ，多くの情報や課題を含んだものになっていることは事実である．これらの冊子がどのような形で使われ，生徒が何を学び考えるのかに注目しなければならない．生徒自身が自分の将来を考えるための材料として活用し，意見を形成し，友人や教師と議論をして，自分の人生選択につなげるための素材として活用されることが望ましい．「標準的な生き方」が事実上強制される（あるいは地元

での生活を続けることが奨励される）ような偏りは回避されるべきであろう．

3 「親になるための学び」「ライフプラン教育」の背景

　以上「親になるための学び」と「ライフプラン教育」について検討してきたが，これらの動向については，これまであまり論じられていない（前稿で見たように家庭教育支援条例については，各地の制定過程の報告や家庭教育支援法案との関わりでの議論があるが，「親になるための学び」に焦点が当てられていない）．その中で，山口智美「家庭教育をめぐる動き「家庭教育支援」「ライフプラン教育」という介入：家庭が「国家のための人材育成の場」に」[24]では，家庭教育支援条例や親学とライフプラン教育の結びつきを指摘し，「少子化対策としてのライフプラン教育では，結婚，妊娠・出産，子育てを前提とした生き方のみ推奨されるのではないかという危惧を抱く．」「こうした特定の生き方が推奨され，独身，子どものいない人，ひとり親家庭は望ましくないとして描かれる．性的少数者の存在はない．そして適切な年齢で結婚，出産するために「卵子の減少」などの「知識」を学ぶという作りになっている．」と述べている．

　このような動きには実は多様な背景がある．前稿では1980年代以降の家庭教育政策や教育基本法改定に関わる問題について触れたので，ここでは家族・福祉政策や少子化社会対策，女性政策の面から検討する．

3.1　1960年代以降の家庭政策

　中央教育審議会答申「後期中等教育の拡充整備について」（1966年）は「別記　期待される人間像」の「第2章　家庭人として」において，「1　家庭を愛の場とすること」「2　家庭をいこいの場とすること」「3　家庭を教育の場とすること」「4　開かれた家庭とすること」を示した．この答申の中で述べている「家庭は社会と国家の重要な基盤である」との認識は，現在まで引き継がれている．

　この2年後には，家庭生活問題審議会答申「あすの家庭生活のために」

---

[24]『週刊金曜日』1121号．2017年1月27日．

(1968年)が出され，家庭教育の問題にも触れた．

それに続いて打ち出したのが「家庭基盤充実政策」(1979年)であった．これは大平正芳首相が設けた政策研究会の1つであった家庭基盤充実研究グループ(座長：伊藤善市，幹事：香山健一，志水速雄)がまとめたもので，同年，これを受けて与党自由民主党が策定した「家庭基盤の充実に関する対策要綱」の「基本的考え方」には，以下のような説明がある[25]．

　　［基本的考え方］
　　「家庭は社会の基本単位」「国家社会の中核的組織として家庭を位置づける」
　　「国家と地方自治体と職域と家庭との『役割分担』を明確化」
　　「老親の扶養と子供の保育と躾けは，第一義的には家庭の責任」
　　「母子家庭，寝たきり老人を持つ家庭等への援護の強化充実」
　　「国家権力の家庭への介入は避けなければならない」

ここでも家庭を社会の「基本単位」「中核的組織」と位置づけており，高齢者福祉と保育は基本的に家庭が責任を負うものであって，国はそれができない人々のみを対象とした福祉政策を行うことを想定していた．

当時これに対して藤井治枝[26]は，この政策が，性別役割分業を固定化し，女性の役割を家事・育児・老親の介護に限定するものであると批判した[27]．

3.2　1990年代以降の少子化社会対策

いわゆる「少子化社会対策」は1994年の「エンゼルプラン」から始まった．正式には「今後の子育て支援のための施策の基本的方向について」であり，文部・厚生・労働・建設4大臣合意の形であった．この中では，保育所の拡大

---

25) 自由民主党『月刊自由民主』，1979年9月．
26) 「家庭基盤づくり対策と女子教育」『季刊女子教育もんだい』3，1980年．
27) この政策を評価する見解がその後も示されている．例えば，八木秀次「「家庭基盤の充実」政策で国家崩壊の危機乗り越えよ」2011年10月21日投稿の記事(平和政策研究所「政策オピニオン」，http://ippjapan.org/archives/16，閲覧日：2018年3月15日)

や保育サービスの多様化と同時に，働き方の見直しを提起した．その後 2003 年の「少子化社会対策基本法」「次世代育成支援対策推進法」，2012 年の「子ども・子育て支援法」に継続されている．

「エンゼルプラン」では，「基本的視点」として次の 3 点を示した．
① 子どもを生むか生まないかは個人の選択にゆだねられるべき事柄であるが，「子どもをもちたい人がもてない状況」を解消し，安心して子どもを生み育てることができるような環境を整えること．
② 今後とも家庭における子育てが基本であるが，家庭における子育てを支えるため，国，地方公共団体，地域，企業，学校，社会教育施設，児童福祉施設，医療機関などあらゆる社会の構成メンバーが協力していくシステムを構築すること．
③ 子育て支援のための施策については，子どもの利益が最大限尊重されるよう配慮すること．

「エンゼルプラン」が始まる時点で，これが戦時中の「産めよ殖やせよ」政策の再来ではないかとの批判があった．それへの対応として第 1 に「個人の選択」を掲げたのである．そしてこれはその後繰り返し確認されてきた点であった．

それに対して，現行の少子化社会対策大綱（2015 年）の別添[28]では，以下のような内容が含まれている．

①結婚
（ライフデザイン構築のための情報提供等）
〇ライフデザイン構築のための支援
・結婚，妊娠・出産，子育てなどのライフイベントや学業，キャリア形成などを含めた人生設計を行うための教育・情報提供やコンサルティングなどを通じて，結婚・出産・子育てや仕事との両立などに関する個人の希望を，より具体的かつ現実的な計画としてもつことができるよう支援

---

[28] 内閣府少子化社会対策大綱別添 1「施策の具体的内容」，http://www8.cao.go.jp/shoushi/shoushika/law/pdf/shoushika_taikou2_b1.pdf（閲覧日：2018 年 3 月 15 日）

を行う．その際，ライフデザインに関する標準的な教材やプログラムについても検討を行う．
（結婚や子育てに関する情報発信の充実）
○結婚や子育てに関する情報発信の充実
・国と地方自治体が連携しながら，少子化の現状や取組み，結婚や子育てに関する情報について，わかりやすくかつ効果的な情報発信の充実を図る．
○「家族の日」「家族の週間」等を通じた理解促進
・多様な家庭や家族の形態があることを踏まえつつ，「家族の日」（11月第3日曜日）や「家族の週間」（家族の日の前後1週間）において，様々な啓発活動を展開し，家族や地域の大切さ等について理解の促進を図る．
○家族形成に関する調査・研究等
・家族形成に関する調査・研究及び事例収集・分析を通じて，政策的対応に向けた検討を行う．
（中略）
④教育
○学校教育段階からの妊娠・出産等に関する医学的・科学的に正しい知識の教育
・個人が将来のライフデザインを描き，妊娠・出産等についての希望を実現できるように，学校教育段階において，専門家の意見を参考にしながら，妊娠・出産等に関する医学的・科学的に正しい知識を適切な教材に盛り込むとともに，教職員の研修などを行う．
・学校教育に加えて，家庭や地域での教育，婚姻届提出時や成人式などの機会を活用した，教育課程修了後の社会人等に対する情報提供が行われるよう取組みを進める．
○性に関する科学的な知識の普及
・思春期の人工妊娠中絶やHIV（human immunodeficiency virus）感染症を含む性感染症問題に対応するため，学校や保健所等において，健康教育や電話相談等を行うなど性に関する科学的な知識の普及を図る．
○妊娠や家庭・家族の役割に関する教育・啓発普及

・妊娠や不妊，家庭・家族の役割について早くから情報提供が行われるように啓発普及を図る．特に，妊娠や家庭・家族の役割については，発達の段階に応じた適切な教育の推進を図る．
○キャリア教育の推進
・社会的・職業的自立に向け，必要な基盤となる能力や態度を育てることを通してキャリア発達を促すキャリア教育について，ライフイベントを踏まえたキャリア教育を含め，幼児期の教育から高等教育まで，発達の段階に応じて体系的に推進する．

「個人の希望」とはいえ「結婚，妊娠・出産，子育て」を軸としたライフデザインを打ち出していたり，妊娠や家庭・家族の役割について「適切な教育の推進を図る」としたりするなど，明らかに結婚や出産の方向へ誘導する意図が見られる．

3.3　2000年代の性教育をめぐる「事件」

2002年6月に母子衛生研究会の『思春期のためのラブ&ボディBOOK』と題する性教育の副読本（中学3年生に配布していた）の内容が国会で問題視され，絶版になった．「性行為を煽るものである」「ピルの危険性に触れられていない」との批判が原因であった．

翌2003年には性教育に積極的に取り組んでいた七生養護学校（東京都日野市）の教師が処分される事件が起きた．この時期はいわゆる「ジェンダーフリーバッシング」が見られたときであり，性教育もその1つの争点であった．

3.4　2010年代の「女性政策」

2013年5月，内閣府「少子化危機突破タスクフォース」が『生命（いのち）と女性の手帳（仮称）』の刊行を発表した．これは，妊娠や出産についての情報を提供することを目的として，10代の女性に配布することを想定していたが，世論からの反発が強く刊行は中止となった．

この手帳に反対した「SOSHIREN女（わたし）のからだから」[29]の意見書（2013年5月19日）[30]は次のように述べている．

導入されようとしている「手帳」は，「少子化対策」を目的として，女性に「母となること」を推奨し，そのために「健康を管理」するものと予想されます．それは女性の選択権やリプロダクティブ・ライツを侵害する人口政策になりかねません．
　また，「少子化危機突破タスクフォース」は，「結婚・妊娠・出産支援」を大きな柱として打ち出すという方針を表明しています．これは，「子どもを増やしたい」という国の方針のもと，女性を「産む性」として位置づけ，いかにその「機能」を発揮させるべく若いうちから「教育」するか，そして結婚に導き高齢になる前に出産させるかという観点に基づいており，どう生きるかを女性が自ら決める権利を侵害します．

　またほぼ同時期に安倍首相は「成長戦略」に関するスピーチで「女性・子育て政策関連」について述べた（2013年4月19日，日本記者クラブ）．この主な柱は以下のようなものであった[31]．
・「3年育休」の実現（3年間抱っこし放題での職場復帰支援）
・5年で待機児童ゼロとする
・子育て後の再就職・起業支援
・全上場企業で役員に1人は女性を登用
　また2014年10月には，「すべての女性が輝く社会づくり本部」決定として「すべての女性が輝く政策パッケージ」[32]を発表した．ここでは「女性の視点からみた課題と施策項目」として次の6点を挙げている．

---

29) 人工妊娠中絶の自由を主張し，刑法の堕胎罪廃止を求めている団体．1982年の優生保護法改正に反対するために「82優生保護法改悪阻止連絡会」として発足した．
30) SOSHIREN 女（わたし）のからだから「「生命（いのち）と女性の手帳（愛称別途検討）」の作成・配布に関する意見」，http://www.soshiren.org/data/kougibun0519.pdf（閲覧日：2018年2月27日，原文の註は筆者省略）
31) 野村浩子「「3年育休は女性をダメにする」緊急鼎談！「安倍さん，女性を勘違いしてますよ」（上）」，（日経ビジネス電子版，2013年5月30日付，http://business.nikkeibp.co.jp/article/topics/20130528/248729/（閲覧日：2018年2月20日）
32) すべての女性が輝く社会づくり本部「すべての女性が輝く政策パッケージ」，https://www.kantei.go.jp/jp/topics/2015/josei/20150730siryou7.pdf（閲覧日：2018年3月15日）

① 安心して妊娠・出産・子育て・介護をしたい
② 職場で活躍したい
③ 地域で活躍したい，起業したい
④ 健康で安定した生活をしたい
⑤ 安全・安心な暮らしをしたい
⑥ 人や情報とつながりたい

更に 2015 年 8 月に「女性の職業生活における活躍の推進に関する法律」（「女性活躍推進法」）が成立した（2016 年 4 月施行）．政府のパンフレット[33]によればこの法律の目的は以下のとおりである．

　　自らの意思によって職業生活を営み，又は営もうとする女性の個性と能力が十分に発揮されることが一層重要．このため，以下を基本原則として，女性の職業生活における活躍を推進し，豊かで活力ある社会の実現を図る．
・女性に対する採用，昇進等の機会の積極的な提供及びその活用と，性別による固定的役割分担等を反映した職場慣行が及ぼす影響への配慮が行われること
・職業生活と家庭生活との両立を図るために必要な環境の整備により，職業生活と家庭生活との円滑かつ継続的な両立を可能にすること
・女性の職業生活と家庭生活との両立に関し，本人の意思が尊重されるべきこと

　また，文部科学省は高校保健体育科の副教材『健康な生活を送るために』の第 2 次改訂版を 2015 年 8 月に刊行した[34]が，この中に掲載していた「女性の妊娠のしやすさの年齢による変化」のグラフが改ざんされていたことが明らかになった[35]．これは政権としての取組みではないが，関係する事例の 1 つと

---

33) 内閣府男女共同参画局「女性の職業生活における活躍の推進に関する法律の概要」，http://www.gender.go.jp/policy/suishin_law/horitsu_kihon/pdf/law_gaiyou.pdf（閲覧日：2018 年 3 月 15 日）
34) 初版は 2006 年 3 月，第 1 次改訂版が 2008 年 8 月，その後 2017 年 3 月に第 3 次改訂版を発行した．
35) 西山千恵子・柘植あづみ編著『文科省／高校「妊活」教材の嘘』論創社，2017 年．

して言及しておく．

3.5 「ニッポン一億総活躍プラン」

　少子化対策や女性活躍施策を含んだ「ニッポン一億総活躍プラン」（2016年6月2日閣議決定）では「希望出生率1.8」の実現を柱として打ち出した．その項目の1つに「結婚支援の充実」（「希望どおりの結婚（出会いの場の提供）」）があり，この中では「ライフプランニング，キャリア形成のための教育の強化」を謳い，そのための教材の検討・作成・配布を提案している．

　以上概観した近年の状況から，様々な流れがある中で，女性への「結婚・出産圧力」が高まっていることは明らかである．家族や女性に関する政策で冒頭に掲げられるのが「3年間の育休」や「安心して妊娠・出産・子育て・介護をしたい」であることもそれを傍証しているだろう．女性の個人としての人生選択の自由をどう実質化するかよりも，まず「妻」「母」であることを優先する発想が強くなっているのである（それに対して男性に対しては「夫」「父」の役割を果たすことは必ずしも求められていない）．

　「親になるための学び」や「ライフプラン教育」がこのような動きの中で登場したことは事実であって，このような政治的・社会的文脈を自覚した上での取組みが求められる．

おわりに

　キャリア教育は，生徒に特定の職業に就くことを求めるものではない．様々な場に行ったり，様々な人の話を聞いたりすることで，それらを生徒自身の選択の材料にすることが目的である．ライフプラン教育もそのようなものでなければならないと考える．労働環境や結婚，妊娠・出産，子育てなどについての情報を得ること自体は重要である．しかしそれはあくまでも情報提供であり，多様な現実と価値観を伝えるものであって，特定の生き方や選択を押しつけるものであってはならない．自治体が作成する冊子についても，それが「自治体の政策のパンフレット」ではなく「教材」であることに留意が必要である．自治体の良い点のみでなく，問題点や課題を示すことで，生徒はより当事者意識

をもって考えることができるのではないか．またこの点は明示的なものよりも，隠れたカリキュラムに属する部分の問題があり，その点を学校や教師は十分に自覚する必要がある．更に限られた高校生活で学ぶことができるものには，自ずから限界がある．情報提供であっても，あくまでも生徒の要求と必要に応じたものでなければならないだろう．

2節　生徒の人生選択に学校はどう関わるべきか

はじめに

以下は 2018 年 6 月末の新聞記事である．

> 自民党の二階俊博幹事長は 26 日，少子化問題に関し「戦中，戦後の食うや食わずの時代も，子どもを産んだら大変だから産まないようにしようと言った人はいない．この頃，子どもを産まない方が幸せじゃないか，誇れるんじゃないかと勝手なことを自分で考える（人がいる）」と語った．東京都内で行われた政治評論家との対談で，聴衆の質問に答える形で発言した．不適切な発言と指摘される可能性がある．
> 自民党を巡っては，加藤寛治衆院議員が 5 月，新婚夫婦に 3 人以上の子どもを産むよう呼び掛ける発言をしたとして，批判されたばかり．二階氏は「国全体が，この国の一員としてお互いにこの国を持っているのだから，皆が幸せになるためには子どもをたくさん産んで国も栄えていく方向へいくように，皆がしようじゃないか」と話した[1]．

厚生労働大臣が女性を「子どもを産む機械」に喩えたのが 2007 年 1 月であった．この種の発言はそれ以前にも見られたが，社会問題化するのはこのころからである．少子化社会対策が進められ，表面的には「子育てと仕事の両立」や「ワーク・ライフ・バランス」が語られるが，政策担当者の本音は「女性は早く結婚して子どもを産み，自分で育てるのがよい」であることを推測させるに十分なものである．

また 7 月 18 日には，杉田水脈「『LGBT』支援の度が過ぎる」（『新潮 45』，2018 年 8 月号）の内容が明らかになった．杉田は自由民主党の衆議院議員である．ここでは「性的少数者は弱者ではなく，福祉の対象にはならない」と主張されているが，「性的少数者」を「生産性がない」と表現していたことから，

---

[1] 東京新聞，2018 年 6 月 27 日．

社会問題化した．杉田は 2015 年ごろから同様の主張を繰り返してきたが，そのときは議員でなかったため，今回のような問題にはならなかった．今回の問題は，発言内容自体以上に，このようなことを主張する人物を議員として公認した政党の体質にあると思われる（杉田は保育園や学童保育についても批判している）．

このような政治風土の中で，「家庭教育支援」を掲げる条例や法案が登場している．その動きの中でクローズアップされているのが「ライフデザイン教育」あるいは「ライフプラン教育」と呼ばれるものである．

本節では，これまで筆者が検討しなかった家庭科教科書の問題を含め，「ライフデザイン（ライフプラン）教育」が目指しているものを考える．

1 ライフデザイン（ライフプラン）教育

1.1 ライフデザイン（ライフプラン）教育とは

「ライフデザイン」「ライフプラン」は一般的には「人生設計」の意味で用いられてきた（life plan は英語表現であるが，ライフデザインは和製英語である）．また近年，「ライフデザイン」は大学の学部（東洋大学）や学科の名称，あるいは科目名としても使われているが，その内実は福祉から服飾，環境まで多様である．

「ライフデザイン」という表現がよく見られるようになったのは，現行の少子化社会対策大綱（2015 年 3 月）によってである．ここでは以下のように述べられている．

・結婚，妊娠・出産，子育てなどのライフイベントや学業，キャリア形成などを結婚・出産・子育てや仕事との両立などに関する個人の希望を，より具体的かつ現実的な計画としてもつことができるよう支援を行う．その際，ライフデザインに関する標準的な教材やプログラムについても検討を行う．

・個人が将来のライフデザインを描き，妊娠・出産等についての希望を実

現できるように，学校教育段階において，専門家の意見を参考にしながら，妊娠・出産等に関する医学的・科学的に正しい知識を適切な教材に盛り込むとともに，教職員の研修などを行う．

　初等中等教育関係でこの言葉が用いられたのは，前節で触れた文部科学省の「ライフプランニング教育」としての取組みであった．生涯学習政策局男女共同参画学習課男女共同参画推進係で「ライフプランニング支援推進委員会」（2016年7月〜2017年3月）が置かれた．この委員会の設置要綱では次のように述べられている（再掲）．

　　男女がともに仕事と家庭，地域における活動に参画し，活躍できるような社会の実現を目指すためには，個人の可能性を引き出すための学びが必要不可欠である．
　　学校教育段階におけるキャリア教育の推進については，これまでの成果も踏まえ，多様な職業を示すだけではなく，若者が自らの進路を選択する際に就職のみならず結婚，出産，育児等のライフイベントを踏まえた生活の在り方も視野に入れて，総合的に考えることができるようにすることが重要である．
　　ライフプランニング支援については，ニッポン一億総活躍プラン（平成28年6月2日閣議決定）に「ライフプランニングに関する教育の支援の推進」について盛り込まれ，ライフプランニング支援の推進が求められている．
　　このため，文部科学省では，「若者のためのライフプランニング支援の推進事業」において教材等を作成し，ライフデザイン構築のための学びを推進するため「ライフプランニング支援推進委員会」を設置する．

　男女共同参画担当部署に置かれ，キャリア教育の一環とされていることから窺えるように，仕事と家庭生活のバランスを図るために生き方を考えることが主な目的とされている．
　また地方自治体では，主に高校生を対象として，将来の生き方を学び考える

ための副読本を刊行している．

1.2 ライフデザイン（ライフプラン）教育への「期待」

このような動向の中で「ライフデザイン（プラン）教育」へ期待する声がある．それは家庭教育支援法案を支持し，憲法第 24 条改正に積極的な立場からによるものである．

その代表的なものが，日本政策研究センター[2]である．同センターが刊行する月刊誌『明日への選択』では，家族や少子化がしばしば取り上げられている．そのほとんどが小坂実（同センター研究部長）によるものであるが，その中に「『ライフデザイン教育』が若者と日本を救う」と題する論文がある（2017 年 3 月号，pp.18-22）．その概要は以下のとおりである．

まずいくつかの意識調査の結果として，結婚したくない若者が増えていることが指摘される．その原因として，所得が少なく経済的に苦しいことが挙げられるが，それだけではないとされる．そのような「外的な理由」に加えて，「1人が楽である」といった「内的な理由」があり，こちらに対処しなければならないとする．保育所拡充や雇用の改善は「外的な理由」への対策であって，それだけでは不十分であるのである．

そこで「内的な理由」への対応として提示されるのが「ライフデザイン（生活設計）教育」であり，これは「仕事や結婚・出産・子育てについて，若者自らが主体的に人生設計を考えられるようになるための情報や体験を提供する」ことが「ライフデザイン教育の眼目」とされる．「むろん，ライフデザイン教育は結婚や出産を強制しようとするものではない．あくまで結婚や出産に必要な情報や体験を提供するのがライフデザイン教育の目的なのである」と言われている．

具体的な情報や体験として例示されているのは，「妊娠適齢期についての正しい知識」や「赤ちゃん登校日事業」である．そして「家庭をもつことへの不安」を和らげ，「家族形成力」の涵養が目指される．

---

2) センターの HP では，「昭和 59 年（1984）設立．現在，民間のシンクタンクとして，自由民主党所属国会議員，各種の議員連盟・政策グループに対する政策アドバイスを行っています．衆議院憲法調査会，自民党憲法調査会での意見陳述も行っています．」と紹介されている．代表は伊藤哲夫．

そしてライフデザイン教育を家庭科に導入することを提唱している．現在の高等学校家庭科でもその内容は扱われており，文科省の『指導資料』（2013年3月）で「次世代を育てる責任」や高校生が「まだ見ぬ子との関係性の在り方を想像する」ことの意義に触れていることを高く評価するとされている．ただ実際の教科書ではそれとは逆の内容もあるため，ライフデザイン教育を家庭科に導入することを「強く求める」と結ばれている．

　この文章は，ライフデザイン教育の1つの立場を良く示していると思われる．キーワードは「主体的」と「情報や体験の提供」である．まず「主体的」を検討する．フランスの哲学者 Michel Foucault（1926年～1984年）は「主体化」とは権力への「従属化」だと主張した．簡単に言えば，外部から強制されなくとも，自ら進んで権力に従う存在，それが主体なのである．権力は外部から暴力的に与えられるものではなく，主体相互の関わり合いの中で機能する力である．そしてその主体は「規律訓練」によって生み出される．学校教育はまさにその典型的な場である．授業だけでなく，朝礼・学級会・部活動などで訓練が行われる．よく教師は「何をしたらよいのか自分で考えてごらん」と言う．教師から言われてするのではなくて，子どもが「主体的」に考え，行動することを期待しているわけであるが，「求められる行動」には正解があるのだ．例えば「授業中は静かにしなさい」と注意され，それに従わないと罰があるから静かにするのではなく，子どもが自分で「静かにする必要性」を判断して静かにするのが「主体的行動」であろう．しかしここには「自分で考えた上で，つまらない授業だったら騒いでもよい」と判断する余地はない．子どもが考えるのは「教師が何を求めているのか」であって，状況の自分なりの解釈や判断ではない．「強制ではない」というのは，「強制されなくても自分から従う人間を作る」ことを意味しているのである．

　もう1つの「情報や体験の提供」であるが，情報や体験の内容が，特定の方向に限定されていると言える．小坂は，現在の家庭科教科書で「結婚しなくてもよい，子どもをもたなくてもよいと思う人が増えている」「家族は個人が選択する1つのライフスタイル」といった記述を，『指導資料』とは逆であるとして，それに対処するためにライフデザイン教育を家庭科に導入せよとしている．つまりライフデザイン教育では，このような「情報」は提供すべきではな

いことになる．提供する情報は「妊娠適齢期」であり「卵子の老化」であり「次世代を育てる責任」である．あるいは赤ちゃんとの触れ合い体験である．

つまりここで言われているライフデザイン教育は，「家族を作り，子どもを（できるだけ多く）産み育てる」ことを目指した教育である（これを教育と呼ぶことができるかどうかについては，後で検討する）．

また『明日への選択』2018 年 7 月号では加藤彰彦の巻頭インタビュー「無子化社会の衝撃『恋愛結婚幻想』から目覚めよ」（pp.4-9）が掲載されている．加藤は日本政策研究センターから『こうすれば少子化は克服できる』（2016 年）を刊行しており，同センターのブレーンの 1 人である．

加藤は子どもをもたない人が増えていると指摘し，それを以て「無子化社会の到来」と呼んでいる．

その原因として若者の「異性関係からの引きこもり」を挙げ，その背景に「結婚を支援する共同体的な慣習が弱くなったこと」があると述べている．具体的には「お見合い」や「職場結婚」などが現在では見られなくなったことである．他方，自分自身で結婚相手を見つけることのできる人は少数であって，「恋愛結婚幻想」によって「共同体的な結婚慣習」をなくしていけば，結婚しない人が増えるのは当然であると指摘する．

このような現状認識に従って提案されるのが，「親手当」と結婚支援である．前者は児童手当の「低所得者加算」と「多子加算」であり，非正規雇用の若者などへの支援である．後者は「結婚支援の国民運動」とされ，自治体の「婚活」支援や，家族形成支援策としての家族条例が示されている．結婚ができる状況を作り，結婚への意志を高めようとするものである．

加藤は学校教育については特に触れていないが，基本的な方向性は小坂と同じであると言える．

もう 1 つ別の例として，第一生命経済研究所・ライフデザイン研究本部『LIFE DESIGN REPORT　218 号』（2016 年 4 月）の的場康子（上席主任研究員）「少子化対策としてのライフデザイン教育を考える」がある．ここでは「少子化対策として注目されるライフデザイン教育」「将来への不安を和らげるためのライフデザイン教育」「家族形成のためのライフデザイン教育」といった項目で「ライフデザイン教育」の重要性が論じられている．例えば，厚生労

働省の調査を引用して，高齢になるほど流産・死産などや健康を害するリスクが高くなることから，「こうした知識を共有しライフデザインすることの必要性を説くことで『出産適齢期』での出産を促し，晩婚化・晩産化の流れが期待できるとされている」と述べている．ただ別の調査では，妊娠・出産についての家庭内での会話が少ないことが示されており，「結婚や妊娠など家族を形成し生命を育むことの大切さを子どもに伝える役割を家庭も担うべきである．ただし，家庭以外の場でも，子どもに家庭形成について考える機会を与えることが必要であり，学校等で行われるライフデザイン教育にその役割が期待される．」としている．

先の小坂もこの論文の「家庭での会話が少ない」部分を引用している．そのため問題意識は共通しているとも言える．しかし的場が小坂・加藤と決定的に異なるのは，結論に当たる以下の部分である．

〈多様な選択肢を示すことが重要〉
人口減少や少子化を社会的危機と捉えることを前提とするならば，出産や育児に価値を置き，家族形成の重要性を説くことは今後も必要なことである．しかしながら，本来のライフデザイン教育とは，一人ひとりの生き方の多様性を受け入れることを前提としたものでなければならない．
例えば，結婚や子どもをもつことを望まない人もいるし，子どもをもつにしても里親，養子縁組み等を含め多様な家族形態がある．また，両立支援制度の充実により，育児と両立した働き方ができる道が男女ともに開かれている．更に育児に限らず，個人のライフスタイルに応じて，労働時間や場所を柔軟に選択できる働き方も可能になりつつある．
家族形態や働き方の多様化など，多様な価値観を前提として，人生には複数の選択肢があることを示すことが重要である．その上で，一人ひとりの希望が叶い，意欲と能力を発揮できるよう支援するためのライフデザイン教育でなければならない．

ここには，「個人の生き方の多様性」を前提して「多様な選択肢の提示」こそがライフデザイン教育の目的であるという，もう1つ別の立場が明確に示さ

れていると言える.

2　学習指導要領の規定

　ここで少し目を転じて，学校教育の内容の基準である学習指導要領の内容を確認する．ここでは高等学校家庭科（各学科に共通する教科「家庭」）の「家庭総合」（4単位）を見る．

　現行の学習指導要領（2010年告示，2013年度から学年進行で実施）では，以下のように示されている（本節の内容に関わる部分を中心に抜粋）．

　　第2　家庭総合
　　1　目標
　　　人の一生と家族・家庭，子どもや高齢者とのかかわりと福祉，消費生活，衣食住などに関する知識と技術を総合的に習得させ，家庭や地域の生活課題を主体的に解決するとともに，生活の充実向上を図る能力と実践的な態度を育てる．
　　2　内容
　　(1)　人の一生と家族・家庭
　　　人の一生を生涯発達の視点でとらえ，青年期の生き方を考えさせるとともに，家族・家庭の意義や家族・家庭と社会とのかかわりについて理解させ，男女が協力して家庭を築くことの重要性について認識させる．
　　ア　人の一生と青年期の自立
　　　生涯発達の視点で各ライフステージの特徴と課題について理解させ，青年期の課題である自立や男女の平等と協力などについて認識させるとともに，生涯を見通した青年期の生き方について考えさせる．
　　イ　家族・家庭と社会
　　　家庭の機能と家族関係，家族・家庭と法律，家庭生活と福祉などについて理解させ，家族・家庭の意義，家族・家庭と社会とのかかわりについて考えさせるとともに，家族の一員としての役割を果たし男女が協力して家庭を築き生活を営むことの重要性について認識させる．

(2) 子どもや高齢者とのかかわりと福祉
(3) 生活における経済の計画と消費
(4) 生活の科学と環境
(5) 生涯の生活設計
　生活設計の立案を通して，生涯を見通した自己の生活について主体的に考えることができるようにする．
ア　生活資源とその活用
　生活の営みに必要な金銭，生活時間などの生活資源についての理解を深め，有効に活用することの重要性について認識させる．
イ　ライフスタイルと生活設計
　自己のライフスタイルや将来の家庭生活と職業生活の在り方について考えさせるとともに，生活資源を活用して生活を設計できるようにする．
(6) ホームプロジェクトと学校家庭クラブ活動

　新しい高等学校学習指導要領は2018年3月に告示された（2022年度から学年進行で実施）．同じ「家庭総合」の内容は以下のとおりである（内容が「A　人の一生と家族・家庭及び福祉」「B　衣食住の生活の科学と文化」「C　持続可能な消費生活・環境」「D　ホームプロジェクトと学校家庭クラブ活動」の4領域とされた．ここでは科目の目標とAの内容を示す）．

第2　家庭総合
1　目標
　生活の営みに係る見方・考え方を働かせ，実践的・体験的な学習活動を通して，様々な人々と協働し，よりよい社会の構築に向けて，男女が協力して主体的に家庭や地域の生活を創造する資質・能力を次のとおり育成することを目指す．
　(1) 人の一生と家族・家庭及び福祉，衣食住，消費生活・環境などについて，生活を主体的に営むために必要な科学的な理解を図るとともに，それらに係る技能を体験的・総合的に身に付けるようにする．
　(2) 家庭や地域及び社会における生活の中から問題を見いだして課題を

設定し，解決策を構想し，実践を評価・改善し，考察したことを科学的な根拠に基づいて論理的に表現するなど，生涯を見通して課題を解決する力を養う．
　(3) 様々な人々と協働し，よりよい社会の構築に向けて，地域社会に参画しようとするとともに，生活文化を継承し，自分や家庭，地域の生活の充実向上を図ろうとする実践的な態度を養う．
2　内容
A　人の一生と家族・家庭及び福祉
　次の (1) から (5) までの項目について，生涯を見通し主体的に生活するために，家族や地域社会の人々と協力・協働し，実践的・体験的な学習活動に，家族や地域社会の人々と協力・協働し，実践的・体験的な学習活動を通して，次の事項を身に付けることができるよう指導する．
　(1) 生涯の生活設計
　ア　次のような知識及び技能を身に付けること．
　(ア) 人の一生について，自己と他者，社会との関わりから様々な生き方があることを理解するとともに，自立した生活を営むために，生涯を見通して，生活課題に対応し意思決定をしていくことの重要性について理解を深めること．
　(イ) 生活の営みに必要な金銭，生活時間などの生活資源について理解し，情報の収集・整理が適切にできること．
　イ　生涯を見通した自己の生活について主体的に考え，ライフスタイルと将来の家庭生活及び職業生活について考察するとともに，生活資源を活用して生活設計を工夫すること．
　(2) 青年期の自立と家族・家庭及び社会
　ア　次のような知識を身に付けること．
　(ア) 生涯発達の視点から各ライフステージの特徴と課題について理解するとともに，青年期の課題である自立や男女の平等と協力，意思決定の重要性について理解を深めること．
　(イ) 家族・家庭の機能と家族関係，家族・家庭と法律，家庭生活と福祉などについて理解するとともに，家族・家庭の意義，家族・家庭と社

会との関わり，家族・家庭を取り巻く社会環境の変化や課題について理解を深めること．
　イ　家庭や地域のよりよい生活を創造するために，自己の意思決定に基づき，責任をもって行動することや，男女が協力して，家族の一員としての役割を果たし家庭を築くことの重要性について考察すること．
(3) 子供との関わりと保育・福祉
(4) 高齢者との関わりと福祉
(5) 共生社会と福祉

　2018年告示の次期指導要領を，2010年告示の現行指導要領と比べると，目を引くのが「生涯の生活設計」が冒頭に示されていることである．現行指導要領では実質的に最後の項目であったのが，筆頭項目になっているのである．内容的には「生涯を見通して，生活課題に対応し意思決定をしていくことの重要性について理解を深めること」「生涯を見通した自己の生活について主体的に考え」る，とあるように「生涯への見通し」が強調され，同時に「意思決定の重要性」も指摘されている．

　本節執筆時点（2018年9月）では，学習指導要領の本文と解説が出されているが，具体的な教科書編纂はこれからであるため，実際にどのような内容になるかは不明である．しかし言葉として「主体的」と「情報の収集・整理」に触れられていることから，この点をどう現実化するかが問われていることは間違いない．

　翻って考えてみると，家庭科には以前から家族・結婚に関する内容は含まれていた（1994年以前は実質的に女子のみの履修であった）．例えば1951年の高等学校学習指導要領では，「家庭一般」を被服，家庭経営，食物，保育・家族の4領域としているが，保育・家族の中には以下の項目がある．

(4) 育児と結婚
　A　結婚と遺伝
　　(a) 優性遺伝／(b) 劣性遺伝（血族結婚を含む）
　B　結婚と健康

　　　　(a) 結核　結核と家事・妊娠・出産・育児，結核の予防治療
　　　　(b) 性病　性病の種類，性病の害毒，性病の防止治療
　　　　(c) 精神病
　　C　特殊児　(a) 特殊児の原因・数／(b) 特殊児に関する対策
(5) 結婚
　　A　結婚の重要性
　　　　(a) 相互の幸福／(b) 子孫におよぼす影響
　　B　配偶者の選択
　　　　(a) 健康／(b) 人物／(c) 生活能力／(d) 遺伝／(e) その他
　　C　親としての資格
　　　　(a) 親としての責任／(b) 愛と教養／(c) 健康／(d) 遺伝／(e) よい家庭環境

1970年改訂では「家庭一般」の最初の領域が「家族と家庭経営」となり，以下のような項目が挙げられている．

(1) 家族と家庭経営
　　ア　家族と家庭生活
　　　　(ア) 家庭生活の意義　(イ) 家族の構成と役割　(ウ) 日常の作法
　　イ　家庭生活の経営
　　　　(ア) 家庭経営の意義　(イ) 家庭生活の設計
　　ウ　家庭生活の充実向上
　　　　(ア) 改善を要する問題
　　　　(イ) ホームプロジェクトおよび学校家庭クラブの意義と方法

また，「(7) 乳幼児の保育」でも「オ　育児と結婚／(ア) 母性の健康／(イ) 育児と両親の責任」が示されている．

これを見ると，その時代時代で家庭と家族に求められていた内容が反映されていることがよくわかる．そうであれば今こそ，「生涯の生活設計」をどのような「ライフデザイン教育」とするべきかを議論すべきときであろう．

3　家庭科教科書の記述

　それでは実際の教科書はどのように書かれているのであろうか．3社の家庭総合の教科書で，現行学習指導要領の内容「(1) 人の一生と家族・家庭」と「(5) 生涯の生活設計」に該当する部分からキーワードをピックアップする．（いずれも 2015 年度検定，2018 年度から使用）

　まず実教出版『新家庭総合　パートナーシップで作る未来』である．「家族・家庭」の部分では，「自分らしく」「男女共同参画社会」「男女共同参画社会基本法」「従来の性別役割分業」「性と生殖に関する権利」「ジェンダー」「事実婚」「児童虐待の防止等に関する法律」「配偶者からの暴力の防止及び被害者の保護等に関する法律」「ワーク・ライフ・バランス」などが示されている．「生涯の生活設計」の部分では「ライフ・イベント」「ファミリー・ライフサイクル」に加えて，求人票の読み方や「こんな人生を送りたい－人生の航路を描いてみよう」の表が掲載されている．

　次に東京書籍『家庭総合　自立・共生・創造』では，「家族・家庭」の部分で，「一人で暮らす」「パートナーと生きる」「子どもと暮らす・親を支える」「多様なライフスタイルを考える」との小見出しを掲げている．「多様なライフスタイル」では「法律婚」「事実婚」「ステップファミリー」「ディンクス・デュークス」に加え，「性同一性障がい」についても触れられている．「生涯の生活設計」では，「キャリアを設計する」と題する節で「人間関係形成・社会形成能力」「自己理解・自己管理能力」「課題対応能力」「キャリアプランニング能力」が示され，「自立し共にいきるために」の節では，家庭生活・健康・家計のマネジメントに触れられている．

　教育図書『新家庭総合　今を学び　未来を描き　暮らしをつくる』の「家族・家庭」の部分では，「性別役割分業」「女子差別撤廃条約」「男女雇用機会均等法」「男女共同参画社会」「ワーク・ライフ・バランス」が示されている．「生涯の生活設計」では，「生活資源をいかそう」の節では生活資源として「お金」と「社会保障制度」が提示されている．また「共生社会」「ノーマライゼーション」についても触れられている．

　以上のように，教科書では，家族・家庭をめぐる制度や法律，課題について

幅広く触れられている．また生活設計でも，多様な在り方を示し，生徒が自ら決定するための材料を提供しようとしていると言える．小坂はこのような教科書の記述を批判しているのであって，このことからも，小坂の主張する「ライフデザイン教育」の内容や方向性は明らかである．

4　生徒の人生選択と学校教育

　かつて教育行政学者の宗像誠也は『教育と教育政策』（岩波新書，1961年）の中で「始末をつける教育観」という表現を用いた．これは明治民法（1898年）が公布された際に，石井岩手県令（今の県知事）が「この上は教育の方面でよく始末をつけなければならぬ」と言ったことによる．石井は明治民法の草案を見て，妻の夫に対する権利や子の親に対する権利が認められようとしているのを知り，これが日本の家族制度の美風を破壊すると捉え，このように発言したのである．宗像はこの言葉を「権力側の教育観を象徴するもの」とし，それは「個人の自覚を妨げ，人権の意識を摘みとることを教育の任務だとする教育観である」と述べている．更に「生命・自由を大切にし，幸福を追求することを断念させるために，個人から超越した国家にすべてを捧げ，神たる天皇に命をも捧げ，国民各個は全く無権利なのだと信じ込ませる，その役割を教育がはたした」と続ける．これは戦前の「天皇制教学」についてであるが，当然，戦後の教育がこのようなものに回帰する危険性を指摘しているのである．

　宗像の指摘から半世紀以上経った現在，教育はどのようになっているのであろうか．宗像は，当時の教育状況を憂いつつも，教育基本法の精神の実現に期待を寄せていたが，その教育基本法が改定されて既に12年になる．その後の教育振興基本計画の策定，地方教育行政の在り方の変更，そして2回の学習指導要領改訂などによって，国が教育内容や方法により強く関与する方向になっていることは間違いない．

　小坂が主張するような「ライフデザイン教育」は，生徒の人生設計・人生選択を，1つの方向に誘導しようとするものであって，結婚（法律婚）をして，できるだけ早く子どもを2人以上産むことを「標準的な生き方」として提示する．それは「少子化・無子化社会」への対応策の一環であり，国家にとって望

ましい国民づくりである．

　このような教育（特に学校教育）は，「政治的中立」の面から見ても大きな問題がある．政治的中立は，本来教師の側にではなく，教育行政にこそ求められるものである．つまり，教育が個人の内面に関わるものである以上，教育行政の教育内容への関与は極めて抑制的でなければならないのである．国の少子化社会対策が次第に個人の生き方に干渉するようになっているのと軌を一にして，学校教育にもそれを導入しようとするのは，生徒の自由な人生選択の保障とは逆方向である．それはまさに「始末をつけようとする教育」ではないだろうか．

　学校は生徒の人生に責任を負うことはできない．人生は各自で切り開いていくものである．学校が生徒にできることは，社会と自分を客観的に理解し，自己決定ができる力をつけることであろう．「情報提供」が必要であるとしても，それは特定の方向に導く意図を伴うことが多い．むしろ生徒自身が知識や情報を選択し理解する力をつけることが重要である．その上で学校は「正しい生き方や望ましい生き方などは存在しない」ことこそを伝えるべきではないか．

おわりに――個人が自分らしく生きられる社会のために

　加藤は「結婚支援の国民運動」を職場や自治体で進めるように提案するが，かつての「共同体的な交際慣習，結婚慣習」は，女性は結婚したら（あるいは子どもが生まれたら）退職する慣習，職場や地域で個人の私生活に立ち入り，結婚しない人や子どものいない人を排斥する雰囲気，結婚や出産を促すようなセクシュアル・ハラスメント，パワー・ハラスメントと一体であった．

　加藤はまた別のところでは，出生率向上のためには伝統的大家族の再生が必要であると述べている[3]．「伝統的大家族」が実際にどのくらい存在していたのかは措くとしても，そのような家族の中で女性がどのような立場であったのかを考えてみれば，女性の個人としての生き方を尊重する視点は見られないと言える．

3）加藤彰彦「出生率向上に必要なのは伝統的家族の再生だ」『正論』，2015 年 12 月，pp.224-231．
　加藤は選択的夫婦別姓が出生率向上の妨げになるとも述べている．

結婚や出産への圧力（特に女性に対して）が強まり，子どもを産まない人を「非生産的」であるという主張が一定の支持を得られる社会的環境の中で，改めて個人として自分らしく生きられる社会の構築を議論すべきである．

Column3　パパとママから悠ちゃんへの手紙

　6年前に悠が生まれたときから，パパとママの親としての生活も始まった．これまで随分いろいろなことを考えたり，悠や優から教えてもらったりした．
　この機会にそうしたことを話したい．いつか将来，悠がこの文章を読んで批評してくれるときが来るのを楽しみにしている．

1　子どもは自分で成長するものだ

　悠が生まれたとき，2,300g余りの小さな赤ん坊が本当に大きくなっていくのだろうかと思った．でも，寝返り・お座り・はいはい・つかまり立ちから立って歩けるようになっていくのを見て，人間の成長とはすごいものだと感動した．何度も何度も挑戦してできるようになっては，次のステップに移る．
　親の仕事は子どもの成長を支える条件を整えることなのだと思う．「育児」と言うけれど，育つのは子ども自身であって，親はその手助けをすればよいのだ．

2　悠はできるようになる喜びを知っている

　縄跳び・鉄棒・跳び箱にしろ，字を読んだり書いたりすることにしろ，最初はできなくても何度もがんばってできるようになる喜びを悠は体験している．そういう機会を与えてくださった保育園の先生方に感謝したい．1つ1つできるようになることを通して，自信がつき，世界が広がっていく．最初はおどおどしていた子が，いつの間にかはっきりと自己主張ができるようになったことを本当に嬉しく思う．

3　でも「できる」ことがすべてではない

　子どもに対して私たちは，何かが「できる」ことで評価しがちだ．そして子どももその期待に応えようとする．でもそれがすべてになってしまってはいけないと思っている．たとえ何もできなくても，悠が今ここに生きていること自体が素晴らしいことで，周囲の人に喜びを与えてくれているのだとい

うことを伝えていきたい．これから悠が悩んだり苦しんだりすることもあるだろう．それに対して私たちに何ができるかはわからないが，少なくとも「今のままの悠ちゃんでいいんだ」ということだけは言えるようになりたい．

4　パパとママは考える――「いい子」って何だろう？

　保育園に行きたくないと言って大泣きしたことが何度かあった．そのときは「どうしてこんなに泣くのだろう」と思ったものだが，ある日「結局子どもに期待しているのは，親にとっての都合の良い子（この場合元気で保育園に通う子）なのではないか」と思い当たった．保育園でも「泣くのは自分を表現できていることです」と言われて，なるほどと思った．

　これから学校ではいっそう「いい子」の像を押しつけられるだろう．でも個性や自分らしさというのは「いい子」からはみ出したところに成り立つのではないか．悠が自分らしく生きることができるよう，私たちも努力したい．

　これまでもそうだったように，これからも迷いと反省の連続だろう．でも「人は努力する限り迷うものだ」（ゲーテ）という言葉を支えにして生きていきたい．もっとも悠に言わせると「反省だけなら猿でもできる」ということになるかもしれないが．

［1998 年］

4章　「親学」「誕生学」をめぐって

はじめに

　筆者はこれまで，家庭教育支援条例や家庭教育支援法案，「親になるための学び」・ライフプラン（ライフデザイン）教育などをめぐる近年の動向を検討してきた．
　その中で繰り返し指摘をしてきたように，これらの動きの背後に「親学」という思想（あるいは運動体）があることが明らかになってきた．ここで言う「親学」は，一般財団法人親学推進協会が主導しているものであり，その中心人物は高橋史朗である[1]．「親学」について書かれている文章は数多いが，「親学」に焦点を当ててまとまって論じているものは少ない．その中で，原田実『オカルト化する日本の教育──江戸しぐさと親学にひそむナショナリズム』（ちくま新書，2018年）はかなり体系だった批判的検討を行っている．
　原田が同書の中で「親学の支持者の多くは，親学という言葉に自分が理想とする親子関係のイメージを仮託して語っている」と述べているように[2]，「親学」の名称で様々な議論や実践が行われている．そのため「親学」とは何かを確定することが困難となっている．
　また「親学」とほぼ同じ時期に「誕生学」が提唱され，現在，教育・保育の現場で一定の影響力をもっている．

---

1) 親学推進協会のHP（http://oyagaku.org/aboutus/address.php，閲覧日：2019年3月5日）での肩書は「明星大学特別教授，（公財）モラロジー研究所特任教授，麗澤大学道徳科学教育センター客員教授」である．
2) 原田実『オカルト化する日本の教育──江戸しぐさと親学にひそむナショナリズム（ちくま新書）』筑摩書房，2018年，p.80．

本章では，「親学」の内容とその成立の経緯を確認し，その母体であると言える PHP を検討し，「親学」の性格を明らかにする1つの視点を得ることを目的とする．同時に「誕生学」についても，その内容とそれに対する批判を検討する．

1 「親学」について

1.1 多様な「親学」

「親学」についての議論が難しい理由の1つに，これが多様な立場から，様々な意味合いで用いられる点があると述べた．特定の思想や立場でなく，「親の学び」全般を指し示す用語として用いられる場合もある．

1960年代から，タイトルに「父親学」「母親学」を用いた単行本が登場する．例えば，上寺久雄『これからの父親学・母親学——新しい「親と子」の教育学』（東方出版，1964年），阿部進『父親学入門』（日本ライフブックス，1971年）などである（「母親学」よりも「父親学」のほうがかなり多い）．「親学」と題した最初の本は，浜尾実『ほめ方上手の親学——頭のいい子になる急所しつけ法』（青春出版社，1984年）である（浜尾［本名は濱尾］は元東宮侍従で，教育についての多くの著作を残している）．この他にも，菅原明子『むくわれる親学入門——プラス発想の子育てをするために』（創芸社，1990年），岸本隆子『ゆったり子育てのすすめ——母の情緒は子に遺伝する（親学）』（アクア出版，1997年）などがある．これらは「親学」という言葉を用いていても，内容は全く異なっている．

ところで，現在「親学」という用語が用いられる1つの場面が，少なくとも10以上の自治体で行われている施策としての「親学」である．

例えば，愛知県名古屋市は家庭教育支援施策について「親学」を掲げている．これは2002年から行っている事業で，「家庭教育啓発パンフレット　第17号」（平成30年度版）は「親学ノススメ　名古屋市教育委員会では，子どもにとって親はどうあるべきかを考え，子どもとともに親として成長する楽しさについて学ぼうとする『親学』を推進しています．」と述べている．パンフレット

では,「触れ合い」「地域のきずな」「生活習慣」「思いやり」の4項目を柱として,例えば「地域の活動に参加してみませんか」(地域のきずな),「命の尊さを実感する」(思いやり)などと呼びかけている．またインターネット講座や,PTAを対象とした「『親学アクション』活動コンテスト」などを行っている．また「親学推進協力企業制度」を導入し,保護者である従業員に「親学」に触れる機会を提供する企業の登録も行っている[3]．

また大分県教育委員会は2008年に「おおいた『親学のすすめ』読本」を刊行している[4]．

この読本では,「大分県の『親学』とは？」として「親自身が公共心・規範意識を身につけることや親としての在り方,子育ての楽しさなどについて仲間とともに学びながら,親としての責任を果たすための家庭教育を積極的に実践すること」と説明されている．

更に静岡県では,「親学」講座を実施している．県のHPによると以下のようなものである．

> 県は,平成20年度から,お子さんの小学校入学を控えた保護者の方を対象として,「親はどうあるべきか」「親に求められることは何か」などについて学ぶための「親学」講座を実施しています．
>
> 平成27年度からは,すべての保護者が安心して家庭教育が行えるよう,小学校入学を控えた保護者の方に加えて,中学校入学を控えた保護者の方も対象とした「親学」講座を実施しています．
>
> 「親学」講座は,就学前検診や入学説明会など,すべての保護者が集まる機会を活用し,各小・中学校ごとの実施をお願いしています．
>
> 講師は,校長先生やPTA役員,家庭教育支援員などが務めます．新しい学校生活をスタートする大切な時期に,家庭教育の学びを届けます[5]．

---

3) 日本教育新聞, 2018年6月4日.
4) 全文は https://www.pref.oita.jp/site/syakaikyoiku/2000627.html で見ることができる (閲覧日：2019年3月3日).
5) http://www.pref.shizuoka.jp/kyouiku/kk-080/tunagaru/useful/oyagaku.html (閲覧日：2019年3月3日)

小中学校の入学を控えた保護者向けの講座の資料としては,「親学ノート——子どもを育て,自分を育てる」「家庭教育クリアファイル(小学生版・中学生版)」「お父さんの子育て手帳」「早寝・早起き・朝ごはんカード」がある.

以上は「親学」を掲げている自治体の一部であるが,このような「親学」は,それぞれ独自のものであり,そのほとんどは特定の思想を踏まえたものではない.「家庭教育支援施策」の言い換えという意味で,いわば普通名詞的に用いられているのである[6].

1.2 親学推進協会の「親学」

[1]「親学」の捉えられ方

これに対して,家庭教育支援条例や家庭教育支援法案の背後にある「親学」は,特定の思想であり,高橋史朗が主張しているものである.最初に制定された熊本県の家庭教育支援条例は,この「親学」の影響を受けた議員や民間人が主導したことが確認されている[7].

ところで,この「親学」に対する批判としてしばしば取り上げられるものが2つある.

1つは首相官邸に置かれた教育再生会議で検討された「『親学(おやがく)』に関する緊急提言」(2007年4月)である.1章でも触れたように提言のポイントとして以下のような項目が示されていた.

① 子守歌を聞かせ,母乳で育児
② 授乳中はテレビをつけない.5歳から子どもにテレビ,ビデオを長時間見せない
③ 早寝早起き朝ごはんの励行
④ PTAに父親も参加.子どもと対話し教科書にも目を通す
⑤ インターネットや携帯電話で有害サイトへの接続を制限する「フィルタ

---

6) なお,家庭教育支援条例や家庭教育支援法(案)と,文部科学省が進めてきている家庭教育支援政策(近年では「家庭教育支援チーム」など)とでは,その目的や内容が異なっており,両者を同じものとして捉えることはできないと筆者は考える.この点については慎重な検討が必要である.
7) 本書2章参照.

リング」の実施
⑥　企業は授乳休憩で母親を守る
⑦　親子でテレビではなく演劇などの芸術を鑑賞
⑧　乳幼児健診などに合わせて自治体が「親学」講座を実施
⑨　遊び場確保に道路を一時開放
⑩　幼児段階であいさつなど基本の徳目，思春期前までに社会性をもつ徳目を習得させる
⑪　思春期からは自尊心が低下しないよう努める

これに対しては，「根拠に欠ける」「一方的な押しつけ」といった批判がなされ，当時の文部科学大臣の否定的な発言もあって，実際に提言を行うには至らなかった．

もう1つは，「大阪維新の会・大阪市会議員団」が提案を予定しているとして，2012年5月に公になった家庭教育支援条例案との関わりであった．この条例案の中の「乳幼児期の愛着形成の不足が軽度発達障害またはそれに似た症状を誘発する大きな要因であると指摘され，また，それが虐待，非行，不登校，引きこもり等に深く関与していることに鑑み，その予防・防止をはかる」（第15条），「わが国の伝統的子育てによって発達障害は予防，防止できるものであり，こうした子育ての知恵を学習する機会を親およびこれから親になる人に提供する」（第18条）が，発達障害の原因を子育ての在り方に求めるものであるとして社会的批判を浴び，この条例案は撤回された．この議論の中で，発達障害をめぐるこのような考え方が「親学」と共通すると指摘されたのである．

確かに教育再生会議の「緊急提言（案）」や，大阪維新の会の家庭教育支援条例案が，「親学」の一面を反映していることは間違いない．しかしこれが「親学」の全体像であると言うこともできないのである．

〔2〕『「親学」の教科書』に見る「親学」の内容

この点については，以前に整理を行ったので[8]，ここではその要点を確認する[9]．

---

8)　1章3.2参照．

先に取り上げた『「親学」の教科書』は，現状認識として「子どもの心の問題」「親の教育力の低下」「家庭と地域の役割の低下」を示し，これらに対処するためには，何よりも親が子育てに対する責任を自覚した上で，成長し変わらなければならない（「主体変容」）としていた．そして家庭教育で実践すべき事柄を具体的に示している．

次に，発達段階ごとの子育てのポイントについて述べられ，各段階と親のはたらきかけについて，『「親学」の教科書』の巻末では以下の表のように整理されている[10]．

表 4-1

子どもの成育期	親のはたらきかけ
胎児期 （誕生まで）	【お母さんの規則正しいゆったりとした生活】 胎児への話しかけ／胎教としての音楽／母子の栄養への配慮
乳児期 （0 歳から 1 歳ごろ）	【童心をはぐくむ時期】 愛着の形成／母子の親密なやり取り／父親・母親共同の子育て
幼児期前期 （1 歳から 3 歳ごろ）	【基本的生活訓練開始】 生活パターンの確立／食事・排泄の訓練／言葉の育成 【家族との情緒的結びつき】 子どものはたらきかけを尊重する
幼児期後期 （3 歳から 6 歳ごろ）	【自我の芽生え尊重】 子どもの自発性の援助／社会性の獲得手助け／ 思いやりの心をはぐくむ／善悪の基準を教える／ 生命の大切さを理解させる
児童期 （6 歳から 12 歳ごろ）	【知・徳・体のバランス】 知・徳・体のバランスを身につける／積極的集団参加／ 集団を愛する心をはぐくむ
思春期 （ママ） （10 歳から 17 歳ごろ）	【自立への準備】 自律性を高める／自己概念の形成／克己心をはぐくむ／ 義務や責任を果たす大切さを理解させる

『「親学」の教科書』p109「図表 5：発達段階から見た子育てのポイント」を基に筆者が要約．

140   4章 「親学」「誕生学」をめぐって

　教科書の本文を参照して補足を加えるならば，乳児期での「父親・母親共同の子育て」では「母親が育児を行い，父親が母親を支える」ことが強調され，同時に「母乳育児」が推奨される（「ミルクでもよい」とは一言触れられてはいる）．

　また幼児期後期の「社会性」は，思いやりのほかに，「ルールを認識させる」「男の子らしさ・女の子らしさを意識させる」という内容である．

〔3〕「親学」成立の経緯

　『「親学」の教科書』によれば，2005年10月に発表されたPHP教育政策研究会（高橋史朗主査）による「活力ある教育の再生を目指して──学校・教師・親・教育委員会を元気にする提言──」の中の「親学アドバイザー」を具体化するため，PHP総合研究所の中にPHP親学研究会（高橋史朗主査）が発足した，とされている．

　これに先立ち2001年3月にNPO法人「親学会」（理事長　福田一郎）が発足しており，高橋は副会長を務めていたとされる[11]．高橋が「親学」を提唱し始めたのはこのころのことであったと推測できる．

　高橋が関わった著作で「親学」についての最初のまとまった書籍は，『親学のすすめ』（親学会編，高橋史朗監修，発行：モラロジー研究会，発売：学校法人廣池学園事業部，2004年）である．これは親学会の親学講座の内容をまとめたものであり，高橋は，まえがきに加えて，最後の2章である「第八章

---

9) 原田は「親学という言葉の意味は，扱いを誤ると，いかに親学関係者の説く資料を集めても，否，雑多な資料を集めるほど，とらえどころがない混沌の様相を呈してしまう．それを避けるには，高橋の主張という軸を見失わないことが肝要である」と述べている．
10) 『「親学」の教科書』，p.109．
11) 原田前掲書，p.57．親学会の活動については明らかにできなかったが，東京都生活文化局のHP（http://www.seikatubunka.metro.tokyo.jp/houjin/npo_houjin/list/ledger/0010818.html，閲覧日：2019年2月2日）では，少なくとも2016年度までは活動していることがわかる．理事長は益田晴代である．また日本財団から2006〜11年度の間，約560万円の助成金を受けていたことも確認できる http://nippon.zaidan.info/dantai/373937/dantai_info.htm（閲覧日：2019年2月2日）．

父性・母性が「親学」の原点」と「第九章　「親学」の現代的意義－脳科学と男女共同参画の視点から」を執筆している．ただここでは，性教育や「ジェンダーフリー」への批判が中心であって，「親学」としてのまとまった内容は見られない．

さて「活力ある教育の再生を目指して――学校・教師・親・教育委員会を元気にする提言――」は，PHP 教育政策研究会『親と教師が日本を変える』（PHP 研究所，2006 年）の冒頭に収められている．その内容は主に学校教育「改革」に関するものであるが，ポイントは「親と教師の意識改革」であるとして，提言の「基本認識」の中で次のように述べている．

> 特に，親と教師の「主体変容」すなわち，「大人が変われば子どもは変わる」「家庭教育は基本的に親の責任である」という親と教師の意識改革がきわめて重要となる．その意味で「一人からの教育改革」こそが教育改革の出発点といえる．教師には親に対する指導力も求められており，学校を親としての学び，親になるための学びを深める「親学の拠点」にしていく必要がある [12]．

「主体変容」は高橋のキーワードの 1 つであるが，ここでは「親学」が教育改革構想の中心に位置づけられていることがわかる．

「親学アドバイザー」については以下のように述べられている．

> 〈提言 13〉親への情報提供や指導，親と学校・教師の協力関係構築を支援を行う「親学アドバイザー」を育成し，各学校に配置する
> 　子どもの健全な育成．学校教育充実のためには，親と学校・教師の相互理解，協力が不可欠である．また，家庭教育力が弱まっている昨今の状況から，学校には家庭教育の支援を行うことも求められている．そこで，各学校に教師とは別に親としての育ちを支援する「親学アドバイザー」を配置する．「親学アドバイザー」は，教育の第一の担い手・責任者である親

12）PHP 教育政策研究会『親と教師が日本を変える』PHP 研究所，2006 年，pp.16-17．

に対して，各家庭での躾・教育課題，睡眠や食事などの生活習慣等に関する情報提供，指導，あるいは親自身の育成を目的とした研修会の開催，運営を独自に行うとともに，学校に対しては授業参観，保護者懇談会，定期的家庭訪問等の運営支援を行い，親と学校・教師間の課題の共有化と良好な関係づくりを担う．なお「親学アドバイザー」には，子育て，教育に関する見識に加え，カウンセラーの素養を備えた適切な人材を育成，登用する[13]．

ちなみに〈提言12〉は以下のような内容である．

　〈提言12〉学校を，地域の親や子どもが集い，親としての育ちを図る「親学の拠点」として活用できるよう施設，制度の整備を進める
　　子育て，あるいは躾や教育にたえず頭を悩ませている親もいれば，子どもに何ら関心をもたず，子育ても教育も放棄している親もいる．そもそも，一人前の社会人として未熟な親も少なくない．しばしば家庭の教育力の低下が問題として指摘されているが，端的にいえばそれは，親としての力の低下にほかならない．とはいえ，一方的に親を責めるわけにもいかない．なぜなら，今日の親が親としての学びを十分に得ていないのも，これまでの教育あるいは社会に一因があるからである．そこで，地域の学校を，親が自らを見つめ直すとともに子どもの発達段階に応じた関わり方を脳科学の最新の研究成果に学びつつ，親としての育ちを図っていくための「親学の拠点」として，施設，制度の整備を進める．あわせて，地域と学校の良好な関係づくりの場として積極的に活用する[14]．

この提言は「学校経営コンサルタント」や「業務コンサルタント」といった外部の専門家の導入も提案しており，「親学アドバイザー」も同様の発想によるものである．「教育の第一の担い手・責任者」である親の「育ち」を支援す

---

13) 同上書，p.32.
14) 同上書，p.31.

る存在である．
　『親と教師が日本を変える』の本文は，この提言を踏まえて，それを敷衍したものであるが，第1章が「なぜ『親学』から始めねばならないか」（高橋史朗）である．
　ここで高橋は「親学」の「基礎基本」として次の3点を挙げている．
1. 教育の原点は家庭にあり，親は人生最初の教師であり，教育の第一義的責任を負うことを深く自覚する必要がある．
2. 胎児期，乳幼児期，少年期，思春期という子どもの発達段階によって，家庭教育で配慮すべき重点が異なる．
3. 母性と父性の役割を明確にすること．

　これは先に示した『「親学」の教科書』と同一の内容である．
　以上のように見てくると，高橋が「親学」を提唱したのは2000年ごろであって，そのまとまった内容が示されるのは，2005～06年にかけてであり，その集大成が2007年の『「親学」の教科書』であると言うことができる．また一般財団法人親学推進協会の発足は，これとほぼ同じ2006年12月であった．

〔4〕「親学」の背景としてのPHP
　「親学」に関わる人脈や組織としてはこれまで，日本会議やTOSS，あるいは「生長の家」などが取り上げられてきた．これらは確かに「親学」の思想を支えるものであると言える．ただ筆者はこれらに加えて，PHPとの関係を見ることが必要ではないかと考える．本章でここまで取り上げた書籍の多くがPHP研究所から出版されているだけではなく，「親学」自体が，PHPの教育改革に関する議論の中から生まれたと考えられるからである．
　先にも触れたように，「親学」に関する最初の組織はPHP親学研究会であり，これは，2005年10月に発表されたPHP教育政策研究会（高橋史朗主査）による「活力ある教育の再生を目指して――学校・教師・親・教育委員会を元気にする提言――」の中の「親学アドバイザー」を具体化するためにPHP総合研究所の中に置かれたものであった．
　そもそもPHPとは，「Peace and Happiness through Prosperity」（繁栄によって平和と幸福を）の頭文字で，松下幸之助（松下電器産業創業者）によって，

1946年11月にPHP研究所として創設された組織である．翌1947年4月には雑誌『PHP』が刊行された．

教育の世界でPHPが注目されたのは1980年代前半の臨時教育審議会（1984年～87年）での議論に関わってであった．1984年8月に臨時教育審議会設置法が成立し，9月から議論が始まるが，その半年前の1984年3月に，新政策研究提言機構「世界を考える京都座会」（松下幸之助座長）が「学校教育活性化のための7つの提言」を発表した．「世界を考える京都座会」は1983年にPHP総合研究所に置かれたものであり，松下のほか，天谷直弘・飯田経夫・石井威望・牛尾治朗・江口克彦・加藤寛・高坂正堯・斎藤精一郎・堺屋太一・中西輝政・広中平祐・山本七平・渡部昇一らがメンバーであった[15]．

「7つの提言」は以下のようなものであった．

① 教育に志ある者はだれでも自由に学校を設立できるようにして，学校を多様化する．民間への学校の移行，「教育の民営化」．
② 通学区域制限を大幅に緩和する．学区域・学校選択の自由化．
③ 意欲ある人を教師にする．研修の強化，再選抜制，任期制の導入．一般社会人の採用．
④ 学年制や教育内容・方法を弾力化する．飛び級制度，義務教育での留年制度，特定科目だけの進級制度の実施．
⑤ 現行学制の再検討．例えば，6-4，6-6，5-4制を実施する．学校設置者による自由な学制の選択の実現．
⑥ 偏差値主義を是正する．各学校での入試方法の自由な決定，学外活動の評価など，多様な方式の併用．
⑦ 規範教育を徹底する．人が人であることの，社会人であることの共通の規範の強調．責任感，心の優しさ，法を守る，ルールを尊ぶ等[16]．

このような改革論は「教育自由化論」と呼ばれ，臨時教育審議会の初期の大きなテーマとされた．「親学」との関わりで見れば，⑦の「規範教育」「責任感」

---

15) メンバーの中で，天谷直弘と石井威望が臨時教育審議会委員，渡部昇一と山本七平が同専門委員に任命された

16) 永岡順「臨教審教育改革における『自由化』理念の『個性主義』への展開過程」『学校経営研究』，1986年4月，pp.11-12.

が注目される．自由化で競争原理が導入されるとき，同時に自己規律や自己責任が強調されているのである．

PHP の性格については 1970 年代以降，管見の限りでは以下のような論考が見られる．

・平澤正夫：「『PHP』－松下式管理思想」『朝日ジャーナル』，1970 年 4 月．
・山本　明：「PHP と読者たち」『別冊経済評論』，1970 年 10 月．
・森住和弘：「『PHP』の「思想」と方法」『前衛』，1971 年 4 月．
・清水雅人：「『いんなあとりっぷ』と『PHP』」『現代の眼』，1976 年 10 月．
・宮地正人：「資本による『日本的』価値観の組織化とその歴史――『PHP』（1947 年 4 月創刊）分析を中心に――」『歴史評論』，1978 年 8 月．
・佐高　信：「PHP 文化人・天谷直弘と梅原猛」『現代の理論』，1986 年 1 月．

1970 年代の論評は雑誌『PHP』についての分析である．このころ『PHP』の売上げが急増し，月刊誌としてトップに近い 150 万部になったこと，その読者の多くが若者（青年労働者）であるとされたことから，注目を集めたのである．

例えば，山本は次のように述べる．

> なぜ『PHP』が若い人たちに受けるのか．それは，若い人たちの大部分がもつ 2 面的な考え，すなわち（1）あらゆる不平・不満の原因のすべては社会が悪いという考えと，（2）その悪い社会のなかで自分は理想をかかげて歩もうという理想主義と，この 2 つの考えの中で『PHP』が主に後者によりながら，前者にもコミットしている点にある．若者たちは，テレビや週刊誌で，つねに欲望を刺激されつづけている．しかし，その欲望を実現することはきわめてむずかしい．マスコミでさわがれているわりに，彼らは案外つつましい生活を余儀なくされている．テレビや週刊誌が提示するカッコのいい生きがいは，彼らには高嶺の花だ．そうした若者たちに，職場での生きがいを教示する．人と人との関係の調和こそ，生きがいに価するものだと説く．こうした説得が，ほとんど体験をもとにして語られるという実感主義．ここに若者たちの心をつかむ秘密がある[17]．

---

17) 山本明「PHP と読者たち」『別冊経済評論』，1970 年 10 月，p.213.

平澤も「生きがい」に関わって以下のように述べる．

> 『PHP』がつくりあげようとしている世界——．それは，ズバリいえば，"愚者の楽園"である．（中略）「最後に勝つものはだれか．それはバカものといわれるわれわれなのだ」という信念がある．これは，いちばん底辺にいる人びとにも通用する生きがいである．『PHP』がねらうのは，ここなのだ．自分の人生は，しがない人生である．しかし，その人生をがんばって生きぬくこと——そこになんらかの生きがいを見いだせる．幸せにひたることができる．感謝の気持ちがわいてくる[18]．

また森住は『PHP』のイデオロギーとして次のような指摘をしている．

> 客観的な社会的現実のいっさいは——貧困や労働強化におる苦痛，不幸，さらに松下氏の講演によると経済的不況さえもが——「物の見かた」「心がけ」によって左右されるものとなる．（中略）『PHP』読者にはひたすら「心がまえ」をただす観念的世界に生きかたを求めるよう誘導，働きかけが行われているのである[19]．

これらの分析からするとPHPは，現状を肯定した上で，人々に「生きがい」や「心がまえ」をもつことを求め，観念的な世界で生きるように誘導する性格をもっていると言えよう．同時に競争社会の中で規律や自己責任を強調することで，すべての問題を個人のレベルで捉えようとする．このような思想的土壌が「親学」を生み出したと言えるのではないだろうか．

〔5〕「親学」の性格について

「親学」の性格を最も端的に表現しているのは，日本会議の椛島有三事務総

---

18) 平澤正夫「『PHP』—松下式管理思想」『朝日ジャーナル』，1970年4月，pp.35-36．
19) 森住和弘「『PHP』の「思想」と方法」『前衛』，1971年4月．

長の「『親学』は男女共同参画に対する対案の意味をもつ．ジェンダーフリーに対する保守の側の回答であり対策であります」[20] という発言であると，筆者は考える．

　高橋は「男女共同参画」に加えて，夫婦別姓や子どもの権利条例にも否定的な見解をもっている．「親学」が保守的であることはある意味で当然である．

　同時に，高橋は「主体変容」こそ狭義の（つまり高橋自身が主張する）「親学」の特徴であり，「責任を他者に転嫁しない，自分が変われば社会が変わるという考え方」[21] であると述べている．これはまさにPHPの「心がまえ」や自己責任論と通じるのではないだろうか．変わらなければならないのは社会や制度ではなく親である，とする考えは，一方で限りない現状肯定となり，他方で「親学」が想定する子育てができない親を否定することになる．『親学の教科書』によれば「子育て支援」は親の教育力を低下させるものであって，支援が必要であるのは「親の学び」であるとされる．それによって「親心」が育成されれば，「仕事優先の発想からも脱却でき，父親の子育てへの参加もすすむはずです」[22] と述べられるが，これもPHP的な観念論と見ることもできよう．

　もう1つ「親学」の性格について言えることは，「親学」がそもそもPHPの教育改革の中で，「親学アドバイザー」の配置という形で提唱されたものであり，その内容もさることながら，「親についての学び」の場を提供することを大きな目的とする運動体であるということである．実際に親学推進協会は「基礎講座」「親学アドバイザー認定講座」を実施している．協会のHPによれば認定された親学アドバイザーは約1,300名（2013年現在）であり[23]，認定を受けた人が所属する保育園（所）・幼稚園一覧が掲載されている[24]．また一般向けの勉強会・講演会も数多く行われており，自治体の家庭教育支援条例に関わった地方議会議員なども，そのような場に参加していたことが確認できる．

20）「〈日本会議研究〉家族編：上　「親学」にじむ憲法観」，朝日新聞，2016年6月17日，朝刊．ただし，同じ記事の中で，高橋史朗は自らの「親学」と日本会議との関係を否定している．
21）同上記事
22）『親学の教科書』，pp.20-21.
23）http://oyagaku.org/advisor/（閲覧日：2018年12月12日）
24）http://oyagaku.org/advisor/acquire.php（閲覧日：2018年12月12日）

ところで先に触れた『親と教師が日本を変える』の第1章「なぜ『親学』から始めねばならないか」の後半では，米国・カナダ・ニュージーランドで提唱されている「親教育プログラム」が紹介されており，『親学アドバイザーの手引き』(PHP親学研究会編，PHP研究所，2007年)でもこれらの内容に触れている．この『親学アドバイザーの手引き』は『親学アドバイザー認定講座』のテキストであるが，「親学」の内容よりも，勉強会のもち方，コミュニケーションスキルが中心であり，「親教育プログラム」や統計を含む資料も多く掲載されている．このような海外のプログラムは多様な背景をもって成立したものであり，「親学」と共通の思想によるものではない．

「親学」を1つの運動体と見るならば，そこで紹介される実践やプログラムは，ある意味で「寄せ集め」であると言える（あるいは，『親学の教科書』で言及されるモンテッソーリやマザー・テレサなども同様である）．また，先に触れた原田実の指摘のように，「親学」の支持者は自分の考える「親学」を仮託している状況もある．いわば「木に継がれた竹」が数多くある状態である．

このような状況であれば「竹」を見ても「親学」については理解できず，元となる「木」を捉えることが必要である．しかし同時に，「親学」を様々な要素を含みながらも，全体として親としての責任（「第一義的責任」）と役割を強調する運動と見ることも可能ではないか．そこで語られる内容は首尾一貫したものではないとしても，親（あるいは親になる可能性のある人）に向けて親としての在り方が語られるという事実自体が，一定のメッセージとなるのである．その意味では，自治体での「親学」も，多様な内容と方法を含みながらも，高橋の「親学」との親和性をもった周辺的存在と言えるのではないだろうか．

2 「誕生学」について

2.1 「誕生学」の目的と内容

「誕生学」は 2005 年に設立された公益社団法人誕生学協会が提唱している「教育プログラム」である．協会の定款に「当法人は，未就学児・小学生・中学生・高校生・大学生及び保護者のそれぞれの年齢を対象に行う妊娠出産の仕組みと生命の大切さに関する知識の教育及び普及により，次世代の自尊感情を高め，少子化対策，育児支援，思春期保健対策，日本人の生命観・出産観・自然共生観の向上を図ることを目的とする」[25] とあり，「教育及び普及」までの前半部分が「誕生学」の定義に相当する．

提唱者は大葉ナナコ（1965 年〜）で，協会の HP によるプロフィールは次のとおりである．

> 公益社団法人誕生学協会代表理事．バースコーディネーター．
> 自らの初産時から女性の身体能力やセルフケアに関心をもち，出産準備教育を学ぶ．すべての世代が妊娠出産の基礎知識やいのちの大切さを学べるようにと，1997 年，バースコーディネーター業を創職．2003 年バースセンス研究所，2005 年日本誕生学協会を設立（2011 年 3 月より公益認定）[26]．

誕生学協会の役員は，医師・助産師・教育関係者が中心であるが，「親学」関係者は見られない[27]．

「誕生学」は「生まれてきたことが嬉しくなると，未来が楽しくなる」がコンセプトとして，学校での「誕生学スクールプログラム」，児童養護施設等で

---

25) http://tanjo.org/about-birthing/（閲覧日：2019 年 3 月 8 日）
26) http://tanjo.org/wpcore/wp-content/uploads/2018/06/annualReport.pdf（閲覧日：2019 年 2 月 2 日）
27) 医師の池川明が，誕生学協会と親学推進協会の双方に関わっていたと思われるが，2019 年 3 月の時点で，誕生学協会の顧問や理事などであるとは確認できなかった．

の「誕生学プログラム」や，このプログラムで講師を務める「誕生学アドバイザー講座」などを実施している．また「ガールズエンパワメントプロジェクト」（中高生を対象とした，予期しない妊娠・出産，性被害，デートDVなどの予防のための授業）や「性被害予防フォーラム」などにも取り組んでいる．

　大葉は，もともとは出産準備教育講師であったが，自身の第3子の担任教師から「子どもたちにも，いのちの誕生を教えてほしい」と依頼され，小学生に話をしたのが「誕生学」の始まりであり，[28] プログラムの特徴は「自己肯定感や自己効力感を高め，各世代が適切なセルフケアができるよう意識と行動変容を促すことを目的としている」[29] 点であるという．

　プログラムの内容は以下のとおりである．

1　オープニング
2　普遍的事実の確認
　・おへその話→「みんなお腹の中にいた」ということの確認
3　いのちの成長や妊娠経過を学ぶ
　・胎内での成長力
　・お腹の中での哺乳の練習や子宮内を清潔に保つ工夫
4　誕生時の胎児の工夫を知る
　・狭い産道を通り抜けるための工夫
5　誕生の喜び
　・誕生にともなう家族の喜び
　・いのちの世代を超えたつながり
6　クロージング
　・いのちの大切さの確認
　・自分で生まれてきたことの確認
　・いのちをつなぐために必要なセルフケア意識を育む [30]

---

28) 大葉ナナコ「誕生学の現場から―自己肯定感を高める試み」『世界の児童と母性』18，資生堂社会福祉事業団編，2011年10月，p.17
29) 同上 p.18
30) 同上 p.18

大葉は,「自分を生んでくれた親に感謝する気持ちは大切ですが,それを強制するのではなく,『自分が生まれてきてよかった』と自尊感情がもてるプログラムが必要ではと感じて,実践してみました」[31]と述べている.

協会のHPによると,講座を行った学校などは,2016年10月〜2017年9月の1年間で878校,参加者は75,288名であった[32].行政からの事業委託も受けているため,学校などやPTAでの講座の数が多くなっている.教育現場への浸透力は,「親学」を大きく上回るものである.

2.2 「誕生学」への批判

「誕生学」への代表的な批判には精神科医の松本俊彦によるものがある[33].

松本は「誕生学」を,自己肯定感を高めることを目的としており,同時に自殺予防教育の一環として採用されていると捉えている.その上で,自己肯定感(自尊感情)の高まりについては長期にわたるデータがないと指摘しているが,批判の焦点は自殺予防教育についてである.松本は以下のように述べる.

> つまり,「誕生学」のような「いのちの大切さ」を伝える自殺予防教育がなぜマズイのかという問いです.最大の問題は,自殺予防教育が「道徳問題」にすり替えられている点です.つまり,「いのちの大切さをわからないなんて不道徳だ」,「親からもらった大切な体を傷つけたりする者は,感謝の気持ちが足らない」という価値観の押しつけです.
>
> しかし,すでに1割の子どもたちは自分を傷つけており,高い自殺リスクと「援助希求能力の乏しさ」という特徴があります.そのような子どもたちが,「いのちの大切さ」という道徳的な講演を聞いて,「よし,勇気を出して担任の先生に相談してみよう」という気持ちになるでしょうか? まさか.むしろ,いっそう助けを求めることを躊躇するようになるでしょ

---

31)「潮流 大葉ナナコ氏に聞く㊤」『週刊教育資料』(1365),2015年11月16日,p.5.
32) http://tanjo.org/wpcore/wp-content/uploads/2018/06/annualReport.pdf (閲覧日:2019年2月2日)
33) 松本俊彦「『誕生学』でいのちの大切さがわかる?」宋美玄等編著『各分野の専門家が伝える 子どもを守るために知っておきたいこと』メタモル出版,2016年,pp.126-133.

う．
　それどころか，1割の自傷経験者はこう思うでしょう．「いのちが大切ならば，なぜ自分ばかりが殴られ，いじめられてきたのか」「なぜ『あんたなんか産まなきゃよかった』と言われるのか」と．自殺リスクの高い子どもの多くは，家庭や学校で様々な暴力や自らを否定される体験にさらされる中で「人に助けを求めても無駄だ」と絶望しています．そんな子どもたちにとって，「いのちの大切さ」などという言葉は気休めにもなりません．
　（中略）
　断言します．自殺予防のために必要なのは，道徳教育ではなく，健康教育です．それは，1割の少数派の子どもたちに「つらい気持ちに襲われたとき，どうやって助けを求めたらいいか」を教え，9割の多数派の子どもたちに「友だちが悩んでいたら，どうやって信頼できる大人につなげたらいいか」「そもそも信頼できる大人は，一体どこにいるのか」を教えることです．
　（中略）
　子どもにとって，「いのちの大切さ」など，「アイデンティティ」という言葉と同じくらい抽象的で難解です．それだったら，「あなたが大切」という言葉のほうがはるかにわかりやすい．そう，子どもたちに伝えられるべきなのは，抽象的おとぎ話ではありません．信頼できる大人からの「あなたが大切」というメッセージなのです[34]．

松本は，「誕生学」が「いのちの大切さ」という「道徳」を教えることになっており，それは無意味である以上に，一部の子どもを追い詰めることになると指摘するのである[35]．

---

34) 同上書，pp.130-133.
35) 松本を含めた「誕生学」への批判については，以下を参照のこと．https://yomidr.yomiuri.co.jp/article/20170125-OYTET50043/（閲覧日：2019年2月28日）
　なお，現在の「誕生学」のHPでは「誕生学®スクールプログラムは，自殺予防教育ではありません．」と述べられている（http://tanjo.org/about-tanjogaku/, 閲覧日：2019年3月11日）．

このような批判がありながらも，「誕生学」は行政と結びついて，教育・保育現場にかなり入り込んでいる状況がある．

おわりに

以上，「親学」と「誕生学」について検討したが，両者は直接的な関係をもってはいない．内容も，「親の学び」と「（主として子どもを対象とした）自尊感情の育成」と異なっている．しかし，いずれも次世代を育てることを目的とした活動であり，ある意味でカリスマ性を備えた指導者の思想が色濃く反映されている．また，親学推進協会と誕生学協会の発足はほぼ同じ時期であり，各々「親学アドバイザー」と「誕生学アドバイザー」を養成して，自らの考えの普及を図ろうとする協会である点では共通している．

基本的な内容の面について見れば，「誕生学」への松本の批判の論点にあったように，問題を「道徳（教育）」のレベルで捉えようとしている点は「親学」にも当てはまると言える．「親学」は親の在り方を条件づける経済や労働・社会関係の問題ではなく，あくまでも「親の意識」の問題として議論をする．「誕生学」が「1割の子どもを追い込む」と松本は指摘するが，それは「親学」についても同様である．家庭教育や家族の在り方の標準（原則）を伝えるという立場を取ることで，その枠に入らない多様な少数者を結果として排除する危険性をもつと見ることができるのである．

家族や子どもの在り方は様々であり，誰しも多かれ少なかれ問題を抱えている．教育者としてできることは，子どもと保護者の実情を理解し，ともに考え，ともに歩む姿勢をもつことである．そして必要であれば，支援の方法を考えることである．「べき論」からではなく，社会的・文化的視点から現実を見ることが重要である．あるべき家庭教育像や「いのちの大切さ」を主張すること自体は自由であるとしても，社会的発言としては，その前提として，個人の自由の尊重と多様性への配慮が不可欠ではないだろうか[36]．

---

36) 本章では触れられなかったが，大葉ナナコは『週刊教育資料』のインタビューで「二分の一成人式」に言及している．「誕生学」や「二分の一成人式」のキーワードの1つは「感動」である．原田もこの点に言及しているように，現在の教育界では「感動」が強調される傾向にある．この問題については稿を改めて考えたい．

Column4　娘の成人式を迎えて

　新しい年が始まりました．この1年が皆さんにとって実りの多いものになることを願っています．
　さて一昨日は「成人の日」でした．私がクラスアドバイザーをしている学生さんの多くと同じように，私の娘も「新成人」の1人でした．
　皆さんにとっては20年前後の歳月は随分長いと感じることでしょう（私も自分が20歳のころはそう思っていました）．しかし親から見れば「あっと言う間」ではないとしても，「気づいたら幼い子どもが大人の仲間入りをするようになった」という気持ちです．私の娘は小さく（2,300g余り）生まれてきて，決して体が強いほうではありませんでした．「喘息性気管支炎」という病名をもらい，季節を問わず熱を出して，1年の3分の1くらいは鼻水を垂らしていました．小学校に通うようになると病院に行く回数は減りましたが，ずっと「いつになったら手が離れるだろうか」と思っていました．それがいつの間にか，「あとどのくらい家で一緒に過ごせるのだろうか」と思うようになりました．
　娘の保育園時代に「子どもの年齢と親としての年齢は同じ」ということを聞いたことがあります．子どもが1歳なら，親としても1歳の新米というわけです．今，親として20歳になろうとしています．これまで無我夢中で子育てをしてきました．もちろん現在進行中ではありますが，改めて自分たちの子育てについて考えたとき，どうだったのだろうかと思っています．
　そんなことを思いながら冬休みに，*The Nurture Assumption*（Judith Rich Harris, 2nd ed.,2009）という本を読みました．子どもがどのように成長するのかは，親の育て方（nurture）によるものではなく（そういう考え方は推測（assumption）にすぎない），家庭の外の同年齢集団によるという内容です．大変面白い本でしたが，親としては少しがっかりするようでもあり，安心するようでもありました．ただ，子どもは親が意図するように育つものではなく（もしくは良くも悪くも親の真似をするのでもなく），家庭とは別の集団の中で自己形成をするという指摘は，私の実感とも一致しています．もちろん親としてしなければならないこと，できることはあるわけですが，そ

れは意外と限られているのです．

　親が子どもに与えるものとは逆に，私は子どもたちから十分な「報酬」をもらえたと感じています．子どもの勉強や進路についてはほとんど口を出しませんでしたが，自分たちで目標を決め，勉強などに取り組んでいます．いつのころからか子どもたちが頑張っているのを見て，「自分も負けないようにしよう」と思えるようになったのです．これは親としては最大の喜びではないかと考えています．
　生まれてきた赤ちゃんに「私たちの子どもに生まれてきてくれてありがとう」という想いを抱く人は多いでしょう．私も同じように思いましたが，その思いは今も変わりません．
　成人を迎えた娘には，これからの人生を自分で切り開いて行くことを期待しています（またそれができると信じています）し，親として最大限の応援を続けたいと考えます．

　成人となった（あるいは，これからなる）学生の皆さんへ．成人になったからと言って自分が変わるわけではありません．ただいろいろな意味で，自由とそれに伴う責任が広がることは確かです．学生時代という「モラトリアム期間」にいろいろな体験をして，もちろんいっぱい勉強もして，自分の人生の土台を築いてください．

［2012 年］

5章　アルフィー・コーンの家庭教育論

はじめに

　子育てや家庭教育は常に語られるテーマである．それはほとんどすべての人にとって身近なものであり，重要な問題であると見なされているからである．しかしそれだけに自らの体験や見聞を元にしたものが中心となり，客観的な議論が難しい．

　また20年ほど前から行政も，子育て・家庭教育の在り方に関心を示すようになってきている（その1つのきっかけは1997年に神戸市で発生した児童連続殺傷事件であった）．例えば，文部科学省関係の委員会では以下のような指摘がなされてきた．

　　乳幼児をもつ若い母親たちの多くが社会との接点をもたずに孤独な育児を行っていることなどによる家庭の教育力の低下，具体的には，子どもとの接し方や教育のしかたがわからない親の増加，しつけや子育てに自信がない親の増加，過保護や過干渉，無責任な放任などがあるのではないかと指摘されています．（文部科学省「今後の家庭教育支援の充実についての懇談会」報告：「『社会の宝』として子どもを育てよう！」，2002年）[1]．

　よい親になりたいと思っていても，経済的な問題や生活のストレスから

---

1) http://www.mext.go.jp/b_menu/shingi/chousa/shougai/007/toushin/020701.htm（閲覧日：2016年11月10日）

家庭生活に余裕がなく，家庭教育を行うことが困難になってしまっている家庭もあります．一方，教育に関心が高く，様々な教育資源の情報収集や活用を図っている家庭もあり，家庭教育が2極化している状況ともいえるでしょう．またどんな家庭においても，子育てに力を注ぎ込むあまり，子育ての悩みや不安を抱えてしまったり，また，子どもに対して過剰な期待をしたり，子どもの主体性への配慮に欠ける関わりをしてしまうという懸念があります．（文部科学省「家庭教育支援の推進に関する検討委員会」報告：「つながりが創る豊かな家庭教育――親子が元気になる家庭教育支援を目指して――」，2012年）[2]．

「近年，共働き世帯やひとり親世帯の増加といった家族形態の変容や，相対的貧困率の上昇に見られるような経済的な問題などにより，家庭生活に余裕のない家庭が増えつつあります．また，地域社会のつながりの希薄化等を背景として，保護者が子育ての悩みや不安を抱えたまま，相談する相手がいなくて地域で孤立してしまうこともあります．乳幼児期の子どもをもつ保護者の社会的な孤立感は児童虐待の要因の1つとして指摘されていますし，学齢期の子どもをもつ親にとっては，不登校やいじめ，暴力行為などの問題も深刻な問題です．更に，昨今，子どもたちが加害者や被害者となる痛ましい事件が頻発しています」（文部科学省「家庭教育支援手法等に関する検討委員会」報告：「訪問型家庭教育支援の関係者のための手引き」，2016年）[3]．

以上のように，家庭教育をめぐる様々な課題が指摘されており，その背景として，親の置かれている状況や意識・態度が指摘され，それによって子どもの問題が引き起こされていると言われている．そこでの1つのキーワードは「家庭の教育力の低下」である[4]．

---

2) http://www.mext.go.jp/component/a_menu/education/detail/__icsFiles/afieldfile/2012/04/16/1319539_1_1.pdf p.5（閲覧日：2016年11月10日）
3) http://www.mext.go.jp/component/a_menu/education/detail/__icsFiles/afieldfile/2016/03/28/1368962_02.pdf p.3（閲覧日：2016年11月10日）
4) 2012年の「家庭教育支援の推進に関する検討委員会」の報告（前掲註2参照）では「『家庭の教育力の低下』は子どもの育ちに関する様々な問題の原因を家庭教育に帰着させ，親の責任だけを強調することにもなりかねません」として「家庭教育が困難になっている」と表現しており，やや立場を異にしている．

また内閣府の政策会議である教育再生実行会議でも，今後の検討課題の1つとして「学校・家庭・地域の役割分担と教育力の充実について」が取り上げられ，「家庭や地域の教育力の低下が指摘される一方，今日の教育現場は，教師の長時間労働によって支えられている面が大きいが，こうした状況を変えなければ，教育の持続的な発展は困難であると言わざるを得ず，学校教育の土台となる家庭や地域がその責任をしっかりと果たすことは，今後，ますます重要になってくる」[5]と述べられている（なおもう1つのテーマは「自己肯定感」である）．

「家庭の教育力の低下」という認識については，広田照幸『日本人のしつけは衰退したか』（講談社現代新書，1999年）や大倉幸宏『「昔はよかった」と言うけれど——戦前のマナー・モラルから考える』（新評論，2013年）などによる全面的な批判があるが，現在でも根強く存在している．そこには「普遍的な事実」よりも「自らの体験」や「思い込み」による判断があると言えよう．それが一般の人々だけでなく教育政策立案者などにも見られるため，家庭教育についての政策が実証的データに基づくものではなく，親への一方的要求や精神論に陥る危険がある．

このような事情は日本だけではない．根拠の乏しい「昔は良かった」という判断に基づいて，「常識的見解（思想）」が形成される事例は各国にある．教育の領域では，特に実態や成果の把握が難しい家庭教育・子育てについてその傾向が顕著である（ほとんどすべての人が何らかの形で家庭教育に関わるので，「身近な事例」が豊富であるという事情もある）．

本章では米国でこの問題を取り上げている Alfie Kohn（1957年～）の議論を検討する．Kohn は1980年代半ばから主に社会や学校教育をめぐる「常識的な思想」（人は競争により向上する，報酬が動機づけとなる，宿題は必要である，標準テストが学力向上に有効であるなど）を批判的に検討してきた人物であるが，10年ほど前から家庭教育や子育てについても，同様の議論を行っている．以下でKohnの議論を手がかりとして，現在の子育て・家庭教育論を

---

5) 「教育再生実行会議の今後の進め方について」，第38回教育再生実行会議配付資料，2016年10月28日，p.2, http://www.kantei.go.jp/jp/singi/kyouikusaisei/dai38/siryou3.pdf （閲覧日：2016年11月10日）

検討し，それによって現代の教育についての思想の一端を振り返りたい．そしてそれを通して，日本の子育て・家庭教育論に必要なものが何であるかを考えていく．

1 Alfie Kohn について

1.1 経　　歴

Kohn は 1957 年にフロリダ州のマイアミ・ビーチに生まれ，1979 年にブラウン大学を卒業し，翌 80 年にシカゴ大学で社会科学の修士号を得た．1979 年～1985 年，高等学校で実存主義のコースを教えていたという[6]．1980 年代から文筆活動に入り，新聞や教育関係の雑誌に文章を発表し，1986 年に最初の単行本として *No Contest: The Case Against Competition* を刊行した．その後はフリーの研究者として活動を続けており，社会的にも広く知られている[7]．

1.2 著作について

Kohn の著作は 2019 年 7 月の時点で 14 冊ある．筆者の見るところでは，①特定のテーマに関するもの，②学校教育に関するもの，③子育て・家庭教育に関するもの，に大別できる．各々に属する書名は以下のとおりである（各々の項目の中で刊行順）．

① 特定のテーマに関するもの

（1） *No Contest: The Case Against Competition*（Houghton Mifflin, 1986 年/1992 年）［以下 *No Contest*］

---

6) *What to Look for in a Classroom... and Other Essays*, 1998, p.ix. この時期に書かれたものとして，"Existentialism Here and Now." (*The Georgia Review*, 38（2）, 1984, pp.381-397. www.jstor.org/stable/41398688), "Freud and Man's Soul by Bruno Bettelheim" (*The Georgia Review*, 37（2）, 1983, pp.452-456. https:// www.jstor.org/stable/41398539) がある（閲覧日：2016 年 12 月 1 日）．

7) Kohn は人気トーク番組であった「The Oprah Winfrey Show」に 2 度出演し，TIME 誌でも "perhaps the country's most outspoken critic of education's fixation on grades, test scores and class rankings."（「おそらく米国で成績，試験の点数，席次の在り方についての最も辛辣な批判者」）と評された（Time, 1998 年 10 月 19 日号［U.S. edition, 152（16）］Claudia Wallis "Their Eight Secrets of Success"）．(http://www.alfiekohn.org/bio/, 閲覧日：2016 年 12 月 17 日）

（2）　*You Know What They Say…: The Truth About Popular Beliefs*（HarperCollins, 1990 年）

（3）　*The Brighter Side of Human Nature: Altruism and Empathy in Everyday Life*（Basic Books, 1990 年）

（4）　*Punished by Rewards: The Trouble with Gold Stars, Incentive Plans, A's, Praise, and Other Bribes*（Houghton Mifflin, 1993 年 /1999 年 /2018 年）［以下 *Punished by Rewards*］

② 学校教育に関するもの

（5）　*Beyond Discipline: From Compliance to Community*（Association for Supervision and Curriculum Development, 1996 年 /2006 年）［以下 *Beyond Discipline*］

（6）　*What to Look for in a Classroom… and Other Essays*（Jossey-Bass, 1998 年）

（7）　*The Schools Our Children Deserve: Moving Beyond Traditional Classrooms and "Tougher Standards"*（Houghton Mifflin, 1999 年）

（8）　*The Case Against Standardized Testing: Raising the Scores, Ruining the Schools*（Heinemann, 2000 年）

（9）　*What Does It Mean to Be Well Educated? And More Essays on Standards, Grading, and Other Follies*（Beacon Press, 2004 年）

（10）　*The Homework Myth: Why Our Kids Get Too Much of a Bad Thing*（Da Capo Press, 2006 年）

（11）　*Feel Bad Education: And Other Contrarian Essays on Children and Schooling*（Beacon Press, 2011 年）

（12）　*Schooling Beyond Measure & Other Unorthodox Essays About Education*（Heinemann, 2015 年）

③ 子育て・家庭教育に関するもの

（13）　*Unconditional Parenting: Moving from Rewards and Punishments to Love and Reason*（Atria Books, 2005 年）［以下 *Unconditional Parenting*］

（14）　*The Myth of the Spoiled Child: Challenging the Conventional Wisdom about Children and Parenting*（Da Capo Press, 2014 年）［以下 *The Myth of the Spoiled Child*]

これ以外に編著として，以下のものがある．

・*Education, Inc.: Turning Learning into a Business*（Skylight Training and Publishing Inc., 1997/revised edition Heinemann, 2002 年）

本の成立ちから見ると，(i) 書下し（と思われるもの），(ii) ブログや記事をまとめたもの，に分けられる．(i) に含まれるのは（1）（2）（3）（4）（7）（8）（10）（13）（14），(ii) に含まれるのは（5）（6）（9）（11）（12）である．また邦訳がある著作は次の 2 点で，以下のとおりである．

（1）　*No Contest: The Case Against Competition*（1992 年版），山本啓・真水康樹訳『競争社会をこえて——ノー・コンテストの時代』（叢書・ウニベルシタス），法政大学出版局，1994 年

（4）　*Punished by Rewards: The Trouble with Gold Stars, Incentive Plans, A's, Praise, and Other Bribes*（1999 年版），田中英史訳『報酬主義をこえて』（叢書・ウニベルシタス），法政大学出版局，2001 年（2011 年，新装版）

著作の内容を見ると，1980 年代半ば〜1990 年代前半には競争，人間性，報酬，あるいは通説の問い直しといった広く人間性に関わる内容になっているが，1990 年代後半から学校教育の在り方を問うものになっており，学校での競争や報酬（賞罰）に加えて，標準テスト（standardized test）や宿題，道徳教育についての議論を展開した．更に 2000 年代半ばから子育てに関わる内容が加わっている．邦訳がある 2 点はいずれも初期のものであり，Kohn の学校教育や子育て・家庭教育についての著作はこれまで翻訳されていなかった．

1.3　日本への Kohn の紹介

上で見たように翻訳書は 2 冊であり，その中の「訳者あとがき」で Kohn についてのその時点での紹介が行われている．また各々について書評が書かれている．前者については，久冨善之「徹底した反競争の書『競争社会をこえて——

ノー・コンテストの時代』」(教育科学研究会『教育』45 巻 8 号,国土社,1995 年),後者については角皆優人「内なる動機をむしばむ『報酬』の危うさ 『報酬主義をこえて』アルフィ・コーン」(朝日新聞社『論座』, 2001 年 5 月)である(久冨は教育社会学者,角皆はプロスキーヤー).

また,Miriam T. Black:"Punished by Rewards? Application and Misapplication of the Principles of Operant Conditioning"(東洋英和女学院大学『人文・社会科学論集』第 26 号,2009 年)は,*Punished by Rewards* に対して,オペラント条件づけの適応を誤っていると批判している.

Kohn について日本でのまとまった紹介・批判は以上である.この他に引用・紹介を行っている論文等は管見の限りでは以下のとおりである(刊行順).

- 長澤光雄「大学生の体育における競争の認識に関する一考察」(『秋田大学教育文化学部教育実践研究紀要』22 号,2000 年)(参考文献で『競争社会をこえて』を掲載.本文では言及なし)
- 窪田暁子「遊びと労働と…その変貌とメンタルヘルス」(『こころの健康』16 (1),2001 年)(日本精神衛生医学会での講演.『競争社会をこえて』を引用・紹介)
- 神野直彦「競争社会から協力社会へ——日本保健医療社会学会に期待する——」(『保健医療社会学論集』15 巻 2 号,2005 年)(日本保健医療社会学会の記念講演の中で,競争社会の批判者として Kohn を紹介)
- 水田聖一「アメリカ道徳教育の新しい潮流」(『富山国際大学国際教養学部紀要』Vol.2, 2006 年)(人格教育についてコーンに言及.内容には触れられていない)
- 渡邊席子「大学生の学びへの志向に関する事例報告」(大阪市立大学『大学教育』4 巻 1 号,2007 年)(内発的動機づけについてコーンを引用)
- 中嶋大輔・足立学「チームスポーツにおける組織力強化に関する一考察——動機付けを視座に——」(京都外国語大学国際言語平和研究所『研究論叢』85 巻,2015 年)(参考文献で『報酬主義をこえて』を掲載.本文では言及なし)
- 竹内進「内発的動機と運動意欲の関係——ヨコミネ式保育との比較を絡めて——」(『大和大学研究紀要』1 巻,2015 年)(外発的動機づけへの批判

者の1人としてKohnに触れている．参考文献には挙げられていない）

以上の引用・紹介では，翻訳された2冊の内容に関するものがほとんどである．翻訳書の状況と同様に，論文などでもKohnの学校教育や家庭教育論については未だ紹介されていないと言える[8]．

1.4 Kohnの問題意識と関心

彼の問題意識の変遷については *What to Look for in a Classroom... and Other Essays* の序文で触れられている．この本は1990年代に書かれた記事をまとめたものであり，テーマは様々であるが，統一されたagenda（基本的な問題意識）があるとされている．

それは「教育者（そして親）として，最も基本的な慣行（practice）とその前提を見直す」[9] ことであり，同時に「Xが正しいのか？」ではなく「ここで正しい問いをしているのか，正しい方法で問うているのか？」を問うことである．Kohn自身にとって意味ある問いは「根源的（radical）」なものであり，それは例えば以下のような問いであるとされる．

- 「学力の水準を高める」ことに関心を払う前に，この取組みが前提としている生徒観や学校観は何かを問うべきである．
- 子どもにより多く読書をさせようとするよりも，その試みが，子どもの読み方や読む動機にどのような影響を与えているかを問うべきである．
- 生徒の成績をより良く評価しようとする試みは再考されるべきである．なぜならば，大切なのは評価方法よりも評価の動機（目的）であり，生徒の成績に関心を払いすぎると生徒の学習を損なうからである．更に，教室で行われていることを「仕事（work）」と見なすことに問題があるからである[10]．

彼の最初の著作である *No Contest*（1986年）は競争主義を批判するものであったが，その後の問題関心は，「協同学習（意義と問題点）」「優秀さと競争

---

8) 米国ではKohnの主張（特に報酬や宿題に関わる主張）に対する批判がなされ，それに対するKohnの反論もある．その内容については稿を改めて検討する．
9) *What to Look for in a Classroom... and Other Essays*, 1998, p.x.
10) ibid. p.xi.

(両者が相容れないものであること)」そして「競争が人間の『本性』ではなく『育てられたもの』であること」に移り，これらはいずれも学校や教育に関わるものであったことから，教育問題へと焦点化していった．*Punished by Rewards*（1993年）で論じた動機づけについても，そこで取り上げた学校，職場，家庭の3領域の中で，とりわけ学校の場に関心を寄せたという[11]．

2 Kohnの子育て・家庭教育論について

子育て・家庭教育論に関わる著作は2冊あるが，ここでは近刊である *The Myth of the Spoiled Child*（2014年）を中心に取り上げる．その前に，Kohnの関心の所在と *Unconditional Parenting*（2005年）についても触れておく．

2.1 子育て・家庭教育への関心

Unconditional Parenting（2005年）の中で，Kohnは自らの娘のベビーシッターが「私は，子どもが善い振る舞いをしたら，いっぱいほめてあげます．」と話したことを批判的に紹介している[12]．推測ではあるが，2人の子どもを育てたKohnが，それまでの自らの研究を子育てや家庭教育の場面に適用しようと考えた可能性がある．

また *The Myth of the Spoiled Child*（2014年）について，家庭教育のウェブサイト（cafemom）でのインタビューで，この本の執筆の動機について以下のように語っている．

> 一般のやり方や考え方と，正しい論理や証拠が反対方向を向いている状況にいつも関心を抱いてきました．そして子どもについての多くの考え——どのように育てられているか，どのような存在なのか——は根拠が薄いことに以前から気づいていました．そしてそのような考えの背後にあるイデオロギーに関心をもっていました．特に政治的には進歩的である人で

[11) ibid. p.xiii.
[12) *Unconditional Parenting*, 2005, pp.36-37.

さえも，非常に保守的な一連の考えを無批判に受け入れるように見えるのはなぜか，についてです[13].

先に見たように Kohn の問題関心は，報酬や罰についての人間全般の議論から学校教育へ重点が移り，それに子育て・家庭教育が加わる形になっているが，そこには学問的動機と個人的体験の双方があったのではないだろうか.

2.2 Unconditional Parenting: Moving from Rewards and Punishments to Love and Reason（2005年）

『無条件の子育て——報酬と罰から愛と理性へ』というタイトルからも窺えるように，*Punished by Rewards*（1993 年）で展開された「報酬や罰で人にあることをさせようとするのは，内的動機づけや行為（仕事や勉強）の内容への関心を低くする」という主張を，子育て・家庭教育の場面で論じている．目次は以下のとおりである.

  まえがき Introduction
  第 1 章 条件付き子育て Conditional Parenting
  第 2 章 愛情を与えることと与えないこと Giving and Withholding Love
  第 3 章 過度の統制 Too Much Control
  第 4 章 罰を与えることの害悪 Punitive Damages
  第 5 章 強制される成功 Pushed to Succeed
  第 6 章 何が親を旧態依然にするのか What Holds Us Back?
  第 7 章 無条件の子育ての原則 Principles of Unconditional Parenting
  第 8 章 条件なしの愛情 Love Without Strings Attached
  第 9 章 子どもにとっての選択 Choices for Children
  第 10 章 子どもの視点 The Child's Perspective

---

13) cafemom2014 年 6 月 11 日付. http://thestir.cafemom.com/toddlers_preschoolers/173541/why_kids_should_be_spoiled（閲覧日：2016 年 12 月 1 日）

第 6 章までで子育ての現状が批判的に検討され，第 7 章以下で自らの意見が主張されている．

主張の概要は，2009 年 9 月 24 日の *New York Times* の Motherlode 欄で Kohn 自身が整理しており，本章の記述はそれに依拠する（これは Kohn が 9 月 14 日付の同紙の科学面に書いた "When a Parent's 'I Love You' Means 'Do as I Say'"[14) というコラムに対する読者の反響を整理したものに，本人が改めて説明を行った記事である)[15)．

ここで Kohn は本書で述べられている主導原理の内容を以下の 10 点にまとめている[16)．

① 子どもへの要求を再考せよ．
　子どもが親の言うことを聞かないときは，子どもに問題があるのではなく，親が子どもに求める内容に問題がある．

② 親子関係を最優先とせよ．
　日々の雑事より大切なのは，長い期間にわたる，子どもともつ——あるいはもたない——つながりであり，子どもが親を信頼するかどうか，そして親が子どもを信頼していると子ども自身が知っているかどうかが重要である．

③ 子どもの立場からどのように見えるのかを想像せよ．
　いつも子どもの視点から見ることができる親は，より子どもを理解しており，より優しく，子どもの道徳性の発達の要である多面的に物事を見る姿勢（perspective-taking）の実例をより多く示すことができる．

④ 取り繕うな．（Be authentic.）[17)
　子どもが必要としているのは，一人の人間——欠点はあるが，思いやりがあり，傷つきやすい——であって，キビキビと有能で完全な親のふりをする人ではない．

---

14) *Feel Bad Education* に "Parental Love with Strings Attached" というタイトルで収録されている．
15) 同内容は Kohn のブログ "So What SHOULD Parents Do?"（2010 年 4 月）にも掲載されている（http:// www. alfiekohn. org/blogs/parents/，閲覧日：2016 年 12 月 1 日参照）．
16) http://parenting.blogs.nytimes.com/2009/09/24/punishing-children-with-love/?_r=0（閲覧日：2016 年 11 月 9 日）
17) "authentic" という言葉は，Kohn が影響を受けた Carl Rogers がカウンセリング理論の中で用いたものである．

⑤　話すよりも，尋ねよ．
　　話すのは怒鳴るより良く，説明することは単に話すよりも良いが，説明するよりも（子どもの感情や考えや好みを）聞き出すほうが良いことがある．
⑥　「子どもに対しては，事実と一致する最も良い動機を想定せよ．」
　　これは Nel Noddings [18] の言葉である．彼女によれば，子どもは親の期待に添おうとする，あるいは（低い期待に対しては）それに見合ったように行動するものであるので，子どもの行動の理由がわからないときは，最善（の動機）を想定するのがよい．
⑦　「いいよ」と言うようにせよ．（Try to say yes.）
　　機械的な子育てをせず（Don't function on autoparent.），子どもが普通とは違うことをする機会を不必要に奪わないこと．幼いとき故意に欲求不満を抱く状態に置かれたからといって，欲求不満により良く対処できるようになるものではない．
⑧　厳格であるな．
　　子どもの行いを予測しすぎることがある．一見，厳格なルールは必要ではあるが，困った振る舞いを，罰するべき逸脱と見るのを止めて，（一緒に）解決すべき問題と見るようになると，そのようなルールは必要なくなる．
⑨　子どもに自分の生活についての決定権をより多く与えよ．
　　子どもは指示に従うことではなく，自分で決めることによって正しい選択ができるようになる．親に求められる基本的な対応は，（その機会を与えない差し迫った必要がない限り）子どもに選ばせることである．
⑩　無条件に愛せよ．
　　子どもは，自分が愛されるのは，自分が何をするかに対してではなく，自分が存在するということだけに対してであることを知らされるべきである．（タイムアウト [19] のような）罰や（賞賛のような）報酬を与えること

18）Nel Noddings（1929年～）；米国の教育思想家．ケア理論で知られる．
19）time-out；この言葉については，*Unconditional Parenting*，2005，pp.25-26 で解説されているが，元来は動物の行動を統制する文脈で用いられたとする．現在では子どもが「悪いこと」をしたとき，別の場所へ連れて行きしばらく考えさせること，という意味で広く用いられている．日本での「廊下に立たせる」に近い．

は，親の愛は自分で勝ち取らなければならないというメッセージを子どもに伝えるが，それは心理学的に見て，子どもが必要とするものとは正反対である．

以上に加えて，本書では以下のような原理も挙げられている[20]．
・自分自身を振り返れ．
・長期的な目標に関心を払え．
・行動だけでなく見方を変えろ．
・子どもを尊重せよ．
・子どもの年齢を勘案せよ．
・不必要に「ダメ」と言わない．
・急かさない．

以上，Kohn 自身による本書の要約を見たが，彼がここで強調するのは，子どもを 1 人の人間として尊重すること，子どもの成長を長い目で見ること，そして子どもに対して「何かを行う（doing to）」のではなく，子どもと「ともにする（working with）」ことの重要性である．この点は次著でも基本的には引き継がれる．

2.3 The Myth of the Spoiled Child: Challenging the Conventional Wisdom about Children and Parenting

刊行は 2014 年 3 月である．2016 年 3 月に Beacon Press からペーパーバック版が刊行されているが，その際タイトルが *The Myth of The Spoiled Child: Coddled Kids, Helicopter Parents, and Other Phony Crises* となり，副題が変更されている（以下の引用は 2016 年のペーパーバック版による）．

Unconditional Parenting（2005 年）が Kohn 自身の見解の主張を中心としているのに対して，本書はその主張を支える理論的・歴史的根拠に触れながら，改めて子育て・家庭教育の在り方を問うものとなっている．目次は以下のとおりである．

---

20) *Unconditional Parenting*，2005，pp.119-120．

まえがき　Introduction
第 1 章　自由放任的な親，甘やかされた子ども，そしてその他の強力な仮想敵
　　　　　Permissive Parents, Coddled Kids, and Other Reliable Bogeymen
第 2 章　子育てを相対化する　Parenting in Perspective
第 3 章　甘やかしの誇張　Overstating Overparenting
第 4 章　頭の叩かれ方の学習：動機づけ，失敗，参加賞への批判　Getting Hit on the Head Lessons: Motivation, Failure, and the Outrage over Participation Trophies
第 5 章　隠された価値：条件性，希少性，そして剥奪　The Underlying Values: Conditionality, Scarcity, and Deprivation
第 6 章　自尊心への攻撃 The Attack on Self-Esteem
第 7 章　なぜ自己規律が過大評価されるのか：やり抜く力，マシュマロ実験，そして内部統制の詳細な検討　Why Self-Discipline Is Overrated: A Closer Look at Grit, Marshmallows, and Control from Within
第 8 章　反逆者を育てる　Raising Rebels
註
参考文献
索引

　以下で各章の内容を概観するが，全体 268 頁のうち，巻末の註が 38 頁，参考文献が 27 頁でかなりの分量となっている．Kohn の他の著作と同様，文献や研究を渉猟したことが窺われる．
　まえがきでは，子育てに関する「常識」が伝統的な考え方に支配されていることを指摘する．政治的・社会的進歩派でも，子育てになると「保守的」な立場を取るのである．Kohn がこれに気づいたのは，両者の学校教育についての姿勢に共通点を見出したときであった．ジョージ・W・ブッシュ大統領（任期 2001 年 1 月～2009 年 1 月）とバラック・オバマ大統領（任期 2009 年 1 月～2017 年 1 月）の一般政策は大きく異なるが，教育については，前者の "No

Child Left Behind Act" と，後者の "Race to the Top" は同一の考えに基づいており，「学力向上＝標準化された試験成績の上昇」と捉え，学校間（とりわけ公立学校とチャータースクールの間）での競争を導入することでそれを達成しようとする方向は同じであると，Kohn は指摘する[21]．

同様に子育て・家庭教育についても以下のような「共通認識」があるとする．
・現代では，放任的な親が子どもに限度を示したり，「ダメ」と言うことがない．
・親は子どもを過保護にして，子ども自身の過ちによる当然の報いを体験させない．子どもは失敗から学ぶものであるが，親がその機会を奪っている．
・大人たちは子どもに自分が特別であると感じさせることばかりを考えているため，当然の権利としての特別扱いを主張する自己愛的な子ども（entitled narcissists）世代を育てている．チームが勝たなくてもトロフィーが得られ，何も特別なことをしなくても誉められ，学校ではどのようなものを提出しても A がもらえる．そして容赦ない現実世界に踏み込んで初めて厳しい現実に目が覚める．
・若者が必要としている——そしてもっていない——のは自尊心ではなく自律心である．それは，満足を先延ばしにし（defer gratification），衝動をコントロールし，そして長期にわたって課題と取り組み続ける力である[22]．

その上で Kohn は現在の議論を 3 つに分類する．つまり①事実の叙述（「甘やかしが広まっている」など），②予測（「甘やかされて育てられた子どもは成人したときにうまくやっていけない」），③価値判断（「自尊心は勝ち取られるべきものである」）の 3 つである．①についてはそれが正確かどうか，②についてはそれを支えるデータがあるかどうか，そして③についてはその価値が妥当（defensible）かどうか，を検討することが，以下の各章の課題であるとしている．

第 1 章では「親が自由放任主義であり，子どもが甘やかされている」という批判が検討されている．Kohn によれば，この種の言説は古代ギリシャのヘシ

---

21) *The Myth of The Spoiled Child*, 2016, pp.2-3.
22) ibid. pp.3-4.

オドスやソクラテスにまで遡ることができるという．そして19世紀以降，常に1世代前を参照して「昔に比べて今の親は甘く，子どもは甘やかされている」と繰り返されてきたとしている．現代について，「自由放任主義の子育てが一般的であるという証拠は全くない」とKohnは主張する[23]．また現在の子どもが以前に比べて甘やかされていたり，自己愛が強いという傾向は証明されない．Kohnは「郷愁は記憶喪失の裏返しにすぎない」[24]というAdrienne C. Rich（1929年～2012年）の言葉を引用して，過去の美化を戒めている[25]．

　第2章では，「親（良い親）であることとはどういうことか？」が論じられる．親は自由放任主義であることを恐れるあまり，逆に子どもをコントロールしようとすると，Kohnは主張する[26]．そして彼が力説する「do（ing）to～」（～に何かを行う）に対する「work（ing）with～」（～と一緒に動く）が改めて説明される（この両者の対比表現はKohnの教育についての最初の著作である *Beyond Discipline*（1996年）で多用されており，*Unconditional Parenting*（2005年）を含め，その後も繰り返し用いられている）．

　「work（ing）with」はコントロールではなく協働（collaboration），力よりも愛と理性を強調するものであり，以下の要素を含むとされる．

・子どもを無条件で受け入れる．すなわち子どもが行うことに対してではなく，子どもがその子である（who they are）ことで愛する．
・子どもが自分に関わる事柄について決定する機会を日常的に与える．
・従うことを求めることよりも，子どもの必要性に対応し，助言を与えることに焦点を当てる．
・良くない行い（misbehavior）を，子どもが罰を受けるという「結果」に結びつく逸脱と見なすのではなく，問題解決と教育の機会と見なす．
・子どもの行動を引き起こす動機や理由を理解するために，行動の背後を見る[27]．

---

23) ibid. p.20.
24) ibid. p.11.
25) 同様の指摘は家族史の領域でもなされている．例えばStephanie Coontz：*The Way We Never Were: American Families and the Nostalgia Trap*, Basic Books, 1992などがある．
26) 同様の見解は *Unconditional Parenting*, p.49にも見られる．
27) *The Myth of The Spoiled Child*, 2016, p.39.

このような子育てを行うことで，子どもは親の言うことを受け入れるようになり，成長してから社会面でも学業面でもより健全になる，ということが実証されている．

このような「working with」は「甘やかし」とは異なるが，両者が混同され，同時に「甘やかし」の反対が「権威主義的（authoritarian）」であると見なされるために，「working with」が正しく理解されないと Kohn は述べる[28]．

第3章は，甘やかし（overparenting）について検討している．以前よりも甘やかしが広まったという根拠はないとした上で，甘やかしはむしろ「子どもに対する過度のコントロール」だと理解するべきだとする[29]．そしてこのコントールには「行動のコントロール」と「心理的コントロール」があり，後者は愛情を梃子として行われるのである（「言うことを聞かないとお前を愛することをしない」という暗黙のメッセージを送る）．これは「条件付き愛情」の行使であって，子どもにとって親の愛は与えられるものというよりも，勝ち取るものとなり，そのように思う子どもは自らをたいしたものではないと感じるようになる[30]．

更に近年語られることの多い helicopter parents（子どもの上をヘリコプターのように旋回して，何かあれば直ぐに降りて助ける，というイメージから，過度に世話を焼き介入する親．ここでは主に大学生の子どもに対して論じられている）についても，そのような親が増えたという事実は確認できないとしている．その上で独立（self-sufficiency）・自立（independence）と成熟（maturity）・自律（autonomy）は異なると述べる．重要なことは親から離れてすべて自分でするようになることではなく，親との関係を保ちながら，自分の利益や価値観に合った行動ができるようになることであるとする[31]．そして子どもの意向や必要に応じた対応を行い，子どもがどのように感じ認識するかを第1に考えることが重要であると述べる[32]．

28）「authoritarian」ではなく「authoritative」（権威のある）であるべきだという主張もあるが，Kohn は両者に本質的な違いはないとしている．
29）*The Myth of The Spoiled Child*, 2016, p.60.
30）ibid. p.65.
31）ibid. pp.72-73.
32）ibid. p.74.

第4章は,「ドッジボールが攻撃性を高め, 弱いものいじめになるという理由で禁止した学校に対する批判(それは人生の教訓を教える機会を奪うものである)」「課題に零点をつけるのを禁止した学区に対する批判(生徒の出来に応じた点数は当然である)」「優秀な成績を収めた生徒だけを集めて賞を与えることを止めて, 全員の生徒の前で多くの分野についての賞を与えることとした学校への批判(優れていることを評価しないことは誤りである)」の事例から始まる. これらはすべて動機づけに関わる「報酬」「競争」「失敗」の問題である. 本章では経験的(empirical)な側面——証拠によって事実であるかどうかが判断できる面——を検討し, 次章で, 規範的(prescriptive)な側面——論者の選択や価値観の問題——を扱う[33].

報酬については *Punished by Rewards*(1993年)で扱われた問題が再論されている.「何をしても皆が報酬を得られるのであれば, がんばらなくてもよいのではないか?」という問いに対して Kohn は, 報酬(reward)や賞(award = 希少性のある報酬)は最終的には動機づけを下げるという. 動機づけには外発的(extrinsic)動機づけと内発的(intrinsic)動機づけがあり, 重要なのは後者である. 外発的動機づけを与えることは, 行為の内容自体についての興味を下げるのである[34]. 賞は競争によって得られる(「希少性」を求めて競う)ものであるが, 報酬も同様の効果をもつ. 更に「自分が成功するためには人が失敗しなければならない」という意識をもたせることになる[35].

また「将来の人生のために, 子ども時代から苦痛や失敗といった不快な経験をすることが必要である」という主張については, 誤ったものであると指摘する. Kohn は BGUTI(Better Get Used To It;慣れておいたほうが良い)と表現しているが, 子どものときに意図的に不幸な体験をしても, 大人になってから不幸により良く対処できるものではない, としている. むしろ, 子ども時代に成功と喜び, 支援や尊重, 愛情ある導き, 無条件のケア, 自分自身についての決定権を与えられることが, 実社会の問題に対処するための準備であるとい

---

33) ibid. pp.75-77.
34) ibid. p.80.
35) ibid. p.82. この点は, 協同学習の1つの手法であるジグソー法を提唱した E. Aronson も強調している.

う[36]．

　失敗についても同様で，成功するために必要なのは，それに先立つ成功体験である．「成功を求めること」と「失敗を避けようとすること」とは全く異なることであって，失敗体験は成功を求める挑戦への動機づけを減退させる．あるいは self-handicapping（失敗を正当化するために初めから努力しないこと）が見られるようになる[37]．

　第 5 章は，前章で扱われた問題の価値的な側面が論じられる．動機づけのために報酬が必要であるという判断の背後には条件性（conditionality），競争が優秀さにつながるという判断には希少性（scarcity），そして失敗や不幸が将来への有効な備えとなるという考えには剥奪（deprivation），が各々基本的価値と見なされていると指摘する[38]．

　まず条件性については，報酬（賞賛）にせよ罰にせよ，それらは子どもへのコントロールであるとする．特に賞賛（褒めること）については一般的に「子どもを褒めすぎるのは良くない」「本当に褒めるに値する場合にのみ褒めよ」と言われるが，それは，親が是認する行為を褒めることによって，子どもへのコントロールを強める結果になるからである[39]．

　次の希少性については，社会の原理がなぜ競争的なのかを問うべきであるとする．トロフィー（賞）をより多くの子どもに与えることは，競争自体の解消にはならず，「自分が成功するためには他人の失敗が必要である」というメッセージは残る．能力に違いがあるのは当然であるが，それは「誰かが勝ち，誰かが負ける」という枠組みで考えるのではなく，「できる者は幸運にも，できない者を助ける立場にある」「できる・できないが逆転する領域では役割交代する」と，互いの良さを見ることができるように再認識（reframe）される必要がある[40]．

　最後の剥奪については，BGUTI の考えは，結局のところ現状肯定を教える

---

36) *The Myth of The Spoiled Child*，2016，p.92.
37) ibid.　pp.96-97.
38) ibid.　p.102.
39) ibid.　pp.106-107.
40) ibid.　p.110.

ことであり，現実を批判的に分析することをさせないという．大切なことは，現状とは別の在り方が存在することを考えられるようになることである[41]．

ここまでは主に，親（大人）の子どもへの姿勢についてであったが，第6章以下は子ども自身の認識に関わる問題を扱う．第6章は自尊心（self-esteem）を論じている．

自尊心は1980年代から重視されてきたが，1990年代半ばからバックラッシュを受け，自尊心の弊害が強調されるようになったという．自尊心は定義することが難しいが，少なくとも「真の自尊心」と「自己愛的な自己誇示（narcissistic self-aggrandizement）」とは全く異なるものである[42]．そして自尊心は基本的には子どもにとって重要なものであり，低いよりも高いほうが良いが，大切な要素は「安定性（stability）」であるとする．安定しない自尊心（状況に依って自尊心を感じられたりそうでなかったりする）は一般的に低い自尊心になると同時に，怒りや抑うつ，不安につながるのである．そしてこれは条件性（条件つきの評価）によるという．子どもは条件つきでしか自分を受け入れられなくなり，「あることをするときだけ自分には価値がある」と感じる．Kohnは，自分自身をどう見るかにとって，自分が何をするかは付随的なものであるべきだと結論づけている[43]．

第7章は自己規律（self-discipline）についてである[44]．ここでは近年よく語られるトピックについて批判的な検討が行われる．

第1は「マシュマロ実験」である．これは子どもにお菓子を見せて「いつ食べてもよいが，私が戻ってくるまで我慢したらもう1つ多くあげる」と伝えて1人にさせ，我慢できるかどうかを実験したものである．一般的には「我慢できた子ども（自制心がある子ども）は将来学業面でも社会面でも優れている」という形で紹介されるが，これは誤りであるとする．実験を行ったWalter

---

41) ibid. p.118.
42) ibid. p.126.
43) ibid. p.139.
44) ibid. pp.141-142. ここでいくつかの用語が整理されている．self-disciplineは「望ましいと見なされることを達成するように意志の力を発揮すること」，self-controlは「望ましくないと思われることを避けるように意志を用いること」，そしてself-regulationはこの両者を含んで「『自然の』性向を克服すること」であるとする．

Mischel の関心は個人の自制心ではなく，我慢できるメカニズム（状況）であり，自制心（self-control）を発揮しなくてもすむように，例えばおもちゃで遊んだりすることで気を紛らわした子どもが食べるのを我慢できたのである．その上で，自制心が全面的に良いものであるとは限らないと指摘する．
例えば，
- 自制心の高い子どもは，自発性や穏やかな感情生活をもちにくい．
- 自制心が過度に強い幼児は，若者になったとき，慣習的，道徳主義的で，不確実さを許さない傾向がある．
- 自制心が強い 10 代の若者は，麻薬を使うことは少ないが，「自制心が低く，少しは麻薬に手を出すかもしれない」若者に比べて，全体としてうまく社会に適応できない．
- 過度の自制心により，若い女性（男性ではない）はうつ状態になる危険がある．

自己規律は健全さよりも，傷つけられやすさ（vulnerability）の証であり得ると Kohn はいう[45]．

次に「内的統制（control from within）」であるが，第 4 章で述べられた外発的動機づけ（extrinsic motivation）と内発的動機づけ（intrinsic motivation）を敷衍し，内的統制がすべて「内発的動機づけ」ではないと指摘する．そこには内面化された（internalized, introjected）動機づけもあるのである．外部からの指示や命令に従うことを，自分自身で行うようにすることが「内面化された動機づけ」であり，これはむしろコントロールの強化である[46]．

第三に「やり抜く力（grit）」である[47]．非認知的技能（能力）の 1 つとして近年注目されているが，Kohn は以下の 3 点を指摘して批判している．
- すべてのことに行う価値があるわけではない（まして長い期間にわたっては）．
- やり抜くこと（persistence）は非生産的で不健康になることもある．

---

45) ibid. p.151.
46) ibid. p.156.
47) Kohn も触れているように，この用語は米国の心理学者 Angela Lee Duckworth が自らの学説のキーワードとして用いたことで広く知られるようになった．Duckworth : *Grit: The Power of Passion and Perseverance*，Scribner, 2016 を参照．

・一般的に言われているほど,「やり抜く力」には利点が多くない[48].

　何かを行う場合,計画を立てたり,他者と協働したり,自信をもちながらも謙虚に取り組んだりするといった様々な要素が必要であり,「やり抜く力」もその1つではあるが,それだけを取り立てて重要視する理由はないという.「何をするのか」ということと同時に「なぜするのかという」理由・目的が重要であり,これは外面的な行動だけの問題ではないが,「やり抜く力」論はその点を見ていないのである.

　以上のように,「自制心」「内的統制」「やり抜く力」を批判的に見た上で,最後になぜこのような主題が取り上げられるのかが問われている.Kohnは「Cui bono?（誰が得をするのか？）」ということを問うべきであるという.個人の資質に着目することで,すべては個人レベルの問題とされてしまい,社会の構造や動きに関心が払われなくなる.そして現実をより良いものに変えていこうという意思を育てることもできなくなるのである[49].

　以上の議論を受けて,終章である第8章は子育ての目的を論じている.子どもは社会の要求と規則に従い,言われたことを行うように育てられているというのがKohnの現状認識である[50].その上で彼は子どもに「reflective rebelliousness（思慮深い反抗性）」を育むべきであると主張する.そのためには第1に,思いやり（care）への性向をもつよう支援し,向社会的志向（prosocial orientation；他者全体のより良い在り方とともに特定の人のためになるように行動すること,自分以外の視点から社会を見ること,周囲の人の思いに共感すること,そして他者を思いやり困っている人を助けること）を育むこと,第2に,自信がもて自己主張（assertiveness）できるように支えること,第3に,懐疑（skepticism）と非同調（nonconformity）の価値を認める（「なぜ」「いや」と言える）ようにすること,を挙げている[51].

　最後に"deep modeling"の重要性が指摘されている[52].これは子どもを「舞

---

48) *The Myth of The Spoiled Child*, 2016, pp.159-163.
49) ibid. pp.170-172.
50) ibid. p.177.
51) ibid. p.186.
52) ibid. p.191. この用語はKohnの造語であると考えられる.

台裏に（backstage）」連れて行くことであるとして，大人が何をするかだけではなく，なぜそれをするのか，どのように考えるのかを子どもに伝えることであるとする．子どもはそのことで大人の行動を「完成品」と捉えず，その行動を起こすプロセスを知ることができるようになるのである[53]．

3 Kohn の提起する論点とその意義

3.1 提起する論点

ここまで Kohn の2冊の著作によって，彼の家庭教育・子育て論を紹介してきた．彼の論点は以下のとおりである．

第1には，根拠のない憶測や信念に基づいて，「現状批判」や「提言」が行われることへの批判である．存在しなかった「古き良き時代」を想定して，そこから現状を「批判」することや，研究内容を正しく理解せず，「処方箋」を出すことを強く批判しているのである[54]．

第2には，子育て・家庭教育論が，外から見て取れる行動や，測定可能で短期的な成果や変化のみに着目して，子どもの内面や長期的な視点を欠いているということである．「親が部屋から出て行った後で子どもが何をするか」[55] が大切なのである．あるいはどのような大人になっていくのかがもっと問われるべきなのである．

第3には，第2と関連して，これまでの議論では「何のために？」という目的が問われないできたということである．ある子育ての方法が「有効」であるという場合に，「何のために？」すなわち「どのような子どもを育てようとしているのか？」という問いがなされないまま議論が行われてきたと彼は主張

---

53) ibid. pp.191-192.
54) ちなみに，2016年の Oxford Dictionaries が「今年の言葉」に選んだ単語が「post-truth」であった．これは「客観的事実よりも感情や個人的信念のほうが世論を形成するのにより影響力をもつ状況に関する（もしくは状況を示す）'relating to or denoting circumstances in which objective facts are less influential in shaping public opinion than appeals to emotion and personal belief」を意味する形容詞である．Kohn の批判する状況がさらに拡大することが考えられる．
55) *Unconditional Parenting*, 2005, p.52.

する．もちろん「どのような子どもに育てるのか」は問われてきたが，目的とされる子ども像（そして人間像）自体が検討されることはなく，「親の言うことに従う」「社会の決まりを守る」ことが無条件に是認されてきたのである．Kohn は，現状肯定をするのではなく，社会を変える力をもつ子どもの育成を目指している．

そして第 4 には，従来の子育て・家庭教育論が子どもを「コントロール」しようとする発想に基づくものであるという点である．これは人間の外面的な行為にのみ焦点を当てる行動主義的発想[56]である．そしてコントールは褒美や罰だけでなく愛情によっても行われるのである．先に触れたように「do(ing) to ～」ではなく「work(ing) with ～」を強調することで，親が 1 人の人間として率直かつ誠実に子どもと向き合い，支えることの重要性を Kohn は主張する．

3.2　Kohn の主張の意義——自明性への疑い

Kohn の主張の最大の意義は，自明性への疑いにある．子育て・家庭教育に関する議論は，個人的経験に基づくことが多く，何が事実であるのか把握するのが難しく，同時にその難しさがほとんど意識されていない．「当然である」と思う時点で思考が停止し，それ以上追求する必要性を感じないためである．その中で，「今の子どもは甘やかされているので，厳しさが必要である」「我慢ができない子どもが増えており，自制心を高めることが大切である」などという漠然とした，しかし強固な「思想」が形成されるのである．そしてそれが政策決定や制度設計にも影響を及ぼす．このようなことは無意味である以上に有害であろう．Kohn の指摘はそのような現状への鋭い問題提起である．

もう 1 つの意義は，子育て・家庭教育の目的と方法について，原則的考え方を見直すための包括的提言を行っている点である．子どもを 1 人の人間として尊重し，親（大人）として誠実に指導していくという基本的な方向性は，彼の「競争」や「報酬」や「人間の本性」に関するリサーチを踏まえたものであり，説得力がある．これをどのように具体的に実践するかは読者である私たちの課

---

56) 人間の外的な行動に着目し，「刺激—反応」で理解しようとする行動主義への批判は，Kohn の議論の基本的なモチーフである．

題である.

おわりに

筆者が Alfie Kohn の名前を知ったのは，Elliot Aronson, Shelley Patnoe *Cooperation in the Classroom: The Jigsaw Method*（Pinter & Martin Ltd., 2011 年）の序文においてであった．そこでは，Kohn の *No Contest*（1986 年）を引用して「ジグソー法を採用している学校が増えている」ことが述べられていた．この本では Kohn の名前はその部分に 1 回出てくるだけであったが，その後調べていくにつれ，多くの著作や記事を持っている人物であることがわかった．彼の基本的問題関心は Aronson らと同じく「競争原理の克服」であり，その意味でジグソー法とも関わっている．本章では主に子育て・家庭教育論を扱ったが，今後は学校教育に関わる議論も含めて検討する予定である．

Column5 「専業主婦」と「専業主夫」

少し前の新聞の小さな記事に次のようなものがありました．

> 厚生労働省の調査によると，独身女性の 3 人に 1 人が結婚したら専業主婦になりたい」と思っているのに対して，結婚相手に専業主婦になって欲しいと思っている男性は 5 人に 1 人にとどまった．

調べてみると，この調査は「若者の意識に関する調査」というタイトルで発表されていますが，報告書の表紙には『少子高齢社会等調査検討事業報告書（若者の意識調査編）平成 25 年 3 月株式会社三菱総合研究所』と書かれていました．

新聞の記事だけでは詳細はわかりませんので報告書を見ると，女性への質問は「結婚（事実婚含む）したら専業主婦になりたいと思いますか」，男性への質問は「結婚相手（事実婚含む）の女性は専業主婦になってもらいたいですか」となっていて，回答の選択肢は「そう思う」「どちらかといえばそう思う」「どちらともいえない」「どちらかといえばそう思わない」「そう思わない」の五択です．

この 5 つで最も多いのは男女とも「どちらともいえない」です（男性の半分，女性の 4 分の 1）．その次が「どちらかといえば（そう思う／思わない）」で，はっきりとした「そう思う／思わない」は少数派であることがわかります．新聞記事は「女性のほうが専業主婦を望んでいるのに対して，男性はそうでもない」として，従来の意識（「女性は働きたいと思って，男性は妻に家にいて欲しい」）の逆転を伝えたいのだと思いますが，少なくともこれだけでは何とも言えないように思われます．むしろ，回答をしたのは未婚の若者だと考えられますので，当然のことかもしれませんが，結婚生活への明確なイメージがまだもてないと解釈できるのではないでしょうか．

ただ私はこの設問自体に違和感を覚えるのです．どうして「専業主婦」はあって「専業主夫」という選択肢がないのでしょうか？　多くの調査でも同

様ですが，ここには「女性が家庭責任を負うもの」という抜きがたい前提があることがわかります．「男は仕事・女は家庭」という性別役割分業に対して「男は仕事・女は仕事も家庭も」という「新性別役割分業」が30年以上前から語られています．「女性が働くことは良いが，家事や育児もきちんとしなければならない」という無意識的な思いが，今でも強いのではないでしょうか？

「イクメン」という言葉が作られてしばらく経ち，あちこちで見かけるようになりました．(「育児をする男」ですね．) しかし「イクメン」のイメージは職業をもっていて（多くの場合は大企業などのサラリーマン），育児休業を取得したり週末に子育てをする，というものです．男性が仕事をもたず「主夫」になることはほとんど考えられていません．

（主夫の代表格でよく名前が出るのはジョン・レノンですが，とても普通の男性のモデルにはなりません．）

「現代社会では人生の選択肢が広がった」とよく言われますが，本当にそうなのでしょうか？ 「妻がバリバリ働いて，夫が家庭責任を担う」，あるいは人生のある段階でそのような形を選ぶということが，抵抗なく社会に受け入れられるようになれば良いのではないかと思っています．

[2013年]

補章　アルフィー・コーンの教育論の諸相
1節　道徳教育の目的と方法——キャラクター教育批判

はじめに

　本節は米国の教育理論家 Alfie Kohn（1957年～）による，道徳教育の1つの潮流であるキャラクター教育[1]への批判とそれをめぐる議論（主に1997年～98年）の検討を通して，これからの道徳教育の目的と方法について考察するものである．

　Kohn の著作や主張については先に家庭教育論に焦点を当てた紹介を行った[2]．Kohn の議論は，教育界での「常識」を実証的なデータによって検証しようとするものである．例えば「標準テスト（standardized test）」によって学力向上を目指すことや，そもそも標準（standards）を一律に設定すること，あるいは宿題を出すことが，子どもの学習にとって害となることを様々な研究に基づいて検証している．

　また，Kohn が好んで用いる表現に「"do（ing）to" ではなく "work（ing）with"」というフレーズがある．子どもに対して何かを行う（命じる，罰する，誉めるなど）のではなく，子どもとともに動く姿勢の重要性を述べたものである．彼によれば，罰だけではなく誉めることも子どもへの統制（control）であり，子どもの内発性や自発性，あるいは学習内容への関心を損なうのである．

　このような基本姿勢をもつ Kohn にとって，キャラクター教育への批判がも

---

1) character education．「人格／品格／品性教育」などと訳されるが，「人格教育」はキリスト教（特にカトリック）教育の中で用いられ，「品格」「品性」には評価的要素が含まれることから，本書では「キャラクター教育」とする．
2) 5章参照

つ意味を検討することも本節の課題である．

本題に入る前に，簡単に米国の道徳教育の流れを確認する．西村正登は，戦後米国の道徳教育の流れを次の3つに整理している[3]．
① 価値明確化（values clarification）論による道徳教育
② 道徳性発達の理論的枠組み（「モラル・ジレンマ」）による道徳教育
③ キャラクター・エデュケーション

①の「価値明確化」論は，特定の価値を伝えようとする伝統的道徳教育に対して，1960年代の様々な社会運動による異議申立てや，既成の価値観への懐疑を背景として主張されたものである．これは「子どもの自主的な生活経験を重視するJ. Deweyの理論を継承しながら，人間の生活経験の中で生まれ，培われた自らの価値を自覚し，提示されたいくつかの価値から自主的に選択させていく」[4]方法である．これは当時，例えば人工妊娠中絶について，道徳や宗教が是非を決める問題ではなく「選択の問題」とされたこととも関連していると考えられる（中絶容認派はpro-choiceと呼ばれる）．そしてこのような個人の権利の主張を重視して「価値を選択する」道徳教育が，価値の相対化につながることは当然である．そのため道徳的価値を「好みの問題」とすることへの批判が起こった．

次に登場したのが②の「道徳性発達の理論的枠組みによる道徳教育」であった．これは1970年代にLawrence Kohlberg（1927年〜87年）が提唱したもので，正義（justice）を軸とした道徳性の発達を大きくは3段階に分類して，より普遍的な価値判断ができる能力の育成に向けた道徳教育を構想した．その方法としては「モラル・ジレンマ」[5]を提示し，子どもに討議させ各自の結論を導くこととされた．この方法は子どもの道徳的認知に重点を置いたものであり，それが必ずしも行動に結びつかないという批判が見られた．また

---

3) 西村正登『現代道徳教育の構想』風間書房，2008年，pp.28-42．この3つの段階への整理は後述の水田聖一も同様に行っており，一般的な理解であると言える．
4) 同上 p.33.
5) 相反する価値の衝突が短い物語の形で示される．Kohlbergは「ハインツのジレンマ」（癌にかかっている妻を助けたい夫ハインツが，自分が買えないほど法外な値段をつけている薬屋から薬を盗むことは許されるかどうか）を提唱した．

Kohlberg 自身は普遍的価値を想定していたが，実際にはこれもやはり価値の相対化につながるという面も指摘された．

　そこで 1980 年代に入って主張されたのが③の「キャラクター教育」であった[6]．その代表としては Thomas Lickona（1943 年～）の *Educating for Character: How Our Schools Can Teach Respect and Responsibility*（1991 年）や William J. Bennett（1943 年～）の *The Book of Virtues*（1993 年）があり，全米各地で様々なプログラムやカリキュラムが実施された[7]．その基本的な考え方は，「教えるべき道徳的価値を明確化し，それを子どもに伝える」ことである．Lickona は「尊重（respect）」と「責任（responsibility）」とを基本的な道徳的価値概念とし，そこから派生する価値として「誠実（honesty），公正（fairness），寛容（acceptance），分別（prudence），自己訓練（self-discipline），援助（relief），同情（compassion），協力（cooperation），勇気（courage）」[8] を示している．このような道徳教育の主張は 1920～30 年代にも行われており，また Bennett はレーガン政権の下で教育長官を務めた人物であることからもわかるように，キャラクター教育は全体として保守的傾向をもっている．

　キャラクター教育に関する日本の論文の中で，Kohn について言及しているのは，管見の限りで水田聖一「アメリカ道徳教育の新しい潮流」[9] と伊藤啓一「アメリカにおける品性教育の発展」[10] である．水田は以下のように述べている．

---

6) これについては本章で触れるもののほか，以下の文献を参照のこと．
　・Charles E.Greenawalt II：*Character Education in America*, Commonwealth Foundation for Public Policy Alternatives, 1996.
　・荒木寿友「T. リコーナの品性教育論：総合的アプローチの特徴と課題」京都大学大学院教育学研究科・教育方法学講座『教育方法の探究』5 号，2002 年 3 月．
　・町田万里子「T. リコーナの「キャラクター・エデュケーション」に関する研究」山口大学大学院東アジア研究科『東アジア研究』10 号，2012 年 3 月．
　・青木多寿子「品格教育とは何か：心理学を中心とした理論と実践の紹介」『発達心理学研究』25 (4)，日本発達心理学会，2014 年．
7) 伊藤啓一「アメリカにおける品性教育の発展」高知大学教育学部附属教育実践研究指導センター『高知大学教育実践研究』16 号，2002 年 3 月，pp.109-116.
8) Thomas Lickona：*Educating for Character: How Our Schools Can Teach Respect and Responsibility* Bantam Books, 1991, pp.43-45.
9) 水田聖一「アメリカ道徳教育の新しい潮流」富山国際大学『国際教養学部紀要』2 号，2006 年 3 月，pp.179-186.

> 近年，人格教育に対するいくらかの問題点も指摘されてはいるが，おおむね多くの人々は，人格教育を受け入れていると思われる．例えば，教育専門誌『カッパン』誌，1997年2月号で，アルフィー・コーン氏（『競争社会をこえて』，『報酬主義をこえて』などの著者，ともに法政大学出版会）による人格教育への批判と人格教育支持の両論が掲載され，1998年2月号では，コーン氏への多くの反論とコーン氏による再反論．2005年3月号では，人格教育を支持する論者によるコーン氏への補足的反論が掲載された．（p.186）

水田の論文はここで終わっており，論争の内容については触れていない．またKohnの批判に対して反論が行われ，上の引用にあるように「おおむね多くの人々は，人格教育を受け入れていると思われる」と評価しているが，その根拠は示されていない．

これに対して伊藤はKohnが「品性教育では子どもの問題行動を個人の品性に原因を求める点を指摘する」[11]と述べている．Kohnによれば「多くの品性教育のプログラムが，望ましい品性や価値観をもつ子どもを育成しようとしているが，人間の行為の多くは社会状況に依存しているという社会心理学的な事実を無視している」[12]のである．このように，伊藤はKohnの指摘を肯定的に取り上げているが，Kohnがどのようにキャラクター教育を批判したのか，何が論点とされたのかをより明らかにすることが，Kohnを理解するためには必要であろう．

以下，水田の言及を踏まえてキャラクター教育についてのKohnの主張とそれに対する反論，更にKohnの再反論を検討する．

---

10) 伊藤前掲論文
11) 同上　p.112.
12) 同上　p.112.

1　Kohn の問題提起

　Kohn がキャラクター教育について初めて主題的に論じたのは 1991 年の "Caring Kids: The Role of the Schools"（*Phi Delta Kappan*）［以下 *Kappan*］[13] であった[14]．ここで若干 Kohn の著作歴を確認しておく．註 2 の拙稿で見たように，Kohn が著作活動を始めるのは 1980 年代半ばであり，初期の主な著作は次の 3 点である．

- *No Contest: The Case Against Competition*（Houghton Mifflin, 1986 年／1992 年）
- *The Brighter Side of Human Nature: Altruism and Empathy in Everyday Life*（Basic Books, 1990 年）
- *Punished by Rewards: The Trouble with Gold Stars, Incentive Plans, A's, Praise, and Other Bribes*（Houghton Mifflin, 1993 年／1999 年／2018 年）

これらの著作では，「競争（原理）」「報酬と罰」といった人間の在り方や行動，あるいは人間の本性についての議論が中心となっている．その後 Kohn の関心は学校教育へ移っていく．1990 年代後半の著作は以下のとおりである．

- *Beyond Discipline: From Compliance to Community*（Association for Supervision and Curriculum Development, 1996 年／2006 年）
- *What to Look for in a Classroom... and Other Essays*（Jossey-Bass, 1998 年）
- *The Schools Our Children Deserve: Moving Beyond Traditional Classrooms and "Tougher Standards"*（Houghton Mifflin, 1999 年）

　初めの 2 著は，それまでに刊行された論文やブログ記事をまとめたものであ

---

13) 72（7），1991 年 3 月，pp.496–506．この雑誌は初等中等教育関係者で構成される国際的組織である Phi Delta Kappa International（1906 年設立，本部は米国インディアナ州ブルーミントン）が刊行する月刊誌（創刊 1915 年）である．発行部数は 3 万部程度．なお，*Phi Delta Kappa* と同名の，あるいは類似した名称の学生社交組織（fraternity）があるが，これらとは全く異なる．

14) 後に Alfie Kohn : *What to Look for in a Classroom...and Other Essays*, Jossey-Bass, 1998 に所収されている．

るが，学校での競争主義，懲戒，成績，標準テスト（とそれが目指すとされる「標準」）などが議論の対象となる．

　以上のように1991年は，Kohnが学校教育の問題に本格的に取り組み始めた時期よりはやや前であり，学校教育についての最初の論考の1つである．ここでキャラクター教育が取り上げられたのは，先に見たようにこの時期にこの問題が再登場していたという背景があると同時に，それまで彼が論じてきた，人の本性や賞罰の問題と密接に関わるものと判断したためであると思われる．

　Kohnはここで，キャラクター形成が学校教育で重要な課題になっていると述べ，そのためには，生徒に対して個々に働きかけるよりも，集団として共同体の価値を内面化していくこと（つまり「学級（学校）をどのようなものにしたいか？」を問うこと）が重要であるとしている[15]．そして，責任感や思いやりを伝えることが必要であると述べている[16]．また後述するChild Development Project（CDP）に触れ，「向社会的（prosocial）価値は，大人の教え込み（adult inculcation）と仲間との活動（peer interaction）の統合によって生まれる」[17]と述べている．このようにKohnはキャラクター教育自体を否定しているわけではなく，むしろその重要性を説いている．また「大人の教え込み」も否定してはいない．

　このような立場のKohnが「キャラクター教育批判」を行ったのは，*Kappan*の1997年2月号（78巻6号）に掲載された"How Not to Teach Values: A Critical Look at Character Education"においてである[18]．以下，その内容を概観する．

　Kohnはまずキャラクター教育という用語が，「広い意味」と「狭い意味」の2通りに使われていることを指摘する．「広い意味」では「子どもたちが『良い人々』に成長するのを助けることを目的として学校が提供するほとんどすべての教育活動」を指すのに対して，「狭い意味」では「特定の価値観と，子どもの本性や学び方に関する特定の前提に立つ道徳訓練の一定の方式」を指すと

---

15) *What to Look for in a Classroom...and Other Essays*, p.236.
16) ibid. p.227, pp.235–236.
17) ibid. p.244.
18) これも *What to Look for in a Classroom...and Other Essays* の第4章として収録されている．

する.そしてこの両者の意味が混同されており,「狭い意味」でのキャラクター教育が「広い意味」でのそれとして理解されていると述べる.Kohn の目的は,現在主張されているような「狭い意味」ではなく「広い意味」でのキャラクター教育の目的を達成するための別の可能性を考えることである[19].

次に「狭い意味」でのキャラクター教育は「説教（exhortations）」と「外発的誘導（extrinsic inducement）」であり,その方法は「教化（indoctrination；子どもに自分の振る舞い方を深く,批判的に振り返らせるのではなく,特定の行動を取るように訓練すること)」であると指摘する.具体的には,制服の着用を義務化したり,激励の話（pep talk）をしたり,標語のポスターを貼ったりすることである.

その上でキャラクター教育のプログラムの背後にある,意識的・無意識的前提に問題があるとし,以下の5つの問いを挙げて論じている.各々の問いとそれについての Kohn の議論は次のとおりである.

〔1〕どのレベルで問題が提起されているか

Kohn の主張の要点はキャラクター教育の主張者は「根本的な帰属の誤り（fundamental attribution error）」を犯しているということである.これは心理学者の Edward E. Jones と Victor A .Harris が 1967 年に発表した内容[20]について,Lee Ross が命名したものであるが,個人の行動を説明するときに,内面的な資質や性向のみに焦点を当て,周囲の状況や環境を考慮に入れないことを意味する.つまりキャラクター教育は「子どもを直す」ことを前提としており,子どもがある行動を選択するに至る状況や条件を無視していると述べる[21].

〔2〕人間の本性についてどう見ているか

Kohn はキャラクター教育が人間についての「暗い（dim）見解」に基づいた教育だと考える.すなわち,人は本来,自己中心的,攻撃的であり,これら

---

19) *What to Look for in a Classroom...and Other Essays*,pp.16 - 17.
20) Edward E. Jones and Victor A. Harris : The Attribution of Attitudes,*Journal of Experimental Social Psychology*,3（1），1967 年 1 月,pp.1 - 24.
21) *What to Look for in a Classroom... and Other Essays*,pp.20 - 21.

を常に制御する必要があるとする見解である．

〔3〕究極の目的は何か

　キャラクター教育は，保守的・反動的思想に基づいており，その最終目的は，伝統的社会秩序，そして現在の経済体制の維持であるとKohnは述べる．それは「子どもが規律と思いやりの心をもつ共同体の成員や社会正義の唱道者となる」という彼の考える教育の目的とは異なるのである[22]．

〔4〕教えるべき「価値」とは何か

　キャラクター教育は，対立する様々な価値がある中で，すべての人が同意できる「基本的価値のリスト」があり，それを子どもに教えるべきであるとするが，しかしそこに問題があるとKohnは指摘する．彼はCui bono?（Who benefits?「誰が得をするのか？」）を問うべきだと言う．例えば「勤勉さ」は，「行うように言われたことに価値があるかどうか疑問視することなく，ひたすら働く」ことであるが，それは誰の利益になるかを問う[23]．また「尊重」「責任」「市民性」も「権威への無批判の服従」の婉曲表現ではないかとも述べる．

　それに対してKohnが主張するのは，例えば「共感」（empathy；他者の視点から状況を見る能力），「懐疑」（skepticism；自分が出会ったものの妥当性を考える習慣），そして「自律」（autonomy；子どもが自分自身をpawnではなく，originであると感じること）といった価値である．

　価値に関わってKohnがもう1点指摘するのは，伝えたい価値と学校の状況との矛盾である．教師が「思いやり」（compassion）や「協力」（cooperation）を教えたいと考えているにも関わらず，学校では丸暗記を強いる一斉教授や，勝利を目的とする競争が行われているのである．

　このようにKohnは教えるべき価値の再検討を主張し，現在の学校にある保守的価値を更に強化するようなキャラクター教育の見直しを提唱するのである[24]．

---

22) ibid. p.23.
23) Kohnは近年教育界で話題となっている「grit（やり抜く力）」についても同様の観点から批判を行っている．The Downside of 'Grit'（Washington Post 2014年4月6日）
24) *What to Look for in a Classroom...and Other Essays*, pp.24-26.

〔5〕どのような学習理論に基づくべきか

　この論文の冒頭でも指摘されていたように，キャラクター教育の方法は「説教」や「暗記」(recitation) といった「教化」であるとKohnは述べる．それに対して彼は「構築主義」(constructivism) の立場を取る．これは学習が「知識や意味を自ら発明あるいは再発明する過程」であるとする見方であり，学習は一定の知識が伝えられることであるとする「伝達モデル」(transmission model) に対するものである．しかしこれは教師や大人の指導を否定するものではない[25]．「教師，親，そしてその他の大人は，子どもを導き，模範として振る舞い，道徳的成長を促す課題を与え，子ども自身の行動により他の人が受ける影響を理解させ，それによって，幼いときから子どもがもっている他者への関心を高め，育てるようにしなければならない」[26]のである．

　以上について論じた後，Kohnは結論として，キャラクター教育が行動主義，保守主義，宗教の3つの思想的基盤をもっており，このような教育とは異なる教育を行うべきである，と述べる．具体的には「定期的にクラスで話し合いをもち，そこで生徒が意見を分かち合い，計画し，決定し，そして一緒に考える」ことである．また他の人は世の中をどう捉えているのかを想像する「視点取得」(perspective-taking) の練習を意識的に行う機会を提供することである．

　最後にKohnは将来性のあるプログラムとしてChild Development Project (CDP) を紹介している．これはオークランド（カリフォルニア州）で1980年に設立されたNPOであるDevelopmental Studies Center (DSC)[27]が実施しているもので，「他者への配慮ができる子ども」を育て，「学校を思いやりのある共同体 (caring communities) にする」ことを目的としている．

　Kohnはここでそれ以上具体的な内容には触れていないが，CDPについての2000年の資料[28]によれば，このプログラムは次の5つの相互に連関する要素

---

25) ibid. pp.26-31.
26) ibid. p.33. なおこの点に関わって「価値明確化論」に言及しているが，それについてKohnは否定的である．
27) 現在の活動については https://www.collaborativeclassroom.org/ （閲覧日：2017年4月28日）．

からなる．

- ・価値について考えるために児童文学を活用する言語（language art）カリキュラム
- ・子どもが互いに協力することを学ぶ恒常的な訓練としての協同学習
- ・他者を尊重し学びを支える学級を創るための責任を生徒が分かち合うことができるように，学級の話し合いを活用する訓練
- ・異年齢での教え合いや「兄弟学級」（例えば5年生のクラスが2年生のクラスを「養子」にする）など，年長の子どもが年下の子どもを助けることができるようにする学校活動プログラム
- ・親に子どもの人格（character）の発達を促す手段を提供する家族活動

このプログラムはキャラクター教育を標榜してはいないが，Kohnはこのような取組みこそ，キャラクター教育が目指すものであると見なすのである[29]．

以上のように，Kohnはキャラクター教育が，子どもを「悪」に染まりやすいものと捉え，保守的（そして宗教的）な価値の注入になっていると指摘し，それに対して子どもの自律を促し共感的な市民を育成する教育を提唱するのである．

2　Kohnの主張への批評・批判

Kappan（78巻6号）におけるKohnの主張に対して，同号と，翌1998年2月号（79巻6号）に批評や批判が掲載され，後者にはKohnの再反論が掲載されている．これらに掲載された諸論文に焦点を当て，まずKohnへの批評・批判を検討する．

---

28) https://www2.cortland.edu/dotAsset/889edd00-0abf-464f-a875-f55ceee6028d.pdf#search=%27Child+ Deve lpopment+Preject%27（閲覧日：2017年4月29日）
29) これについては前掲の伊藤論文も触れているが，より詳しくは下記を参照．
  ・山岸明子「向社会性の発達を促す経験と教育：Child Development Projectの理論と実践」『順天堂医療短期大学紀要』4号，1993年3月，pp.70-79，http://ci.nii.ac.jp/els/110001058267.pdf?id=ART0001219767&type=pdf&lang=jp&host= cinii&order_no = &ppv_type=&lang_sw=&no=1493777080&cp=（閲覧日：2017年4月29日）

2.1　Denis P. Doyle "Education and Character: A Conservative View"

　この論文[30]はKohnの「キャラクター教育批判」と同じ号に掲載されたものだが，Kohnに対する直接の言及はなく，同じ号に異なる主張の論文が掲載された形となっている．副題に「保守的観点」とあることからわかるように，Kohnとは対照的な立場にある．Denis P. Doyleはデイトン大学の宗教学部でカトリック神学を研究してきた人物である[31]．

　Doyleは文化，言語，価値の3つを人間の存在に不可欠なものとし，道徳性は他の知識や技能と同様に，後天的に外部から与えられなければならないとする．また価値を含まない（value-free）学校というものは存在せず，「良い価値と悪い価値」「正しい価値と間違った価値」の区別があると考える[32]．

　そして，キャラクター教育は範例（example），学習（study），そして訓練（practice）という3つの要素からなり，範例は教師や親などの大人が示すものであるが，Kohnの考えとは異なり，一定の規範となる徳（model virtue）を教えなければならないとする．Doyleも教育が「引き出す」（draw out）営みであることには同意するが，「引き出す」ことができるものは，「エネルギー，熱心さ，情熱，精神，勇気」であって，道徳の内容ではないと考えるのである．学習では，ギリシャやキリスト教の古典，古代から現代までの散文や詩，文学を読むことを唱導する．道徳の問題について生徒同士で話し合うことよりも，そのテーマについて古人が考え，導き出した答えの内容を学ぶほうにより大きな価値を見出すのである．更に最後の訓練によって，学んだことが習慣化されていくと説く[33]．

　そして最後の論点として挙げているのが「神（God）なしに人は善であることが可能か」という問題である．キング牧師も公民権運動の基盤に宗教を位置

---

30) Denis P.Doyle : Education and Character: A Conservative View, *Kappan*, 78 (6), 1997年, pp.440-443.
31) なおSchoolNetという，ネットを活用した学校改革のための企業を立ち上げたDennis Doyleとは別人である（ファーストネームのスペリングも異なる）．
32) "Education and Character: A Conservative View" p.441.
33) ibid. pp.442-443.

づけたと指摘し，学校教育で宗教を無視することはできないと主張する[34]．

2.2　Perry L. Glanzer "The Character to Seek Justice: Showing Fairness to Diverse Visions of Character Education"

　Perry L. Glanzer はミッション系の私立大学であるベイラー大学（テキサス州）に属し，キリスト教と高等教育についての著作を発表している．この論文[35]では Kohn が「道徳性の理解に影響を及ぼすより深い論点を考えていない」とした上で，先の5つの問いを取り上げて，Kohn に対し次のように反論している．

　「どのレベルで問題が提起されているか」については，Kohn の「根本的な帰属の誤り」に関する指摘に対して，Glanzer は，個人に状況を変えるだけの人格がなければ，状況を変えようとする試みは失敗するだろう，子どもには道徳的勇気（moral courage）を養うべきである，そしてまた Kohn は子どもの意思の力の重要性を過小評価している，と反論する．

　「人間の本性についてどう見ているか」については，Glanzer はキャラクター教育が前提とする人間観が悲観的なものではないとした上で，ポスターや激励で徳性が身につくと思うのは，間違った意味で楽観的な人間観であると述べる．善を選び良い人格を開発するのは，運動や音楽の技能を習得するのと同様に，厳しい訓練が必要なのである．

　「究極の目的は何か」「教えるべき『価値』とは何か」については，Glanzer は道徳教育の目的が最終的に社会共同体の目的と一致することを認め，重要なことは徳性が，米国社会で善であると見なされているものについての道徳的ビジョンに貢献することである，と指摘する（旧ソ連の教育者は，共産主義社会

---

34) ibid. p.443. この論文は Robert Holland：*Character Education: Another Niche for Charter Schools*, Lexington Institute, 2003 でその概要が紹介されており，その中では（人間は本来善であるという立場に立つ）「ルソー的道徳教育」と（人間は本来利己的であると見なす）「ホッブズ的道徳教育」（Doyle は後者の立場）の違いについて Doyle の前掲論文を引用し，チャータースクールは，どちらかの立場を取ることで，それに賛同する生徒（保護者）を獲得できると述べている．http://www.lexingtoninstitute.org/wp-content/uploads/2013/11/character-education-another-niche.pdf（閲覧日：2017年4月29日）

35) Perry L.Glanzer：The Character to Seek Justice: Showing Fairness to Diverse Visions of Character Education, *Kappan*, 79 (6), 1998年, pp.434-436, 438, 448.

を建設するために，愛国心や勤勉さを教えようとした）．そして必要なことは，Kohnが示すような目的や徳性を認めることではなく，様々な目的や徳性について議論を行い，合意形成を図ることであると主張するのである．

「どのような学習理論に基づくべきか」については，Kohnは人間の能力とその発達の区別ができていないと，Glanzerは批判する．人は運動，楽器演奏，外科手術ができる潜在能力を生まれつきもっているとしても，その領域で熟達するためには，その能力を発達させる（カーブボールを打つ，ある和音を見つける，人体組織を正確に切る）ことが必要である．それと同様に道徳的発達も子どもが一定の行動習慣を獲得することで達成される．道徳を習慣化することで，人生における様々な側面において道徳的生き方が維持できるのである．

以上がKohnの5つの問いへの批判である．最後にGlanzerは，Kohnが（行動主義，保守主義，宗教に基づく）キャラクター教育に対して「社会心理学，自由主義，自然主義哲学」に依拠した道徳教育を提唱していると述べる．しかし教育制度が対象とする親や子どもは，これらの様々な見解を結びつける多様な世界観をもっているのであり，学校がどのようにしてそれらの多様性を正当に扱うかということが，最も重要な道徳的問題であるが，Kohnはそれを無視していると批判するのである[36]．

2.3　Jacques S. Benninga and Edward A. Wynne "Keeping in Character: A Time-Tested Solution"

Jacques S. Benningaはカリフォルニア州立大学フレズノ校のKremen School of Education and Human Development所属であり1997年から同校のBonner Center for Character Educationの所長を務めている．Edward A. Wynneはこの論文[37]執筆時はイリノイ大学で教育学を教えていた．彼らは"for-character education"というプロジェクトを行っており，その活動を踏まえての議論をしている．

まずKohnの提案する「民主的教育」「自尊心への教育」などはこれまでも

---

[36] ibid. p.438.
[37] Jacques S.Benninga and Edward A.Wynne : Keeping in Character: A Time-Tested Solution, *Kappan*, 79 (6), 1998年, pp.439-445, 448.

行われてきたが，それは厳格な評価もされておらず，十分な成果を挙げていないと指摘する．「懐疑」についても，それは 10 歳の子どもが親を疑うことを認めることになると主張する[38]．

そして Kohn の 5 つの問いに関して次のように述べる[39]．「どのレベルで問題が提起されているか」については，経済的状況（貧困や失業）は全体として改善されており，現在の若者の問題（殺人や自殺の増加）の原因が社会にあるとは言えない[40]．

「人間の本性についてどう見ているか」については，Kohn の言う「暗い見解」に同意するとして，若者が他人と自分自身に行う害に心を痛めていると言う．またこのような見解はプラトン以来「過去 2,500 年間の最良の精神の持ち主」によって共有されているのであり，そのような見解が Kohn の言うように全体主義的な教育をもたらすのではない．

「究極の目的は何か」については，Kohn の示す「思いやり」「協力」「自律」「自己決定」が重要であることを認めた上で，しかし，子どもは大人のミニチュアではないのであって，大人の働きかけと訓練が必要であるとする．「自律心を養い，自己決定させる」ための過大な自由を子どもに与えることは有害であるとも言う．それに対して "for-character education" が目指すものは「帰属意識と他者への責任」であり，また「自分と他者の学習と行動に生徒が責任を負う（権威や，自分の行為の結果を受け入れることを含む）活動が，向社会的な人格特性を向上させる」と指摘する．

「教えるべき『価値』とは何か」に関しては，Glanzer と同様に，特定の価値のリストを示すことはできないとしているが，具体的な価値の源として，合衆国憲法と権利章典，アスペン宣言（1992 年）から生まれた「人格の 6 本の柱（The Six Pillars of Character）」を挙げている[41]．また，宗教的伝統も無視できないとして，「貞節，結婚の神聖さ[42]，権威をもつ親や他者を尊重するこ

---

38) ibid. p.441.
39) ibid. pp.441-443.
40) ここで James Q. Wilson and Richard J. Herrnstein : *Crime and Human Nature: The Definitive Study of the Causes of Crime*, 1985 が引用されている．Wilson は「割れ窓理論」の提唱者であり「新保守派」と評されていた．また Herrnstein は *The Bell Curve*, 1994 年（Charles Murray と共著）で知能に人種差があることを指摘した．

と，慈善心を示すこと」などを示している．

　最後の「どのような学習理論に基づくべきか」については，「子どもに学んで欲しい特性と関連する行動を特定し，リスト化する」「それらを子どもと教職員に目標として示す」「子どもがそのような特性と道徳に結びつく活動が，個人でも集団でもできるような機会を与える」「望ましい行動ができたときは褒める」「望ましくない行動を特定し，禁じる」などの方法を示している．これはKohnが「説教」と呼ぶものであるが，自分たちの言葉では「染み込ませ」「伝達し」「習慣を形成する」と表すとしている．またKohnが否定する「外的動機づけ」も有効であると指摘している．

2.4　Amitai Etzioni "How Not to Discuss Character Education"

　Amitai Etzioniはジョージワシントン大学コロンビア芸術科学カレッジに所属する社会学者であり，共同体主義者として知られている．1993年にカレッジ内に，この論文[43]で言及されている共同体主義者ネットワーク（The Communitarian Network）[44]を設立した．Etzioniは共同体主義の基本的立場を踏まえ，以下の3点について述べている．

---

41) アスペン宣言はThe Josephson Institute of Ethicsによるもので，それを基に「6本の柱」が定められた．"Keeping in Character: A Time-Tested Solution"には項目のみ示されているが，The Josephson Institute of Ethicsの説明は以下のとおりである．
　・信頼：倫理的な人は信頼に値する．信頼に足ることは正直で，誠実で，約束を守り，忠実であることを意味する．
　・尊重：私たちは自分たちを尊重するとともに，すべての人が私たちから尊重される権利があることを銘記しなければならない．
　・責任：私たちは自分の行動に責任をもち，自制をして，常に最善をつくさなければならない．
　・正義と公正：公正は最も難しい価値の1つである．というのは，他人が同意をしないときでも，正しいことをすることを意味するからである．私たちは公正で正しいとわかっていることを行うようにしなければならない．
　・配慮：配慮は他人の利益への関心である．
　・市民的徳と市民性：責任ある市民であることは，公共への奉仕に携わることを意味する．例えば，投票すること，犯罪を通告すること，環境を守ること，そして自分たちが選ぶ候補者のために働くことなどである．
　　https://www.ncsu.edu/midlink/cc/cc.pillars.html（閲覧日：2017年5月1日）

42) sanctity of marriageの訳．一般的にこの表現は同性婚に反対する立場から用いられる．

43) Amitai Etzioni：How Not to Discuss Character Education, *Kappan*, 79 (6), 1998年, pp.446-448.

44) https://communitariannetwork.org/（閲覧日：2017年5月1日）

第 1 は，Kohn がキャラクター教育を「説教」と「外的誘因」によるものと批判したことには同意し，全体的な環境として学校を捉えるという自らの姿勢と一致すると主張する．第 2 に「人間の本性についてどう見ているか」に関して，「子どもについての極めて暗い見解（stunningly dark view；子どもは矯正されなければならないこと）」と「幾分懐疑な見方（somewhat dim view；子どもの意思によって問題行動が起こることがあること）」を等置していることを批判した上で，正しい行動を取ることができるための「自己訓練（self-discipline）」が重要であると述べる．単なる権威主義的な訓練では，生徒は監督されているときしか良い行動を取らなくなるため，規律の内面化が必要であり，それは構造化された環境（structured environments）の下で起こるとする．第 3 に「教えるべき『価値』とは何か」について，キャラクター教育がとりわけ保守的な価値を教えようとはしておらず，米国人として共有可能な価値を伝えていると述べている．そして教師が価値について語ることが重要であり，そうしなければそれ以外（テレビや街頭）からの声しか聞かないことになるだろうとしている．

2.5　Thomas Lickona "A More Complex Analysis Is Needed"

最後はキャラクター教育提唱の中心人物の Thomas Lickona である．この論文[45]では Kohn の議論について，以下の 5 つの点に答えている．

第 1 に，Kohn がキャラクター教育には「広い意味」と「狭い意味」があるとしたことに対しては，Character Education Partnership（CEP）が 1995 年に発表した「効果的なキャラクター教育の 11 の原則」やニューヨーク州立大学の "Center for the 4th and 5th Rs" に触れて，これらが「広い意味」でのキャラクター教育を行っているとしている[46]．

第 2 に Kohn が狭い意味でのキャラクター教育を「教化に等しい」としたこ

---

45) Thomas Lickona: A More Complex Analysis Is Needed, *Kappan*, 79 (6), 1998 年 2 月, pp.449-454.
46) ibid. p.450. なおここで例示されている 2 つの取組みは，いずれも Lickona が中心に関わっているものである．"4th and 5th Rs" は，respect と responsibility を「3 つの R（読み書き算）」に続く，4 番目と 5 番目の R と見なすことを指している．なお CEP については青木前掲論文が紹介を行っている．

とに対しては，やはり「11の原則」により，総合的なキャラクター教育は振り返りや道徳的感情や行動などを含んでいるとしている[47]．

第3にKohnがキャラクター教育は「訓練」が中心で「振り返り」が軽視されているとした点については，両者を二者択一的に考えることは無益であると指摘する．また「教化（indoctrination）」という言葉の第1の意味は「学習の原則の基礎について教える」ことであり，キャラクター教育はこの意味で「教化」を用いていると主張する．そして，キャラクター教育では子どもが考えるのを聞き，道徳的な推論を高いレベルに引き上げることに時間をかけていることを，具体的な例を挙げて示している．

これと関わってKohnがキャラクター教育への批判を，論文や著作，市販されているカリキュラムなどに基づいて行ったとしていることについて，そのような認識は正確ではなく，キャラクター教育を正しく捉えていないとしている．また人間の本性についてのキャラクター教育が抱く前提に関しても，Kohnの理解は正しくないと述べている[48]．

第4に，Kohnがキャラクター教育を全体として保守的な傾向をもっているものと捉えていることについて，キャラクター教育は広く，党派を超えた支持を得ており，CEPの目的も「より思いやりがあり責任をもつ社会のために，若者の市民的徳性と道徳的人格を育成すること」であって，保守的あるいは反動的なものではないとする[49]．

そして第5に，Kohnがキャラクター教育と宗教との関係を問題視したことについては，信仰をもつ人もそうでない人も「基本的な倫理的価値が，市民社会の合理的基礎であり，そして良い人格の基盤であることに合意する」と述べる．その上で，宗教の問題は複雑であるのでここでは触れられないとしている[50]．

最後に，Kohnの批判はキャラクター教育にとって健全なものであるとして，キャラクター教育が盲目的訓練にならないために道徳的判断（認知）の側面を強調すべきである点や，個人の徳性だけに焦点を当て，社会正義や公共善，民

---

47) ibid. p.450.
48) ibid. p.451.
49) ibid. p.453.
50) ibid. pp.453-454.

主的市民のための教育が軽視される傾向にある点については，Kohn の指摘を認めている[51]．

3　Kohnの再反論

以上の論考に対して Kohn は，前項 2-1〜2-4 の 4 論文が掲載された *Kappan* の 1998 年 2 月号における "Adventures in Ethics Versus Behavior Control: A Reply to My Critics"[52] で再反論を行っている．ここでは最初の論文の「5 つの問い」についての再論の部分を取り上げる[53]．

〔1〕どのレベルで問題が提起されているか
　ここでの議論は犯罪や反社会的行為がより大きな社会の力によって影響されることだけではなく，個人の人格を直す試みが，その人が生活したり学んだりしている制度にある問題を見過ごすことになる．そして学級もその制度の 1 つであるが，それを Glanzer は見落としていると述べる．

〔2〕人間の本性についてどう見ているか
　暴力が社会に蔓延しているという事実が，人間の生まれもった性質について何かを言う材料にはならず，キャラクター教育の「暗い見解」に対して，自分の考えがユートピア的であるという批判の根拠にはならないと言う．

〔3〕究極の目的は何か
　批判者は「すべての徳性を伸ばす」と言うが，あくまでも現状を維持する価値を重視しているのは明らかであるとしている．

---

51) ibid. p.454.
52) Alfie Kohn : Adventures in Ethics Versus Behavior Control: A Reply to My Critics, *Kappan*, 79 (6), 1998 年, pp.455-460. なお 1997 年 2 月号の Kohn の論文への批判的コメントとして，Frank J.Sparzo : Kohn Misses Mark, *Kappan*, 78 (9), 1997, p.732, L.John Van Til : A Fatal Flaw?, *Kappan*, 78 (10) 1997 年, p.810 と，それぞれへの Kohn の反論("The Author Responds") が Backtalk の欄に掲載されている．
53) "Adventures in Ethics Versus Behavior Control: A Reply to My Critics", pp.459-460.

〔4〕教えるべき「価値」とは何か

　ここでも批判者は，学校は社会で共有している多様な価値を教えていると述べているが，表面的には問題がないように見えるものでも，本当に共有している価値であるかどうかは明らかでない（例えば「責任」が「何も考えない服従」になり得る），あるいはある価値が実際にどのように適用されるのか，そしてある価値が別の価値と衝突するときに何が起こるのかについて，皆が同じように感じるのかも明らかでないと述べる．

〔5〕どのような学習理論に基づくべきか

　Kohn は自分の論文を 1 つの文にまとめるならば次のようになると述べている．すなわち「知的発達と同様に，社会的・道徳的発達は学習者が能動的に意味を構築していく過程である」．しかし多くのキャラクター教育は，子どもを受動的な入れ物と捉え，「価値」を注入するものである．

4　関連論文について

　この論争に関連して，*Kappan* の 2005 年 3 月号には，Pamela B. Joseph and Sara Efron による "Seven Worlds of Moral Education"[54] が掲載されている．これを水田は「人格教育を支持する論者によるコーン氏への補足的反論」[55] としているが，むしろ Kohn が「キャラクター教育に代わるもの」[56] を求めるべきとしたことを受けて，キャラクター教育を含む道徳教育の 7 つの「世界」を論じているものである．ここで示されている 7 つは以下のものである．

・キャラクター教育（character education）
・文化的伝統（cultural heritage）
・配慮のある共同体（caring community）
・平和教育（peace education）

---

54) Pamela B. Joseph and Sara Efron：Seven Worlds of Moral Education, *Kappan*, 86 (7), 2005 年, pp.525-533.
55) 水田前掲論文　p.186.
56) "Seven Worlds of Moral Education", p.525.

- 社会的行動（social action）
- 正義の共同体（just community）
- 倫理探究（ethical inquiry）

ここでは個々の内容については取り上げないが，著者たちは，キャラクター教育について，Kohn と同様の疑問を提示している（例えば，旗や掲示板に徳目を書くことが本当に子どもの心に届くのか，キャラクター教育は社会の多様性を反映していない優位な価値の注入ではないか，選ばれる価値が現状を維持し，それに従うことを求めるものではないか，など）[57]。そしてキャラクター教育がこの中では最も普及しているものであるが，道徳性と道徳教育については最も狭いビジョンしかもっておらず，ほかの6つがより人間的，想像的で深い見方をしていると結論づけている[58]。

なお水田は触れていないが，キャラクター教育に関係する Kohn の文章として，American Camp Association の年次大会での基調講演を基にしたものがあり[59]，以下の点を強調している．

- 子どもについて最善を想定せよ．
- 個人の人格だけでなく，社会構造も見よ．
- 子どもは決める経験を通じて，良い決定ができるようになる．
- キャラクター教育は内発的動機を高めることに努めるべきである．

「キャンプと子ども」というやや特殊なテーマに即したものであるが，ここで指摘している上記の4点は Kohn がかねてから主張してきたことであり，キャラクター教育についての論争後も基本的な考えは変わっていないことを示すものである．

---

57) ibid. p.532.
58) ibid. p.532.
59) Alfie Kohn: Rethinking Character Education: Challenging the Conventional Wisdom About Camping & Kids, *Camping Magazine*, 76（5），2003 年，http://www.alfiekohn.org/article/rethinking-character-education/（閲覧日：2017 年 4 月 24 日）

5　論争の意義について

　最後に一連の論争が道徳教育の目的と方法を考える上で提起したことと，この論争が Kohn 自身にもたらしたものについてまとめる．

5.1　道徳教育の目的について

　キャラクター教育を含む道徳教育の目的が，自ら道徳的判断と選択ができる市民を育成することにあるとする点では Kohn もキャラクター教育論者も合意できる．しかしそのためにどのような価値を子どもの中に育てるのかについては意見が分かれる．キャラクター教育の主張者は，Lickona に代表されるように，基礎的で社会で共有され得る価値を「徳目」として示し，それを子どもに教えようとする．それに対して Kohn は「自律」や「共感」を対置するが，これは別の「道徳的価値（徳目）」ではなく，むしろ「道徳的能力」とでも呼ぶべきものである．Kohn はキャラクター教育が提示しようとする価値に対して，別の価値リストを対置しようとしたのではなく，自らで価値を生み出せる「能力」を育てようとしているのである．

　また価値について Kohn が，（反動的とは言わないとしても）保守的・現状肯定的価値が中心となっていると述べたのに対して，キャラクター教育論者は，学校は様々な価値の中から社会共同体で共有されているもの（伝統として受け継がれ広く認められているもの）を教える，あるいは，家庭や共同体の中の諸価値から学校で教えるものを選ぶ（家庭や共同体の多様性を尊重する）と反論する．

　ここには，どのようにして価値が選択されるのかという問題と，学校が価値を選んでそれを教えることが可能であるのかという問題があると筆者は考える．価値の選択については，例えば論争において宗教的信条による価値は排除されない（むしろ積極的に評価される）ことから見れば，それが本当に多様性を反映するものになるのか疑問である（例えば「結婚の神聖さ」と同性婚の問題）．また Kohn が指摘するように「勤勉さ」が目的をもたない労働の強制につながる問題も依然として残っている．更に価値を教えることの可能性に関しては，

学校（公教育）の役割と関係づけて議論する必要がある．論争の中でBenninga and Wynne は，Emile Durkheim（1858 年～1917 年）が道徳と宗教を社会の統合に不可欠なものであると指摘した点に言及し[60]，Kohn も学校で価値を教えることの必要性は認めているが，学校での道徳教育を基本的に考えるためには，公教育は知育に限定され，思想や徳育は除外すべきであるとしたM. Condorcet（Marie Jean Antoine Nicolas de Caritat, Marquis de Condorcet）（1743 年～94 年）の学校教育論も併せて検討されるべきではないかと筆者は考える．

5.2 道徳教育の方法について

Kohn の批判者が繰り返すのは，徳性は子どもが本来もっているものではなく，意図的に教え込み，訓練をさせなければ身につかない（習慣化しない）ということである．そしてそれには一定の強制が必要であり，子どもに「過度の自由を与えるのは有害である」[61]とする．それに対して Kohn の主張は必ずしも具体的ではないが，道徳と運動や音楽の技能とを同様に捉えることが妥当なのか，あるいは習慣化することが本当に必要であるのか，について疑問を呈している[62]．「"doing to" ではなく "working with"」を強調し，「自分で決める機会をもつことで，良い決定ができるようになる」と考える Kohn にとっては，道徳教育も大人（教師や親）が子ども（生徒）とともに考えながら進めていくものである．

論争の中では議論されなかったが，隠れた論点として「話し合い・討論」の問題があると考える．Kohn は学級での話し合い（class meeting）の有効性に触れているが，同時に，著作の数カ所で Noam Chomsky（1928 年～）の指摘に言及している．（本書 249 頁参照）話し合いが自動的に，子どもたちの自由な考えの表出や共有の場となるわけではない．場合によっては「価値の強制」

---

60) "Keeping in Character: A Time-Tested Solution", p.443.
61) 例えば "Keeping in Character: A Time-Tested Solution", p.442.
62) "Adventures in Ethics Versus Behavior Control: A Reply to My Critics", p.460.
63) 話し合いがプロパガンダの有効な手段であることは，社会心理学者の E. Aronson もつとに指摘している．拙著『ジグソー法を考える――協同・共感・責任への学び――』丸善プラネット，2016 年，pp.23-24 を参照．

になり得ることをKohnは自覚している[63]．論争では，キャラクター教育が価値の教え込みであるとするKohnの批判に対して，「全体的環境としての学校」を重視することで教え込みにはならない，との反論が見られたが，必ずしもそうではないのである．生徒の経験をどのように組織化，構造化するかという部分にも価値が反映されることに自覚的であることが重要である．

5.3 Kohnにとっての論争（キャラクター教育批判）の意味

先に見たように，論争の時期はKohnの関心が学校教育へ焦点化されていくときであった．当時学校教育に導入されていた（もしくは復活した）キャラクター教育が，保守的価値を注入しようとするものとして，標準テストや宿題と並んで，学校教育に関する課題と捉えられたと推測できる．それは，人間の本性についての認識や報酬の意味などを論じてきたKohnにとって，まさに格好の問題であった．ここで触れたように，Kohn自身はキャラクター教育の重要性を十分認識していた．だからこそ彼から見れば「誤ったキャラクター教育」が展開されることに大きな危機感を抱いたのではなかろうか．

この論争の前後でKohnとその反対者双方の考え方に大きな変化があったとは判断できない．その点では論争が有意義であったとは言えないかもしれないが，Kohnにとっては自らの主張をより確かなものとし，これ以降学校教育，更には家庭教育についての議論を進めていく1つのステップとなったと言えよう．

おわりに

Alfie Kohnは研究者ではなく，いわば「教育評論家」的存在である．そして様々な教育問題について発言を行っていることから，教育分野に限らず，一般の雑誌や新聞に取り上げられることが多い（例えば「宿題の功罪」について）．それだけに，Kohnの教育・学校論（観）あるいは子ども論（観）を全体として理解しようとすることは，米国でもほとんど行われていないように思われる．しかしKohnの基本的立場を学ぶことで，教育問題を考えるための多くの示唆が得られると筆者は考えている．今後更にKohnへの理解を深め，その教育論を明らかにしていきたい．

Column6　人生の成功の秘訣とは？

　冬休みにはたまっている本を少しでも読もうと思い，今年は，約1年前に買ってぽつぽつ読んでいた本を読み終えました．
　The Triple Package: How Three Unlikely Traits Explain the Rise and Fall of Cultural Groups in America（2014年2月刊行）という本文200頁ほどのものです．
　著者はAmy ChuaとJed Rubenfeldで，2人ともイエール・ロー・スクールの教授です．この2人は夫婦ですが，Amy Chuaの名前には見覚えのある人もいるかもしれません．4年前（2011年1月）に*Battle Hymn of the Tiger Mother*という本を出版して米国で話題となった人です（邦訳は『タイガー・マザー』齋藤孝訳，朝日出版社，2011年5月．日本では東日本大震災の前後だったため，それほど話題になりませんでした）．
　*Tiger Mother*は「体験的中国式子育て」とも言うべきもので，母親として2人の娘をどのように育てたのかが紹介されています．それは「スパルタ式」という形容も不十分であるように思われるほど厳しいしつけ・教育です．成績はAプラスでなければならない，友達を家に連れてきてはいけない，ピアノとバイオリンを習わなければならない（それ以外の楽器を習ってはならない）等々，一歩間違えれば虐待とも受け止められかねません．同時にここで示されたのは，米国で中国系の人がどのように振る舞うのか（米国流を取り入れるのか，それとも自分たちの文化を守るのか）という異文化共存の問題です．

　さてタイトルは『3点セット：米国での文化的集団の盛衰を説明する意外な3つの特質』という意味です．
　米国には様々な国からの移民が入ってきます（というよりも米国それ自体が移民の国です）が，米国社会で成功する人の多い出身国・民族集団があるとされています．本書ではそれらの集団（文化集団）が共通にもっている「成功の鍵」が「3点セット」（3つの特質）として示されています．
　その3つの特質とは「優越感（superiority complex）」「不安（insecurity）」

「衝動のコントロール（impulse control）」です．これらを備えた文化集団はそうでない集団よりも社会的に成功するとされており，具体的にはユダヤ人（特にホロコーストを生き延びた人の子どもたち）・インド人・イラン人・レバノン人・ナイジェリア人・キューバ難民（1980年以前に米国に来た人たち）・モルモン教徒が挙げられています．逆に「3点セット」をもっていない集団として，アパラチア地方の住民やアーミッシュが述べられています．

そもそも米国では，人種や民族集団の特質について議論をすることは，タブーとされている面があります．とりわけ差別や格差の問題を集団の特質と結びつけて論じることは，非常に政治的な意味合いをもちます（例えば人種差別の原因を人種のIQの違いに求めるといったこと）．

The Triple Package は人種や遺伝的なものではく，あくまでも集団の文化を問題としていますが，成功の背景にある経済的・社会的・歴史的要因を軽視して，集団の文化に還元してしまう主張であるという批判が強く出されました．

実際に読んだ感想としては，むしろ自分をどのような存在と見なすのか，生活や仕事にどのように取り組むのか，子どもに何を期待するのかといったことが成功にどのようにつながるのか（またはつながらないのか）について具体的に述べられている点が興味深いものでした．同時に「3点セット」の否定的な側面も語られています（「鬱状態を引き起こしやすい」「親や社会が子どもに対して抑圧的になる」など）．

個人的には最終章である第8章「アメリカ」が最も関心をもった部分でした（個々の「文化集団」についてはあまり具体的にイメージできなかったということもあります）．この章では，実は米国という国も当初は「3点セット」をもっており，合衆国憲法にはそれが現れているが，それが20世紀半ば以降失われてしまったと指摘されています．とりわけ1960年代以降，「自尊心（self-esteem）」が過度に強調され，「何もできなくても自分には意味があるのだ」と思わせる教育が行われてきた，と述べられている点には考えさせられました．そして自尊心と学業成績とは全く関係ない（自尊心をもつ子どもが高い成績を取るものではない）ということも確認されています．

ここで示されているのは，無条件で自己を肯定するような自尊心をもつのでなく，今の自分が否定されても，あるいは現在を犠牲にしてでも，将来へ

の目標に向かって努力する姿勢（まさに「衝動のコントロール（impulse control）」ができること）こそが，社会的な成功につながるという点です．

　The Triple Package の内容とは離れますが，日本の子どもについて，しばしば「成績は良いが，自己肯定感が低い」ことが問題であると言われます．若干違いますが，いじめの防止の方向として「自己有用感（自分が他人や社会に役立つ存在なのだという実感）」を育むことが指摘されています．

　しかし「自己肯定感」「自己有用感」は，「肯定に値する自分」「社会にとって有用である自分」が実際に存在しなければ，単なる自己満足・無条件の現状肯定（「不安（insecurity）」の反対）になってしまうのではないでしょうか．下手な「自己肯定感」「自己有用感」は努力や忍耐の妨げになるのかもしれません．

　The Triple Package の翻訳はおそらく出ないのではないかと思いますが（韓国語版はあるようです），文章は読みやすい（ある書評には「本書は8年生（中学2年生）レベルの読解力をもつ人を対象としているのでは」とありました）ので，英語を勉強しながら米国文化の一端を知りたいと思う人にはお奨めです．

[2015年]

2節　教育評価批判

はじめに

　2019年度から教職課程の科目編成の変更が行われ，その中心に「教職コアカリキュラム」が置かれる．この教職コアカリキュラムでは，領域ごとに「学生が修得する資質能力を『全体目標』，全体目標を内容のまとまりごとに分化させた『一般目標』，学生が一般目標に到達するために達成すべき個々の規準を『到達目標』」[1]として規定している（［　］内は科目の領域）．
　評価については，例えば以下のような到達目標が示されている．
・主体的学習を支える動機づけ，集団づくり，学習評価の在り方について，発達の特徴と関連づけて解している［幼児，児童及び生徒の心身の発達及び学習の過程］．
・学習評価の基礎的な考え方を理解している［教育の方法及び技術（情報機器及び教材の活用を含む）］．
・カリキュラム評価の基礎的な考え方を理解している［教育課程の意義及び編成の方法（カリキュラム・マネジメントを含む）．

　この他，各教科教育法，道徳科，総合的な学習の時間，特別活動，進路指導などで評価について触れられている．
　このように評価は教育活動のすべての側面で行われるものであり，教職課程科目でもそれを扱うことが明確化されている．
　同時に，2017年3月に告示された小学校学習指導要領でも総則において「学習評価の充実」について触れられている．すなわち「第3　教育課程の実施と学習評価，2　学習評価の充実」で以下のように述べられている．やや長くなるが解説編の該当部分を引用する[2]．

1）　文部科学省初等中等教育局教職員課『暫定版　教職課程認定申請の手引き（教員の免許状授与の所要資格を得させるための大学の課程認定申請の手引き）（平成31年度開設用）【再課程認定】』，2017年．p.91．

(1) 指導の評価と改善（第1章第3の2の (1)）

> (1) 児童のよい点や進歩の状況などを積極的に評価し，学習したことの意義や価値を実感できるようにすること．また，各教科等の目標の実現に向けた学習の状況を把握する観点から，単元や題材など内容や時間のまとまりを見通しながら評価の場面や方法を工夫して，学習の過程や成果を評価し，指導の改善や学習意欲の向上を図り，資質・能力の育成に生かすようにすること．

　本項と次項は，学習評価の実施に当たっての配慮事項を示している．

　学習評価は，学校における教育活動に関し，児童の学習状況を評価するものである．「児童にどういった力が身に付いたか」という学習の成果を的確に捉え，教師が指導の改善を図るとともに，児童自身が自らの学習を振り返って次の学習に向かうことができるようにするためにも，学習評価の在り方は重要であり，教育課程や学習・指導方法の改善と一貫性のある取組を進めることが求められる．

　評価に当たっては，いわゆる評価のための評価に終わることなく，教師が児童のよい点や進歩の状況などを積極的に評価し，児童が学習したことの意義や価値を実感できるようにすることで，自分自身の目標や課題をもって学習を進めていけるように，評価を行うことが大切である．

　実際の評価においては，各教科等の目標の実現に向けた学習の状況を把握するために，指導内容や児童の特性に応じて，単元や題材など内容や時間のまとまりを見通しながら評価の場面や方法を工夫し，学習の過程の適切な場面で評価を行う必要がある．その際には，学習の成果だけでなく，学習の過程を一層重視することが大切である．特に，他者との比較ではなく児童一人一人のもつよい点や可能性などの多様な側面，進歩の様子など

---

2)『小学校学習指導要領解説　総則編』，2017年6月，pp.92-94．なお中学校学習指導要領でも同趣旨の記述がなされている．

を把握し，学年や学期にわたって児童がどれだけ成長したかという視点を大切にすることも重要である．

また，教師による評価とともに，児童による学習活動としての相互評価や自己評価などを工夫することも大切である．相互評価や自己評価は，児童自身の学習意欲の向上にもつながることから重視する必要がある．

今回の改訂では，各教科等の目標を資質・能力の3つの柱で再整理しており，平成28年12月の中央教育審議会答申において，目標に準拠した評価を推進するため，観点別学習状況の評価について，「知識・技能」，「思考・判断・表現」，「主体的に学習に取り組む態度」の3観点に整理することが提言されている．その際，ここでいう「知識」には，個別の事実的な知識のみではなく，それらが相互に関連付けられ，さらに社会の中で生きて働く知識となるものが含まれている点に留意が必要である．また，資質・能力の3つの柱の1つである「学びに向かう力，人間性等」には①「主体的に学習に取り組む態度」として観点別学習状況の評価（学習状況を分析的に捉える）を通じて見取ることができる部分と，②観点別学習状況の評価や評定にはなじまず，こうした評価では示しきれないことから個人内評価（個人のよい点や可能性，進歩の状況について評価する）を通じて見取る部分があることにも留意する必要がある．

このような資質・能力のバランスのとれた学習評価を行っていくためには，指導と評価の一体化を図る中で，論述やレポートの作成，発表，グループでの話合い，作品の制作等といった多様な活動を評価の対象とし，ペーパーテストの結果にとどまらない，多面的・多角的な評価を行っていくことが必要である．

(2) 学習評価に関する工夫（第1章第3の2の (2)）

> (2) 創意工夫の中で学習評価の妥当性や信頼性が高められるよう，組織的かつ計画的な取組を推進するとともに，学年や学校段階を越えて児童の学習の成果が円滑に接続されるように工夫すること．

学習評価の実施に当たっては，評価結果が評価の対象である児童の資質・能力を適切に反映しているものであるという学習評価の妥当性や信頼性が確保されていることが重要である．また，学習評価は児童の学習状況の把握を通して，指導の改善に生かしていくことが重要であり，学習評価を授業改善や組織運営の改善に向けた学校教育全体の取組に位置付けて組織的かつ計画的に取り組むことが必要である．
　このため，学習評価の妥当性や信頼性が高められるよう，例えば，評価規準や評価方法等を明確にすること，評価結果について教師同士で検討すること，実践事例を蓄積し共有していくこと，授業研究等を通じ評価に係る教師の力量の向上を図ることなどに，学校として組織的かつ計画的に取り組むことが大切である．さらに，学校が保護者に，評価に関する仕組みについて事前に説明したり，評価結果についてより丁寧に説明したりするなどして，評価に関する情報をより積極的に提供し保護者の理解を図ることも信頼性の向上の観点から重要である．
　また，学年や学校段階を越えて児童の学習の成果が円滑に接続されるようにすることは，学習評価の結果をその後の指導に生かすことに加えて，児童自身が成長や今後の課題を実感できるようにする観点からも重要なことである．このため，学年間で児童の学習の成果が共有され円滑な接続につながるよう，指導要録への適切な記載や学校全体で一貫した方針の下で学習評価に取り組むことが大切である．
　さらに，今回の改訂は学校間の接続も重視しており，進学時に児童の学習評価がより適切に引き継がれるよう努めていくことが重要である．例えば，法令の定めに基づく指導要録の写し等の適切な送付に加えて，今回の改訂では，特別活動の指導に当たり，学校，家庭及び地域における学習や生活の見通しを立て，学んだことを振り返りながら，新たな学習や生活への意欲につなげたり，将来の生き方を考えたりする活動を行うこととし，その際，児童が活動を記録し蓄積する教材等を活用することとしており（第6章特別活動第2〔学級活動〕の3（2）），そうした教材を学校段階を越えて活用することで児童の学習の成果を円滑に接続させることが考えられる．

以上のように，「指導と評価の一体化」が掲げられ，教育目標により適合した評価観点と評価規準が国レベルで作成されるというシステムが一層進められようとしている．もちろん評価の在り方や方法についてはこれまでも多くの議論が交わされており，評価の実際にも変化が見られる（例えば「相対評価」と「絶対評価」，指導要録，内申書，通知表など）．しかし，評価が教育活動の不可欠で重要な部分であることは議論の余地がないものであるかのように思われる．

しかし本当にそうなのであろうか．教育に評価が必要であるというのは，「根拠のない常識」なのではないか．このような疑問をもった人物がいるのである．本節は評価それ自体の問題点を指摘してきた，米国の教育研究者である Alfie Kohn（1957年〜）の「評価批判」を足がかりとして，教育評価の意義と課題を考察しようとするものである．

1　評価をめぐる Kohn の著作・論文について

Kohn の評価についての著作・論文について整理する．Kohn の評価批判の論点はいくつかあるが，1 つは標準テスト（standardized test ［s/ing］）への批判である．

この問題について単行本では *The Case Against Standardized Testing: Raising the Scores, Ruining the Schools*（Heinemann，2000年）が主題的に扱っている．この本は *The Schools Our Children Deserve: Moving Beyond Traditional Classrooms and "Tougher Standards"*（Houghton Mifflin，1999年）を基にして再構成されている．本文 60 頁あまりのコンパクトな本で，問いと答えの形で議論が進められる．

また，主な個別論文としては以下のものがある[3]．
1) "Confusing Harder with Better", *Education Week*, September 15, 1999 年
2) "Why Students Lose When 'Tougher Standards' Win"（interview），*Educational Leadership*, September, 1999 年

---

3) http://www.alfiekohn.org/essays-standards-testing/ （閲覧日：2017 年 8 月 27 日）

3) "Tests That Cheat Students", *New York Times*, December 9, 1999 年
4) "Sell Schools Not Test Scores ", *Realtor Magazine*, January, 2000 年
5) "Standardized Testing and Its Victims", *Education Week*, September 27, 2000 年
6) "Fighting the Tests: A Practical Guide to Rescuing Our Schools", *Phi Delta Kappan*, January, 2001 年
7) "Two Cheers for an End to the SAT", *Chronicle of Higher Education*, March 9, 2000 年
8) "One-Size-Fits-All Education Doesn't Work", *Boston Globe*, June 10, 2001 年
9) "Emphasis on Testing Leads to Sacrifices in Other Areas", *USA Today*, August 22, 2001 年
10) "Beware of the Standards, Not Just the Tests", *Education Week*, September 26, 2001 年
11) "Accelerated Direct Success" (parody ad for a test-prep company), *English Journal*, September, 2001 年
12) "Standardized Testing: Separating Wheat Children from Chaff Children", Foreword to *What Happened to Recess...?* by Susan Ohanian, 2002 年
13) "Requesting Testing", *Rethinking Schools*, Summer, 2002 年
14) "The Worst Kind of Cheating", Streamlined Seminar [NAESP], Winter 2002 年 3 月
15) "Test Today Privatize Tomorrow: Using Accountability to "Reform"Public Schools to Death", *Phi Delta Kappan*, April, 2004 年
16) "Debunking the Case for National Standards: One-Size-Fits-All Mandates & Their Dangers", *Education Week*, January 14, 2010 年
17) Introduction to *More than a Score: The New Uprising Against High-Stakes Testing*, edited by J. Hagopian, 2014 年
18) "What 'No Child Left Behind' Left Behind", blog post, December 18, 2015 年

発表された時期としては 2000 年～04 年ごろが最も多いが、この期間に

Kohn が学校教育の様々な問題に対して積極的に発言を行っており,標準テストはその1つの柱であった.

同時にルーブリックによる評価や標準準拠評価 (standards-based grading) についても批判を行っている.前者については,The Trouble with Rubrics (*English Journal*, March, 2006 年 vol. 95, no. 4),後者については The Case Against Grades (*Educational Leadership*, November, 2011 年[4]) が各々代表的なものである.

ただ後者のタイトルからもわかるように,Kohn の批判は標準テストやその他の個別の評価方法を超えて,評価 (grading)[5]自体へと向かっているのである.個別論文としては例えば Grading: The Issue Is Not How but Why (*Educational Leadership*, October, 1994 年), From Degrading to De-Grading (*High School Magazine*, March, 1999 年) などがあるが,この論点は Kohn の2冊目の単行本であり,彼の主著の1つである *Punished by Rewards :The Trouble with Gold Stars, Incentive Plans, A's, Praise, and Other Bribes* (Boston: Houghton Mifflin, 1993, 1999 年) で議論がなされているものである.副題にあるように「A」という成績が「賄賂」の1つであるのだ.以下,順次 Kohn の議論を検討する.

2 Kohnの評価批判

2.1 標準テスト批判

まず Kohn の標準テスト批判を検討するが,その前に簡単に米国の標準テストについて見ておく.

標準テストは (standardized test) は,①すべての受験者に同一の設問,あるいは共通の群から選択された設問に,同じ方法で解答することを求め,②

---

[4] 後に Joe Bower and P.L.Thomas ed.: *detesting de-grading schools*, Peter Lang, 2013 の第10章として再録されている.本節での引用はこちらによる.
[5] grading あるいは grade を「評価」としてよいのかどうかは問題である.日本の学校の用語としては「評定」のほうが適切と思われる.

「標準化された」つまり一貫した方法で採点され，個々の生徒や生徒集団の相対的な成績が比較できるようにされている試験の総称である[6]．つまり国や地域全体の子どもの能力を測定するために行われる共通試験であって，入学や卒業の際に用いられる場合や，学校の「教育成果」を確認する場合など，その目的は様々である．

米国で代表的なものはNAEP（National Assessment of Educational Progress；全米学力調査）である．1969年から実施されており，この結果は「The Nation's Report Card（国家の成績通知表）」と呼ばれ，教育政策立案の重要な情報源となっている[7]．また大学進学の際の標準テストとしてはSAT[8]とACT[9]が代表的である．また2006年から各州共通基礎スタンダード（Common Core State Standards）が導入され，小学校から高校までの教育水準の向上・統一が図られた．これによる共通テストも実施されている．1980年代以降米国の公教育の「危機」が叫ばれ，NCLB（No Child Left Behind Act, 2001年）[10]とその後継のESSA（Every Student Succeeds Act, 2015年）により「学力向上」が目指されている中で，標準テストについて多くの議論が交わされてきているのである．例えばNCLBでは，Adequate Yearly Progress（AYP；「年間の学力向上の目標」「教育改善指標」などと訳される）が設定され，これが達成できない場合一定の改善策を取ることが義務づけられていた．これに対しては困難な状況にある学校に「ペナルティー」を与え，そのような学校を「チャータースクール化」することで公教育を解体するものであるという批判も提起された[11]．

---

[6] http://edglossary.org/standardized-test/（閲覧日：2017年7月23日）
[7] 末藤美津子「アメリカにおける学力調査の位置づけと役割―― NAEP, TIMSS, PISAに注目して――」『比較教育学研究』，40号，2010年，p.130．
[8] Scholastic Aptitude Test（大学適性試験）の略語であったが，1990年にScholastic Assessment Testと改称され，現在では略語とはされていない．
[9] 元はAmerican College Testingの略語であった．
[10] 1965年に制定されたElementary and Secondary Education Act：ESEA（初等中等教育法）は5年ごとに見直し（reauthorization）が行われることになっており，2000年の見直しによるものがNCLBと呼ばれる．次のESSAも同様である．
[11] 土屋恵司「2001年初等中等教育改正法（NCLB法）の施行状況と問題点」『外国の立法』，No.227, 2006.2, pp.129-136, http://www.ndl.go.jp/jp/diet/publication/legis/227/022707.pdf（閲覧日：2017年8月6日）．

そのような状況を背景に Kohn の主張のポイントを確認する．Kohn の立場はあくまでも教育・学習の側面から「（より厳しい）標準化 tougher standards」「説明責任 accountability」を批判するものである．ここでは "The Case Against 'Tougher Standards'"（2004 年）[12] によって，Kohn の標準テスト（そして標準化）批判の論点を紹介する．ここでは 5 点に整理している．

〔1〕誤った動機づけとなる
　標準についての議論は，生徒が成績（performance）の向上を常に考えるべきであるという前提をもっている．結果のみに関心をもたせることは単純化しすぎである．結果がすべてであると見なすことは，どれだけうまくやっているかに焦点を当てることと，行っている事柄に焦点を当てることとは異なるという心理学の研究を無視している．更に，成績に気を取られることは，学習，学習の質，難しい問題に挑戦したいという意欲を損なうことが多い．

〔2〕誤った教え方につながる
　より厳しい標準化の主張者は「基礎に立ち戻れ　back-to-basics」，より一般的には，子どもを受け身の物体であるかのように扱う教授法を好むが，それは「基礎技能」や「コアとなる知識」などの混合物を用意しそれを子どもに飲ませようとするものである．とりわけ州の標準の文書には，すべての生徒が一定の学年で習得することが求められている特定の事実や技能の長いリストが書かれている．これは時代遅れのモデルであると言えるだろう．もっともこのようなことが成功した時代などこれまでになかったのではあるが．現在の認知科学は，それが常に十分なものではない理由をより体系的に説明している．

〔3〕誤った評価が行われる
　「卓越性」「より高い標準」そして「規準を引き上げる　raising the bar」はすべて標準テストの点数について語られているが，標準テストの多くは多肢選

---

12) http://www.alfiekohn.org/standards-and-testing/case-tougher-standards/ （閲覧日：2017 年 8 月 10 日）

択式，集団準拠的（相対評価的）であり，それ以外の欠陥ももっている．実際，現代の教育についての議論の多くは「テストの点数が低い，だから引き上げろ」というレベルに留まっている．このような試験方式の限界と問題によって，これらの試験に依存する学校改革の質に対する強い批判が出されることになる．

〔4〕誤った学校改革が行われる

「より高い標準」の主張者は，何が教えられなければならないかを厳密に限定することによって，つまり特定の種類の教育を義務化することによって，改善を強要しようとする傾向をもっている．学校教育を変える方法が，単に教師と生徒に行いを変えることの要求であるとは考えられない理由は十分にある．「説明責任」は教室で起こる事に対して，そこにはいない人により強い統制力をもたせる符牒であることが通例である．それは首を絞める縄が息を塞ぐのと同じ効果を学習に対して与える．

〔5〕改善の方向が誤ったものとなる

これらの考えを貫いているのは「厳格さ rigor」と「困難さ challenge」についての暗黙の前提である．つまり「より難しいものが常により良い」というものである．試験，教科書，そして教師はすべて難しさのレベルという単一の基準で判断することができるという還元主義的な（そして愚かな）考えが「レベルの低下している」教育への非難と「基準を引き上げよ」という声高の要求の底流にあるのだ．それに付随して，物事があまりうまく行かなければ（例えば価値の疑わしい宿題をするように生徒に求める）もっと多くの同じことを要求することで問題は解決されるという考えもある．Harvey Daniels が述べているように，学校改善について今日主導的な哲学は，まとめれば「私たちのしていることは良いことである．それをより懸命に，より長く，より力強く，より声高に，より巧妙にするだけでよいのだ」と言うものである．

以上の中で，〔3〕の評価について Kohn は先に触れた *The Case Against Standardized Testing* において，「測定可能な成果は，最も重要度の低い学習の結果であり得る」[13]，「試験では正解が求められる．正解がないとは言えないと

しても，正解が必ずしも理解を示すものでもなく，逆に誤答が理解不足を示すものでもない．標準テストは学生が正解に達するプロセスを無視しており，単純な計算間違いと理解不足とを区別できない」[14]「正解とされる選択肢は明らかに正しいとわかるものであるが，現実の社会の問題は決してそのようなものではない」[15] と指摘している．更に標準テストの成績は社会経済的地位（socioeconomic status : SES）によって大きな影響を受け，問題に貧困層の生徒に不利になるようなバイアスがあるとも述べている[16]．

以上のように Kohn は「より高い標準」を求める動きと，それによる標準テストの用いられ方を批判する．それに対して彼が提案する試験・評価は，数値ではなく文章による記述（narratives），パフォーマンス評価，とりわけ「ポートフォリオ」によるものである[17]．ただこれらが無条件で望ましいとするわけではない．一律の標準テストよりはましではあっても，Kohn にとっては評価それ自体が問題であるからである．

2.2　ルーブリック批判

次に，別の評価方法であるルーブリックについて Kohn の見解を検討する．

ルーブリックについて日本では例えば以下のように説明されている．

> 米国で開発された学修評価の基準の作成方法であり，評価水準である「尺度」と，尺度を満たした場合の「特徴の記述」で構成される．記述により達成水準等が明確化されることにより，他の手段では困難な，パフォーマンス等の定性的な評価に向くとされ，評価者・被評価者の認識の共有，複数の評価者による評価の標準化等のメリットがある[18]．

---

13) *The Case Against Standardized Testing.* p.4.
14) ibid.　pp.7 - 8.
15) ibid.　p.8.
16) ibid.　pp.20, 35.
17) ibid.　pp.41 - 42.
18) 中央教育審議会答申「新たな未来を築くための大学教育の質的転換に向けて——生涯学び続け，主体的に考える力を育成する大学へ——」の「用語集」（2012 年 8 月）．

中央教育審議会の資料が具体的な事例として紹介しているのは，高校の古典の授業（『蜻蛉日記』）である．例えば「和歌に込められた登場人物の心情を理解することができる（読む能力）」と「実演を経て，和歌の解釈を深めることができる（関心・意欲・態度）」という2つの尺度（観点）を設定する．そして前者については以下の評価規準（特徴の記述）によって評価を行う[19]．

A（あるいは3）：和歌の解釈として，作者の，それまでのいきさつを正しく踏まえた兼家に対する感情を，和歌に用いられた表現に絡めて述べることができる．

B（あるいは2）：和歌の解釈として，作者の，それまでのいきさつを正しく踏まえた兼家に対する感情を述べることができる．

C（あるいは1）：和歌の解釈として，作者の，兼家に対する感情を述べてはいるが，それまでのいきさつを正しく理解できない．または，感情を述べていない．

後者については以下のとおりである．

A（あるいは3）：実演を見て，和歌の解釈に沿って登場人物の心情理解を深めた解釈の書き直しをすることができる．

B（あるいは2）：実演を見て，和歌の解釈の書き直しをすることができる．

C（あるいは1）：和歌の解釈をすることはできるが，実演を見ても解釈を書き直すことができない．または，解釈ができない．

この例は1時間の授業についてであるが，ある教科の年間指導，あるいは学校教育全体についてのルーブリックも示されている．

「用語集」でも述べられているように，ルーブリックは点数化することの難しい実技やパフォーマンス（レポートやプレゼンテーションなど）を比較的客観的に評価するのに有効であるとされている．

---

19) 中央教育審議会教育課程部会総則・評価特別部会「学習評価に関する資料」，2016年1月．
20) The Trouble with Rubrics *English Journal*, 95（4），March 2006. なお，本節での引用はhttp://www.alfiekohn.org/article/trouble-rubrics/?print=pdf（閲覧日：2017年9月4日）による．引用元のpdfファイルには頁数がないため，引用者でp.1〜p.5を付した．

このようなルーブリックに対してKohnは以下のように述べる[20]。

「ルーブリックの魅力は，評価者の間の信頼性（interrater reliability）にあり，特に国語（language arts）で有効性を発揮する．エッセイを評価する際に最高の点数が与えられるべきものの規準（criteria）のリストはルーブリックを作成した人たちのほぼ総意を反映し，どのエッセイがそれらの規準に合うかを考える（つまり，決定するというよりは発見する）ためにリストを活用するすべての人の手助けになると想定されている．

（判断規準が曖昧で教師の裁量次第であると批判する人もいるが）私はむしろルーブリックがうまくいく場合を心配している．標準テストの点数を上げるために，教育課程を解体して（gut），学校をテストの準備工場にしてしまうように，ある課題に対してどのような成績をつけるかについて一団の人の意見を一致させるためには，自ら進んで，誰か他人が作った，その成績にふさわしい狭い規準を受け入れて適用することが必要である．私たちが一旦自分自身の判断を放棄すれば，皆がすべて同じ課題に最高点を与えるようになるのである[21]．

つまり，教師が与えられたルーブリックによる評価を行うことで，ルーブリックが評価の基準としてだけではなく，「教育の質の判定者」や「何を教え，何を評価するのかを決定する存在（agents of control）」として機能するようになるのである．

もう1つKohnが指摘するのは，生徒が事前にルーブリックの内容を知ることの問題である．ルーブリックを嫌うある生徒の言葉が引用されている（「もし何かうまくできないと，あなたは何をすべきだったのかわかっているね，と先生が言える」）．またある教師が生徒に「この課題にはルーブリックがあるのですか？」と尋ねられたことに対して，その教師が「彼らは，課題の表にすべての必要事項が明示され，点数が与えられていなければ学ぶことができず，更に自らの思考力や文章力に自信がもてず，敢えて挑戦をしようとしない」とコメントしたことを紹介している[22]．

そして次のように指摘する．「答案用紙の上に書かれたB+という評価は，

---

21) The Trouble with Rubrics. p.2.
22) ibid.　pp2-3.

答案の質について何も教えてくれないが，ルーブリックは複数の規準によるより詳しい情報を与えてくれる点で，素晴らしい評価法である，と評価の専門家（その多くは技術者）は言うかもしれない．しかしこの論理の決定的欠陥は，自分たちがどのくらいうまくできるかを絶えず気にしている生徒は，自らのしていることへの関心を失ってしまう，という教育心理学の知見から明らかになる．自分が読んでいる物語の内容を考えることと，自分の読解力について考えることとは大きな違いがあるのだ．」[23]「学ぶこと（learning）」と「成績を取る（結果を得る）こと（achieving）」とは異なることであり，評価の価値がどれだけ多くの情報を与えるかと直接的に関わっていると考えるのは誤りであると Kohn は述べる．

更に，エッセイや文章をルーブリックという細分化された規準で評価することは，評価から「良い文章に生気を吹き込む複雑さ」を奪ってしまうという専門家の言葉を引用している．

2.3 標準準拠評価批判

標準準拠評価（Standards-Based Grading）は，前もって明示されている複数の目標がどの程度達成されたのかを評価しようとするものである．Kohn は標準準拠評価をそれ自体として批判しているわけではない．その傍証となるのは，例えば，この評価方法を提唱している *Rethinking Grading: Meaningful Assessment for Standards-Based Learning*（ASCD, 2015 年）を著した Cathy Vatterott が，この本の中で自らに影響を与えた人物として第一に Kohn を挙げていることである．Kohn が *The Case Against Grades* で述べているのは，この方法では十分ではないということである．すなわち以下のように指摘しているのである．

> 標準準拠評価を用いるのは十分ではない．この言葉は多くのことを示唆するように思われる．例えば，成績を決めるときの一貫性の向上，つまりより精巧な方式を活用すること，評価される課題や技能の数の増加である．これらは，良くても，評価の基本的問題に対処することとは無関係であり，

---

23) ibid. p.3.

最悪の場合は問題を拡大する．より多くのデータを得ることが常に良いという単純化された前提に加えて，学習は要素に分割でき，そして分割されるべきであって，各々が別々に評価されるものであるというかつての行動主義の信奉者と同じ傾向が見られるからである．そして成績をつける頻度が増えることで，（学習を犠牲にして）成績に強すぎる関心をもつようになるが，それは逆効果であると研究者が認めていることである．

標準準拠評価は目標に準拠した評価（criterion-based testing）と類似のものとされることもあり，その意図は分布曲線に沿った評価を避けようとすることである．（中略） 確かにこれは最高点の数を非常に少なくして，生徒を互いに競わせる状況からの改善ではある．しかしこれはタマネギの外の皮（競争）をむいて，内側のより害悪をもたらす皮を見つけるようなものである．それはすなわち外発的動機づけ，点数評価，学習を犠牲にして成績を向上させようとする傾向，である[24]．

このように Kohn は，ルーブリックや標準準拠評価を批判した上で，評価自体の問題へと進むのである．

2.4 評価批判

Kohn は評価自体への批判を繰り返し行っているが，基本的には *Punished by Rewards* で展開された議論が基になっている．ここでは評価を報酬（reward；褒め言葉，良い成績，賞品／賞金など）の1つの典型として捉え，報酬についての問題が論じられている．Kohn の報酬への批判の論点は大きく5つある[25]．

第1は報酬が罰になるという点である．これは報酬によって他人（上司や教師や親）からコントロールされるということと，もし期待した報酬が得られなかった場合，それは罰を受けるのと同じであるということを意味する．

---

24) *The Case Against Grades*, p.148.
25) 以下の5点についての説明は，*Punished by Rewards*, pp.49-76 の要約である．

第2は報酬が人間関係を壊すという点である．これにも2つの側面があり，報酬を与えられる者同士の水平的関係と，報酬を与える者と与えられる者との垂直的関係である．水平的関係については，（すべての人が報酬を得られるのではない以上）他人は障害物と見なされることになる．垂直的関係については，報酬を与える側が常に優位に立ち，場合によっては「懲罰者（punisher）」ともなることで，協力的・協調的なつながりがもてないことになる．

　第3は報酬が行動の背後にある理由を無視するという点である．例えば夜寝る時間になっても寝室から出てくる子どもに，報酬や罰で対応する（「ベッドに入ったら明日テディ・ベアを買ってあげるよ」「寝なければ明日からテレビを見せないよ」）ことは，そもそもなぜ子どもが寝室から出てくるのかを考えないことになる．行動の背後にある理由・原因を考えずに，行動をコントロールしようとするのが報酬（あるいは罰）なのである．

　第4は報酬が危険を冒す（risk-taking）姿勢を妨げるという点である．報酬を得るために働く（勉強する）のであれば，求められたこと，あるいは必要なことだけをしておけばよいと考えるようになるのである．敢えて難しいことに挑戦をして失敗をすることで報酬を失うことは無駄なことだと見なされる．

　第5は，そしてこれが最大の問題であるが，報酬が内発的動機づけ（intrinsic motivation）を失わせるという点である．報酬は基本的に外発的動機づけ（extrinsic motivation）であり，それを与えることで，行動の内容への関心度が低くなるのである．

　以上をKohnは次のようにまとめている．つまり，「これをすれば，あれがもらえる．（Do this and you'll get that.）」と言われたら，人は「これ」ではなく「あれ」に関心を持つようになる．「報酬は動機づけとなるか？　もちろん動機づけとなる．報酬を得たいという動機づけになるのだ．」

2.5　まとめ

　Kohnは成績評価を報酬（あるいは罰）の1つと見なし，教師が生徒をコントロールする手段であると考えている（同時に行政が教師や学校をコントロールする回路でもある）．どのような方法を採ったとしても，基本的な問題は同じであり，外発的動機づけを与えることで内発的動機づけを弱め，学習内容へ

の興味や関心を損ない，生徒同士の競争意識を高め協力関係をもてなくさせる，などの弊害があるとしているのである．

Kohn は著作の中で「doing to（一方的に行う）」のではなく「working with（ともに行う）」ことの重要性を繰り返し説いている．彼にとっては評価も「doing to」の1つなのである．教師や親がするべきことは，assessment や grading ではなく，学習のための feedback である．

例えばブログ記事 "Progressive Labels for Regressive Practices　How Key Terms in Education Have Been Co-opted"（2015年1月）[26] の中で以下のように述べている．

「形成的評価（formative assessment）の目的が，生徒が次のテストでどれだけよくできるかを見るものになってしまい，生徒が自分の関心のある問題について深く考えることを促すようなフィードバックを与えるものになっていない．」（なおブログ記事 "Why the Best Teachers Don't Give Tests"，2014年10月30日[27] では "kidwatching" という Yetta Goodman による造語（子どもの読解力を知るために一緒に読むこと）を紹介している[28]．）

教師や親が生徒・子どもとともに学び，学習の内容に関心をもち考えを深めていけるようにすることこそ必要なことなのである．

おわりに

現在，様々な「評価」が行われている．学校の「教員評価」「学校評価」，ネット上でのオークション出品者や飲食店などへの評価，職場での「人事評価」，国や自治体の「政策・行政評価」など，何らかの形で評価を行ったり，されたりする場面に出合う．ただ議論は「どのように評価をするのか」という方法論に集中しがちで，そもそもの目的やその問題点についてはあまり意識されてい

---

26) http://www.alfiekohn.org/blogs/regressive/（閲覧日：2017年8月29日）
27) http://www.alfiekohn.org/blogs/no-tests/（閲覧日：2017年8月29日）
28) 同趣旨の内容は　Valerie Strauss が *Washington Post* 紙電子版，2014年10月30日，で引用しているブログ記事 "The problem with tests that are not standardized" でも述べられている．https://www.washingtonpost.com/news/answer-sheet/wp/2014/10/31/the-problem-with-tests-that-are-not-standardized/?utm_term=.23d76e6cd34e（閲覧日：2017年8月10日）．なお，このブログ記事は Kohn のウェブサイトには掲載されていない．

ない．それは「評価自体は必要で，有効である」という前提があるからであろう．

本節で取り上げた Alfie Kohn は，評価を含めた「賞罰」の問題に正面から取り組んでいる人物である．ここでは議論のごく一部しか取り上げることができなかった．またもちろん Kohn の主張に対する批判も数多く存在する[29]．これらを踏まえて，評価の問題は何であるのか，教育においてどのように考えていけばよいのか，今後とも検討を続けたい．

なお Kohn は *The Case Against Standardized Testing* の中で日本について触れて「日本の小学校教育の水準は高く，それは教師が標準テストの圧力から自由であることが一因である．」[30]と述べている．全国学力・学習状況調査はこの本が刊行された7年後（2007年）に始まったが，これを Kohn はどう見るであろうか[31]．

---

29) 例えばルーブリックについては以下の反論がある．Michael Livingston：The Infamy of Grading Rubrics, *The English Journal*, 102（2）pp.108, 113, 2012年12月．ここでは，Livingston は Kohn のルーブリック批判が，成績一般に対する批判と混同されており，ルーブリックの有効性が無視されていると反論している．
30) *The Case Against Standardized Testing*, p.62. ここではかつて教師たちが，「全国中学校一斉学力調査」の導入に反対したことにも触れられている．
31) なお本節では触れられなかったが，以下の書籍も試験をめぐる米国の現状を知る上で参考になる．
　・Anya Kamenetz：*The Test: Why Our Schools Are Obsessed with Standardized Testing-But You Don't Have to Be*, Public Affairs, 2015.

Column 7 「昔は良かった」のか

　昨年〔2013年〕2月のブログに同じタイトルで書きましたので，今回はその続きです．
　前回は出版されたばかりであった Jared Diamond の *The World Until Yesterday* に触れました．今回は数年前のものですが，Stephanie Coontz という米国の家族史研究家の *Marriage, a History —— How Love Conquered Marriage* (Penguin Books; Reprint 版，2006) です．

　教育や子育ての議論には，いくつかの「決まり文句」があります．多くの人が当然のことと思い，それを前提に「改革案」や「改善方策」が出されていきます．その典型的なものに「昔の親は子どもをきちんとしつけていた」「昔の家族は強い絆で結ばれていた」という「昔は良かった（が今はダメ）．」というものがあります．
　「昔は家や地域できまりを教えていたが，今はそれがないので，学校で道徳教育をしなければならない．」「昔の親はしっかりと子どもを育てていたが，今の親は無責任なので子育て支援が必要である．」という言い方がされます．

　同様の現象が米国にもあることをこの本は伝えています．離婚の上昇や非婚者あるいは同棲（事実婚）の増加による「家族の崩壊」が言われ，その対比として「理想的家族」がノスタルジックに語られるわけです．それに対してCoontzは古代から現代までの家族の在り方を追うことで，そのような「理想的家族」はほぼ「幻想」であることを示します．少なくとも現代の人々がイメージする「理想の家族」（夫婦と2～3人の子どもからなり，夫が働きに出て，妻が専業主婦として家事育児を担当する）は1950年代に中産階層で成立したものだと指摘されています．
　家族の在り方は時代や階級によって大きく異なりますが，前近代では，生産や政治の単位でありました．誰と結婚するかは，本人の意思とは無関係に，部族や家族が決めたのです．夫婦は何よりも生産のためのパートナーでありました．それが近代になって，「愛情によって結ばれる夫婦」像が登場しま

すが，実際には男性が女性を支配することになります．Coontz は現代の家族こそ，夫婦や親子が平等で，互いの人格を尊重できるものになっていると言います．

ところで，昨年の秋に『「昔はよかった」と言うけれど──戦前のマナー・モラルから考える』という本が出ました（大倉幸宏，新評論，2013）．筆者はフリーランスのコピーライターだそうですが，明治時代から戦時下までの日本人のマナーやモラルの状況を，様々な資料で紹介しています．「電車で席を譲らない若者」や「車内で化粧をする女性」は当時からいたそうです．本の後半では，「児童虐待」や「老人虐待」や「子どもの道徳性のなさ」が描かれています．教育史や子ども史から見れば特に目新しい指摘とは言えないのですが，戦前の家族や地域による子どものしつけが成立せず，「教育勅語体制」下での学校の「道徳教育」が，知識・言葉の注入に留まり，子どもの行動を導くことができなかった，という（ある意味で当然の）ことを確認することができます．

「昔は良かった」式の思考は，現在の在り方を不当に低く見なすことを通じて，歴史の中で行われてきた先人の改善の努力や進歩を無視することになるのではないでしょうか？　かつて存在していた問題には目を向けず，現在の「良さ」を否定するのは，決して合理的な判断であるとは言えないのではないでしょうか？　最近の教育や家族をめぐる議論を聞いていると，そう思われてなりません．

［2014 年］

3節　協同学習論——「総合的な学習／探究の時間」への示唆

はじめに

　小学校・中学校・高等学校に「総合的な学習の時間」が導入されて20年近くが経過した．導入当初は現場の戸惑いも大きかったが，その後定着をし，現在では学校教育に欠かせない領域となっている．

　本節は，「総合的な学習の時間」についての位置づけの変遷と，現在における意義を確認した上で，その目的と指導方法について，米国の教育研究者である Alfie Kohn（1957年～）の議論を踏まえて論じるものである．

1　「総合的な学習の時間」に関する規定の変遷[1]

1.1　1998年の規定

　「総合的な学習の時間」（以下，「総合」とする）」が学習指導要領に登場したのは1998（平成10）年の改訂時であった（小学校は同年，高等学校は翌1999（平成11）年）．この改訂学習指導要領は教育の目標として"生きる力"の育成を掲げており，「総合」はそのための中心的な場面とされ，総則編の中に「第4　総合的な学習の時間の取扱い」として，以下のように規定された．

　　1　総合的な学習の時間においては，各学校は，地域や学校，生徒の実態等に応じて，横断的・総合的な学習や生徒の興味・関心等に基づく学習など創意工夫を生かした教育活動を行うものとする．
　　2　総合的な学習の時間においては，次のようなねらいをもって指導を行うものとする．
　　(1) 自ら課題を見つけ，自ら学び，自ら考え，主体的に判断し，よりよく

---

[1]　本項の以下の記述は主に中学校を対象とする．

問題を解決する資質や能力を育てること．
(2) 学び方やものの考え方を身に付け，問題の解決や探究活動に主体的，創造的に取り組む態度を育て，自己の生き方を考えることができるようにすること．
3　各学校においては，2に示すねらいを踏まえ，例えば国際理解，情報，環境，福祉・健康などの横断的・総合的な課題，生徒の興味・関心に基づく課題，地域や学校の特色に応じた課題などについて，学校の実態に応じた学習活動を行うものとする．
4　各学校における総合的な学習の時間の名称については，各学校において適切に定めるものとする．
5　総合的な学習の時間の学習活動を行うに当たっては，次の事項に配慮するものとする．
(1) 自然体験やボランティア活動などの社会体験，観察・実験，見学や調査，発表や討論，ものづくりや生産活動など体験的な学習，問題解決的な学習を積極的に取り入れること．
(2) グループ学習や異年齢集団による学習などの多様な学習形態，地域の人々の協力も得つつ全教師が一体となって指導に当たるなどの指導体制，地域の教材や学習環境の積極的な活用などについて工夫すること．

　ここで「総合」とは「横断的・総合的な学習」と「生徒の興味・関心等に基づく学習」を行うものとされ，「課題発見・解決能力」と「主体的な学習態度」の育成という「ねらい」にむけて，「生産活動」「体験的な学習」「問題解決的な学習」そして「グループ学習」などの活動が行われることが示された．

1.2　2003年の規定

　1998年改訂の学習指導要領は2002（平成14）年度から実施されたが，「学力低下」が社会問題化し，実施を控えた2002年1月に文科省は「確かな学力向上のための2002アピール『学びのすすめ』」を発表した．そのような経緯の中で，2003（平成15）年に一部改正が行われた．それは文部科学省の表現では「学習指導要領の基準性」の明記であり，学習指導要領の内容を超えて教え

ることができることを確認したものであったが,「総合」についても修正（内容の追加）があった．新しい規定は以下のとおりである．

第4　総合的な学習の時間の取扱い
1　（変更なし　略）
2　総合的な学習の時間においては，次のようなねらいをもって指導を行うものとする．
(1)（変更なし　略）
(2)（変更なし　略）
(3) 各教科，道徳及び特別活動で身に付けた知識や技能等を相互に関連付け，学習や生活において生かし，それらが総合的に働くようにすること．
3　各学校においては，1及び2に示す趣旨及びねらいを踏まえ，総合的な学習の時間の目標及び内容を定め，例えば国際理解，情報，環境，福祉・健康などの横断的・総合的な課題，生徒の興味・関心に基づく課題，地域や学校の特色に応じた課題などについて，学校の実態に応じた学習活動を行うものとする．
4　各学校においては，学校における全教育活動との関連の下に，目標及び内容，育てようとする資質や能力及び態度，学習活動，指導方法や指導体制，学習の評価の計画などを示す総合的な学習の時間の全体計画を作成するものとする．
5　各学校における総合的な学習の時間の名称については，各学校において適切に定めるものとする．
6　総合的な学習の時間の学習活動を行うに当たっては，次の事項に配慮するものとする．
(1) 目標及び内容に基づき，生徒の学習状況に応じて教師が適切な指導を行うこと．
(2) 自然体験やボランティア活動などの社会体験，観察・実験，見学や調査，発表や討論，ものづくりや生産活動など体験的な学習，問題解決的な学習を積極的に取り入れること．
(3) グループ学習や異年齢集団による学習などの多様な学習形態，地域の

人々の協力も得つつ全教師が一体となって指導に当たるなどの指導体制について工夫すること．
(4) 学校図書館の活用，他の学校との連携，公民館，図書館，博物館等の社会教育施設や社会教育関係団体等の各種団体との連携，地域の教材や学習環境の積極的な活用などについて工夫すること．

　基本的な内容は変わっていないが，「趣旨」と「ねらい」に沿って「総合」の目標と内容を各学校が定めること，教科などとの関係を図ること，「全体計画」を作成すること，学校内外の施設の活用・関係団体との連携を行うことなど，実施についてより詳細に規定されることとなった．同時に「教師が適切な指導を行うこと」も明記され，教師の指導の必要性が確認された．

1.3　2008年の規定

　2008（平成20）年の改訂で，「総合」は総則編の中で規定される「時間」ではなく，独立した領域として位置づけられるようになった．その規定は以下のとおりである．

　　第4章　総合的な学習の時間
　　第1　目標
　　横断的・総合的な学習や探究的な学習を通して，自ら課題を見つけ，自ら学び，自ら考え，主体的に判断し，よりよく問題を解決する資質や能力を育成するとともに，学び方やものの考え方を身に付け，問題の解決や探究活動に主体的，創造的，協同的に取り組む態度を育て，自己の生き方を考えることができるようにする．
　　第2　各学校において定める目標及び内容
　　1　目標
　　各学校においては，第1の目標を踏まえ，各学校の総合的な学習の時間の目標を定める．
　　2　内容
　　各学校においては，第1の目標を踏まえ，各学校の総合的な学習の時間の

内容を定める.
第3 指導計画の作成と内容の取扱い
1 指導計画の作成に当たっては，次の事項に配慮するものとする.
(1) 全体計画及び年間指導計画の作成に当たっては，学校における全教育活動との関連の下に，目標及び内容，育てようとする資質や能力及び態度，学習活動，指導方法や指導体制，学習の評価の計画などを示すこと．その際，小学校における総合的な学習の時間の取組を踏まえること．
(2) 地域や学校，生徒の実態等に応じて，教科等の枠を超えた横断的・総合的な学習，探究的な学習，生徒の興味・関心等に基づく学習など創意工夫を生かした教育活動を行うこと．
(3) 第2の各学校において定める目標及び内容については，日常生活や社会との関わりを重視すること．
(4) 育てようとする資質や能力及び態度については，例えば，学習方法に関すること，自分自身に関すること，他者や社会とのかかわりに関することなどの視点を踏まえること．
(5) 学習活動については，学校の実態に応じて，例えば国際理解，情報，環境，福祉・健康などの横断的・総合的な課題についての学習活動，生徒の興味・関心に基づく課題についての学習活動，地域や学校の特色に応じた課題についての学習活動，職業や自己の将来に関する学習活動などを行うこと．
(6) 各教科，道徳及び特別活動で身に付けた知識や技能等を相互に関連付け，学習や生活において生かし，それらが総合的に働くようにすること．
(7) 各教科，道徳及び特別活動の目標及び内容との違いに留意しつつ，第1の目標並びに第2の各学校において定める目標及び内容を踏まえた適切な学習活動を行うこと．
(8) 各学校における総合的な学習の時間の名称については，各学校において適切に定めること．
(9) 第1章総則の第1の2及び第3章道徳の第1に示す道徳教育の目標に基づき，道徳の時間などとの関連を考慮しながら，第3章道徳の第2に示す内容について，総合的な学習の時間の特質に応じて適切な指導をす

ること．
2　第2の内容の取扱いについては，次の事項に配慮するものとする．
(1) 第2の各学校において定める目標及び内容に基づき，生徒の学習状況に応じて教師が適切な指導を行うこと．
(2) 問題の解決や探究活動の過程においては，他者と協同して問題を解決しようとする学習活動や，言語により分析し，まとめたり表現したりするなどの学習活動が行われるようにすること．
(3) 自然体験や職場体験活動，ボランティア活動などの社会体験，ものづくり，生産活動などの体験活動，観察・実験，見学や調査，発表や討論などの学習活動を積極的に取り入れること．
(4) 体験活動については，第1の目標並びに第2の各学校において定める目標及び内容を踏まえ，問題の解決や探究活動の過程に適切に位置付けること．
(5) グループ学習や異年齢集団による学習などの多様な学習形態，地域の人々の協力も得つつ全教師が一体となって指導に当たるなどの指導体制について工夫を行うこと．
(6) 学校図書館の活用，他の学校との連携，公民館，図書館，博物館等の社会教育施設や社会教育関係団体等の各種団体との連携，地域の教材や学習環境の積極的な活用などの工夫を行うこと．
(7) 職業や自己の将来に関する学習を行う際には，問題の解決や探究活動に取り組むことを通して，自己理解し，将来の生き方を考えるなどの学習活動が行われるようにすること．

　これまで「総合」の目標は「趣旨」と「ねらい」を踏まえて各学校で定めることとされていたが，ここで初めて学習指導要領で「総合」の目標が示され，これに基づいて各学校での目標と内容が設定されることになった．「自ら課題を見つけ，自ら学び，自ら考え，主体的に判断し，よりよく問題を解決する資質や能力を育成する」という目標は当初から変わらないが，そのための学び方として「横断的・総合的な学習」と並んで「探究的な学習」が規定された（それまでは「探究活動」とされていた）．

1.4 2017年の規定

そして2017（平成29）年の改訂では，この「探究」が「総合」の独自性として規定されることとなった．

この改訂の方向を打ち出した「幼稚園，小学校，中学校，高等学校及び特別支援学校の学習指導要領等の改善及び必要な方策等について」（中教審答申第197号 2016年12月21日）では「総合」について以下のように指摘されている．

まず現状については，「総合」が「教科等の枠を超えた横断的・総合的な学習とすることと同時に，探究的な学習や協同的な学習とすることが重要であることを明示し」，「特に，探究的な学習を実現するため，『㋐課題の設定→㋑情報の収集→㋒整理・分析→㋓まとめ・表現』の探究のプロセスを明示し，学習活動を発展的に繰り返していくことを重視している」[2] ことが確認された上で，成果として，「全国学力・学習状況調査の分析等において，総合的な学習の時間で探究のプロセスを意識した学習活動に取り組んでいる児童・生徒ほど各教科の正答率が高い傾向にあること，探究的な学習活動に取り組んでいる児童生徒の割合が増えていることなどが明らかになっている．また，総合的な学習の時間の役割は PISA（Programme for International Student Assessment）における好成績につながったことのみならず，学習の姿勢の改善に大きく貢献」[3] したと評価されている．

次に，課題としては，「総合」で育成する資質・能力が必ずしも明らかでなかったこと，探究プロセスの中で「整理・分析」「まとめ・表現」の取組みが十分でないこと，そして，高等学校で小，中での積上げを踏まえた活動ができていないこと，が指摘されている．

その上で「総合」の特質として，以下の3点が挙げられている．
・1つの教科等の枠に収まらない課題に取り組む学習活動を通して，各教科等で身につけた知識や技能等を相互に関連づけ，学習や生活に生かし，そ

---

2) 中教審答申「幼稚園，小学校，中学校，高等学校及び特別支援学校の学習指導要領等の改善及び必要な方策等について」，2016年12月21日．
3) 同上 p.236．

れらが児童生徒の中で総合的に働くようにすること．
・多様な他者と協働し，異なる意見や他者の考えを受け入れる中で，実社会や実生活との関わりで見出される課題を多面的・多角的に俯瞰して捉え，考えること．
・学ぶことの意味や意義を考えたり，学ぶことを通じて達成感や自信をもち，自分のよさや可能性に気づいたり，自分の人生や将来について考え学んだことを現在及び自己の将来につなげたりして考えるという，内省的（reflective）な考え方をすること．特に高等学校においては自己のキャリア形成の方向性と関連づけながら「見方・考え方」を組み合わせて統合させ，働かせること．

つまり，「各教科などでの学びを相互に関係づけ，課題に取り組むこと」「他者との協働・対話を通して多面的・多角的に考えること」「自分について気づき，考えること」が「総合」での課題とされているのである．

より具体的には，中教審答申の別添 18 – 3[4] で以下のような項目に整理されている．

［探究活動と自分自身］
○課題に誠実に向き合い，課題の解決に向けて探究活動に主体的に取り組もうとする（主体性）
○自分のよさを生かしながら探究活動に向き合い，責任をもって計画的に取り組もうする（自己理解）
○探究的な課題解決の経験を自己の成長と結び付けて考えることができ，次の課題へ積極的に取り組もうとする（内面化）
［探究活動と他者や社会］
○互いの特徴を生かすなど，課題の解決に向けて探究活動に協同的に取り組もうとする（協同性（協働性））
○異なる意見や他者の考えを受け入れながら探究活動に向き合い，互いを

---

4) http://www.mext.go.jp/component/b_menu/shingi/toushin/__icsFiles/afieldfile/2017/01/20/1380902_3_3_1.pdf, p.112（閲覧日：2017年8月10日）．これは中学校の規定である．小学校・高等学校は若干表現が異なるが，項目は同じである．

理解しようとする（他者理解）
○探究的な課題解決が社会の形成者としての自覚へとつながり，積極的に社会活動へ参加しようとする（社会参画，社会貢献）

また扱う内容については，当初から示されていた「国際理解，情報，環境，福祉・健康などの横断的な課題や地域の人々の暮らし，伝統と文化など地域や学校の特色に応じた課題」[5] に加えて「持続可能な社会という視点」[6]「情報活用能力の育成，プログラミング的な思考や社会との関わりの視点」が提起されている．
更に「『対話的な学び』」の視点」としては，以下のように述べられている[7]．
・多様な他者と力を合わせて問題の解決や探究活動に取り組むことには，㋐他者へ説明することにより生きて働く知識や技能の習得が図られること，㋑他者から多様な情報が収集できること，㋒新たな知を創造する場を構築できることといった良さがある．
・例えば，情報を可視化し操作化する思考ツールの活用などにより，児童生徒同士で学び合うことを助けるなどの授業改善の工夫によって，思考を広げ深め，新たな知を創造する児童生徒の姿が生まれるものと考えられる．
・協働的に学習することはグループとして結果を出すことが目的ではなく，一人ひとりがどのような資質・能力を身につけるかということが重要であることに留意する．
以上が中教審答申の概要である．
これに基づき公示された「中学校学習指導要領」の「第4章　総合的な学習の時間」の「第1　目標」「第2　各学校において定める目標及び内容」を示す．

第1　目標
　探究的な見方・考え方を働かせ，横断的・総合的な学習を行うことを通

---

5) この中で「伝統と文化」という文言は新しく加えられたものであったが，新学習指導要領には反映されていない．
6) 註2, pp.240－241.
7) 同上　p.241.

して，よりよく課題を解決し，自己の生き方を考えていくための資質・能力を次のとおり育成することを目指す．
（1）探究的な学習の過程において，課題の解決に必要な知識及び技能を身に付け，課題に関わる概念を形成し，探究的な学習のよさを理解するようにする．
（2）実社会や実生活の中から問いを見いだし，自分で課題を立て，情報を集め，整理・分析して，まとめ・表現することができるようにする．
（3）探究的な学習に主体的・協働的に取り組むとともに，互いのよさを生かしながら，積極的に社会に参画しようとする態度を養う．

第2　各学校において定める目標及び内容
1　目標
　各学校においては，第1の目標を踏まえ，各学校の総合的な学習の時間の目標を定める．
2　内容
　各学校においては，第1の目標を踏まえ，各学校の総合的な学習の時間の内容を定める．
3　各学校において定める目標及び内容の取扱い
　各学校において定める目標及び内容の設定に当たっては，次の事項に配慮するものとする．
（1）各学校において定める目標については，各学校における教育目標を踏まえ，総合的な学習の時間を通して育成を目指す資質・能力を示すこと．
（2）各学校において定める目標及び内容については，他教科等の目標及び内容との違いに留意しつつ，他教科等で育成を目指す資質・能力との関連を重視すること．
（3）各学校において定める目標及び内容については，日常生活や社会との関わりを重視すること．
（4）各学校において定める内容については，目標を実現するにふさわしい探究課題，探究課題の解決を通して育成を目指す具体的な資質・能力を示すこと．

(5) 目標を実現するにふさわしい探究課題については，学校の実態に応じて，例えば，国際理解，情報，環境，福祉・健康などの現代的な諸課題に対応する横断的・総合的な課題，地域や学校の特色に応じた課題，生徒の興味・関心に基づく課題，職業や自己の将来に関する課題などを踏まえて設定すること．

(6) 探究課題の解決を通して育成を目指す具体的な資質・能力については，次の事項に配慮すること．

　ア　知識及び技能については，他教科等及び総合的な学習の時間で習得する知識及び技能が相互に関連付けられ，社会の中で生きて働くものとして形成されるようにすること．

　イ　思考力，判断力，表現力等については，課題の設定，情報の収集，整理・分析，まとめ・表現などの探究的な学習の過程において発揮され，未知の状況において活用できるものとして身に付けられるようにすること．

　ウ　学びに向かう力，人間性等については，自分自身に関すること及び他者や社会との関わりに関することの両方の視点を踏まえること．

(7) 目標を実現するにふさわしい探究課題及び探究課題の解決を通して育成を目指す具体的な資質・能力については，教科等を越えた全ての学習の基盤となる資質・能力が育まれ，活用されるものとなるよう配慮すること．

　全体として記述量が多くなっているが，それは主に，「第1　目標」に (1) 〜 (3) の項目が置かれたことと，「第2　各学校において定める目標及び内容」に 3 が追加されたことによる．

　前者に関しては，各教科などの独自性が「見方・考え方」で示され，「総合」については「探究的」とされた．また今回の改訂ですべての教科などについて，目標の示し方が変更され，資質・能力の「3つの柱」（「①知識・技能」「②思考力・判断力・表現力等」「③学びに向かう力・人間性等」）を示すようになり，(1) (2) (3) が各々①・②・③に対応している．「総合」ではこれらが，「課題解決に必要な知識・技能を身につけ，探究的な学習のよさを理解する」，「課題設定・情報収集・整理と分析・まとめと表現」ができるようにする，「主体的・

協働的に取り組み・互いのよさを生かして積極的に社会に参画する態度を養う」として整理されている．

後者に関しては，従来の「第3 指導計画の作成と内容の取扱い」の規定を移した部分もあるが，「探究課題」の設定と解決についての留意点が述べられており，「総合」の特質の規定がより明確になっている．

同時に今回の改訂で注目されるのは，総則において，学校の教育目標を定める際に，「総合」の目標との関連を図ることが示されたことである．すなわち「総則」に以下のような記述が加えられた．

第2　教育課程の編成
1　各学校の教育目標と教育課程の編成
　教育課程の編成に当たっては，学校教育全体や各教科等における指導を通して育成を目指す資質・能力を踏まえつつ，各学校の教育目標を明確にするとともに，教育課程の編成についての基本的な方針が家庭や地域とも共有されるよう努めるものとする．その際，第4章総合的な学習の時間の第2の1に基づき定められる目標との関連を図るものとする．

この部分について「中学校学習指導要領解説総則編」(2017年6月) では次のように述べられている．

　　第4章総合的な学習の時間第2の1に基づき各学校が定めることとされている総合的な学習の時間の目標については，上記により定められる学校の教育目標との関連を図り，生徒や学校，地域の実態に応じてふさわしい探究活動を設定することができるという総合的な学習の時間の特質が，各学校の教育目標の実現に生かされるようにしていくことが重要である．

これは，今回の改訂の1つのポイントである「主体的・対話的で深い学び」を実現するために「総合」が重要な役割を占めることを確認したものであると考えられる．とりわけ高校については中教審答申において「総合的な学習の時間は，目標や内容を各学校が定めるという点において，各学校の教育目標に直

接的につながる．特に，高等学校では総合的な学習の時間がその学校のミッションを体現するものとなるべきである」[8]と，「総合」がその学校の教育目標を実現する中核となることが指摘されていた[9]．

　ある意味で当然のことではあるが，今回の学習指導要領改訂の1つのポイントが「アクティブ・ラーニング」であることを考えれば，「総合」はその代表的場面であると言える．初等中等教育関係の文脈で文部科学省が初めて「アクティブ・ラーニング」という用語を用いたのは，中教審への諮問「初等中等教育における教育課程の基準等の在り方について」（2014年11月20日）であったが，そこでは「課題の発見と解決に向けて主体的・協働的に学ぶ学習（いわゆる「アクティブ・ラーニング」）」とされていた．「課題の発見と解決」「主体的・協働的学習」こそ，「総合」が当初から掲げていたものであり，今回の改訂は「総合」の在り方を全教科などに広げるものである．学校教育の目標と「総合」の目標との関連づけはこのように見ることができる．

　以上，学習指導要領の規定から「総合」の位置づけや目標を確認した．教科横断的な課題に主体的に取り組むという点は一貫しているが，その意義として「探究的学習であること」，内容として「現代社会の諸課題に取り組むこと」，方法として「協同（協働）的学習を行うこと」[10]がより強調されるようになってきている．そして2017年の改訂では，学校教育全体の目標との関連を図ることが明示されたことで，「総合」がある意味で，各学校の理念を示す領域と

---

8) 同上 p.237.
9) 高等学校では，名称が「総合的な探究の時間」と変更された．
10) 中教審答申では「協同」と「協働」とは特に区別されていない．
11) これは大学の教職課程のカリキュラム改正にも現れており，2019年度から実施される新課程の「教職課程コアカリキュラム」では「総合的な学習の時間の指導法」を扱うことが規定され，その「全体目標」として総合的な学習の時間は，探究的な見方・考え方を働かせ，横断的・総合的な学習を行うことを通して，よりよく課題を解決し，自己の生き方を考えていくための資質・能力の育成を目指す．各教科等で育まれる見方・考え方を総合的に活用して，広範な事象を多様な角度から俯瞰して捉え，実社会・実生活の課題を探究する学びを実現するために，指導計画の作成および具体的な指導の仕方，並びに学習活動の評価に関する知識・技能を身に付ける」とされている．かつての「総合演習」とは明らかに目的・内容を異にするが，「総合演習」が事実上「教職実践演習」に替わったことと，今回の「総合的な学習の時間の指導法」の導入との関わりについては，改めて検討を行う．

されたと言える[11].

2　Alfie Kohn の「協同学習」論について

　さて，このような「探究的学習」「協同（学習）」の在り方についてはこれまで多くの議論と実践が積み重ねられているが，「総合」の目的と意義を検討するにあたって，米国の教育研究者である Alfie Kohn の議論が大変参考になると考える．Kohn は 1980 年代以来，競争原理や報酬（罰，賞賛，賞品，成績など）による動機づけを批判し続けており，とりわけ「競争原理」を打破する方法として協同学習を評価している．以下で Kohn の「協同学習（cooperative learning：CL）」についての主張を検討する．

　ここでは Kohn の主著である *No Contest: The Case Against Competition*（Houghton Mifflin, 1986 年，1992 年改訂）と *Punished by Rewards The Trouble with Gold Stars, Incentive Plans, A's, Praise, and Other Bribes*（Houghton Mifflin 1993 年，1999 年改訂，2018 年再改訂）に拠って，彼の協同学習についての考えを見ていきたい．

2.1　Kohn の協同学習（cooperative learning：CL）への評価（1）—— *No Contest* での議論[12]

　No Contest: The Case Against Competition の 1992 年改訂版で第 10 章「Learning Together」が追加され，そこで CL について論じている．

　Kohn は CL こそ，教室に限らず社会の各所に見られる制度的競争を克服する，最も有望な手法であると言う．

　Kohn が CL の効果として挙げるのは自尊心・社会相互作用・学業成績である．自尊心については「良く機能するグループは社会的支援の環境を作り出し，学業的成功の可能性を高める．それが，子どもにより自信をもたせ，失敗に直面したとき立ち直ることができ，運命が外部の力ではなく自分自身の手にある

12）本項の以下の記述は，第 14 回日本協同教育学会での口頭発表「Alfie Kohn の教育論における協同原理について——「競争」と「報酬」を越えて——」，（2017 年 10 月 28 日）を基にしたものである．

という感覚を高める」．社会相互作用については「敵意を減らし，社会技能 (social skills) を高め，違った背景や能力の人々を受け入れ，他者を（自分の成功の妨げではなく）潜在的協働者と見なす」としている．また学業成績も高まることが指摘されている．

その上で，CL を「競争による弊害を回避し，協同の利点を活かす」ものと評価する．「競争による弊害」とは「不安」「課題解決や深い学びを妨げる（外的動機づけ）」「結果を運や固定的能力に帰する（原因帰属の在り方）」「先が見えてしまうこと（勝者と敗者が決まっていると考えられ，敗者は学習内容に関心をもたなくなる）」である．それに対して「協同の利点」は「感情面での利益」「『オタク』という汚名がなくなること（学業に関心をもつことが周囲から評価される）」「教科内容への関心」「知的相互作用（教え合い，新たな発想）」である．しかし Kohn が CL を評価するのは，このような「数値化される成果」によること以上に，CL が一定の道徳的基盤 (moral foundation) をもつからである．それは「個人の価値」を尊重し，「学習者の共同体」を形作るということである．

「個人の責任 (individual accountability)」については「個別のテストを行うこと」や「グループで理解したことをランダムに指名して説明させること」が挙げられているが，これは「外部の権威」を利用することであるとされており，Kohn は「積極的な相互依存 (positive interdependence)」を実現するための別の方法として 4 つの選択肢を示している．

① 共通の目標を達成するのに協力することが必要な課題を与える．
② グループに課題を 1 枚，鉛筆を 1 本だけを渡す．
③ グループ内での役割を作る．
④ 協力を促す外的な報酬（成績，証書，ご褒美）を与える（グループ単位で成績をつける，個人の成績をグループの他のメンバーの成績と連動させる）．

このうち①と②は問題がないが，③は生徒を束縛するので注意が必要であるとされている．そして Kohn が最も問題にするのが④である．この方法に対する立場には 3 種類あるとされる．

① 積極的に活用する立場（Slavin[13]ら）
② 最初は活用するが，CL が定着したら活用しない立場（Johnsons[14]）
③ この方法が操作的・破壊的・不必要であるとして活用しない立場（Sharan[15]）

　Kohn はこれらの立場の違いの背後には CL の学習論自体の違いがあると考える．それは「行動主義的立場」と「構成主義的立場」である，前者が「協同は強化によって教えられる独立した一連の行為」であると考えるのに対して，後者は「CL をより広い意味での学習観の転換の一部と捉え，CL は生徒が議論を通じて学び，内発的で永続的な動機づけをもって学習活動に取り組めることを目的とする」ものである．Kohn は「行動主義的な学習モデル」の克服こそが CL にとって重要であると指摘する．
　そして外部からの誘因なしに CL の効果を最大限に高めるために，3 つの "C" について注意を払うことが必要であるとする．それは "control""curriculum" "community" である．
　"control" は，学ぶ内容や方法，進度などについて生徒自身が決めることであり，これによって自律的に取り組むようになる．
　"curriculum" は，生徒の興味を高め，適切な難易度の教材を用意しなければならないということである．同時に生徒の生きている世界に結びつくものでなければならない．（CL の一部には，協同で学ぶことが大切であって内容を問わないという考えがある，と Kohn は指摘する）
　"community" は，cooperative learning を cooperative classroom に拡大し，学級を思いやりのある共同体（caring community）にしていくことである[16]．
　これに関連して，Kohn は *Education Week*（2017 年 9 月 12 日，電子版）の "Don't Stifle Conflict in the Classroom —Don't encourage students to treat their

---

13) Robert Slavin（1950 年～）教育心理学者．「生徒チームラーニング」「チームゲーム・トーナメント」「ジグソー法 II」などの協同学習の手法の開発者である．
14) Roger Johnson（1938 年～）と David Johnson（1940 年～）の兄弟．いずれも教育心理学者で，協同学習研究の第一人者とされる．
15) Shlomo Sharan（1932 年～）イスラエルの教育学者．1979 年の国際協同教育学会の創設を主導した．

opinions as fixed"[17] というコメンタリーで "cooperative conflict" "constructive controversy""friendly excursions into disequilibrium" という表現を用いている．ここでは，対立や不一致それ自体が望ましくないものではなく，それらが否定的になるのは，競争的環境によるものであるとされ，協同的な環境の中では，対立や不一致こそ，考えを広げたり深めたりする契機になると述べられている．そしてここでも caring community の形成の必要性が語られている．

　CL をめぐる課題は多い（教員研修の問題，競争原理と個人主義的文化，教師の意識など）が，学級・学校全体を変えていく可能性をもっていると Kohn は結論づけるのである．

2.2　Kohn の協同学習（cooperative learning：CL）への評価（2）── *Punished by Rewards* での議論

　Punished by Rewards は全体として，報酬や罰を与えることが動機（特に内発的動機づけ）を損なうということを主張したものであるが，その第 11 章「Hooked on Learning：The Roots of Motivation in the Classroom」で学校教育について論じている．

　ここで Kohn は教師の役割を「生徒が何かを学ぶ（learning about）のではなく，発見（discovering）しようと考えて課題に取り組むことを助ける」[18]点にあるとしている．そして，生徒の動機を高め，発見しようとする意欲を生み出すための方策として次の 5 点が示されている[19]．

① 　能動的な学習（active learning）が行われるようにせよ：単に机に座って聞くだけではなく，見て，触れ，行うことで最も効果的に学ぶことがで

---

16) これに関連して，Kohn が可能性のあるプログラムとして紹介しているものに Child Development Project（CDP）がある．これはオークランド（カリフォルニア州）で 1980 年に設立された NPO である Developmental Studies Center（DSC）が実施しているもので，要求に応えることで，他者への配慮ができる子ども」を育て，「学校を思いやりのある共同体（caring communities）にする」ことを目的としている，と Kohn は評価する．

17) 同一の文章が Kohn のウェブサイト（http://www.alfiekohn.org/ article/ conflict/）では，"Cooperative Conflict: Neither Concurrence Nor Debate" というタイトルで掲載されている（閲覧日：2017 年 8 月 17 日）．

18) *Punished by Rewards*, p.211.

19) ibid.　pp.211 − 213．

きる.
② 課題を与える理由を示すようにせよ：課題に取り組む価値があることを伝えることで，生徒は動機づけられる．
③ 好奇心を喚起せよ：人は結果が予想できないことや，予想どおりではなかった結果に対して好奇心を抱く．「次に何が起こると思う？」「どうしてその子はそれをしたのだと思う？」と問うことで，（Kohn が学習にとって決定的に重要であると考える）内発的動機づけを高めることができる．
④ 手本（example）を提示せよ：教師が自ら活動をしている姿を生徒に見せたり，わからないことがあると認めたりすることが必要である．
⑤ 間違いを歓迎せよ：教師にとって生徒の間違いは，彼らの考え方を知る情報である．もし生徒が間違いをすることを恐れるならば，必要な助けを求めたり，知的な冒険を冒したりすることもなくなり，内発的動機づけが得られないであろう．

その上で，動機づけのために，*No Contest* とは別の「3つのC」が提起されている．それは "collaboration" "content" "choice" であり，各々以下のような小見出しの節で述べられている．

"Collaboration: Learning Together"[20] では，競争原理を乗り越える方策として，協同学習（cooperative (or collaborative) learning）が，協力をして学習に取り組める方法であるとされている．そして同時にここでも「行動主義的な教授モデルを脱する」ことが重要であると指摘されている．先にも見たように「行動主義的なモデル」は，賞罰で動機づけることによって学習を行わせるものであるが，協同学習においても，そのような考え方が見られると Kohn は批判するのである（これについては次項で取り上げる）．

続く "Content: Things Worth Leaning"[21] では，学校での学びは脱文脈化されて（decontextualized）おり，断片的な情報の伝達になっているため，子どもにとっては退屈で意味のないものであると指摘される．子どもは学校外での生活や関心があり，自分自身の観点，ものの見方，理解，意味づけをもっている

---

20) ibid. pp.214-216.
21) ibid. pp.216-221.

のであり，彼ら自身が知識を構成するという構築主義（constructivism）の立場から教えることが必要なのである．

第3の "Choice: Autonomy in the Classroom"[22] では，子どもから自己決定を奪うことは動機を奪うことであるとした上で，選択権を与えることは，子どもを1人の人間として尊重することであり，教師と子どもの協働を可能にし，子どもが積極的に学習に参加できるようになるとされている．更に学習成績もより向上するのである．

2.3　CLと報酬について―Slavinとの論争

先に触れたように，KohnはCLを行う際に行動主義的モデルから脱することが重要であると主張したが，この点に関して，KohnとSlavinとの間には論争があった．ここでは以下のコメントからその内容を見る．

　・R. Slavin : "Group Rewards Make Groupwork Work Response to Kohn"
　・A Kohn : "Don't Spoil the Promise of Cooperative Learning Response to Slavin"

　　　　　　　　　（いずれも *Educational Leadership*, 48-5, 1991年2月）

　・Ted Graves : "The Controversy over Group Rewards in Cooperative Classrooms"

　　　　　　　　　（*Educational Leadership*, 48-7, 1991年4月）

Slavinは，外的な報酬が動機を高めることが明らかになっており，シェークスピアやモリエールについてのエッセイを書く場合にはNintendo（のゲーム機）が必要である．そして，CLでもグループに報酬を与えることで活動が促進され，多くの教室で報酬が与えられていると述べている．

それに対してKohnは，先行研究の評価について反論するとともに，個人に対する報酬をグループへの報酬へと替えることだけがCLを成功させる道ではないと述べる（KohnはSharanのgroup investigationを，外的報酬なしで成功した例として挙げている）．

---

22) ibid. pp.221-224.

Graves はこの論争について，Slavin と Kohn は，pragmatic/idealistic continuum の対極に立っているとまとめている．目的は共通であるが，立場が異なるという位置づけである．その上で，「グループへの報酬の否定的影響を最小にする形態」「内的動機づけが有効な状況」「外的なグループへの報酬が必要で有効な状況」について具体的に検討している．

ポイントは「生徒が進んで取り組もうとしているのかどうか」（意欲が高い場合には外的な報酬は逆効果になるが，低い場合は一定の有効性をもつ），「どのような内容を学習するのか」（基本的な知識・技能なのか，情報の分析・総合なのか．Slavin は前者，Kohn は後者を想定している）という点である．

そして，（特により能力のある生徒に）協同学習のスキル（相手を助ける／互いに助け合う）技能を教えることが必要であると指摘する．

3 Kohn の提起する論点と「総合」にとっての意義

以上，「総合」の目的・意義と Kohn の CL についての議論を検討してきた．最後に Kohn の提起する論点が「総合」を考える上でどのような意義をもっているのかを検討する．

先に見たように，2017 年の学習指導要領改訂に際して「中教審答申（別添）」が示した「総合」のポイントは「主体性」「自己理解」「内面化」「協同性（協働性）」「他者理解」「社会参画・社会貢献」であった．

Kohn の論点との関係で見れば，第1には，「協同性（協働性）」はまさに協同学習そのものである．報酬批判を含めて，競争原理を脱し，協同的な学習によって共同体の形成を構想する Kohn の議論は，「総合」を考える上で導きとなるものである．

第2には，「自己理解」と「他者理解」である．Kohn は協同学習によって，他者の視点から見ることのできる「視点取得（perspective-taking）」や共感（compassion）能力の育成を重視しており，他者理解の課題と結びつく．そして「自己理解」も他者理解の上でこそ進められるものである．

第3には「主体性」である．Kohn は子どもに選択権（自己決定権）を与えることの重要性を指摘するが，主体性はそのような経験をもつことによってこ

そ養われるのである.「子どもが自己決定のできる人間になるためには, 決定する経験をもたなければならない」という Kohn の主張は重要である.

　第4は「社会参画・社会貢献」である. Kohn が述べるような方法によってこそ,「探究的な課題」を子ども自身が見つけ, それを追求することで, 自分自身の見方・考え方・価値判断をもつようになり, 社会参画・貢献の主体となることができるのである. 同時に Kohn は社会の現状を無批判に受け入れるのではなく, 社会を変えていく力をもつことも必要であると主張している.「reflective rebelliousness（思慮深い反逆性）[23]」を養うことが, 彼の教育の目的の1つであり, この視点も重要であろう.

　最後に第5として指摘できるのは,「do（ing）to ～」ではなく「work（ing）with ～」が重要であるということである. これは Kohn が繰り返し用いる表現であり, 教師や親が子どもをコントロールするのではなく, 1人の人間として率直かつ誠実に子どもと向き合い, 支え, ともに生きることが教育の要諦であるとされる. この姿勢は「総合」だけでなく, 教育全体についても十分に考える価値があるのではないだろうか.

おわりに

　先に触れたように, Kohn は自らの文章の数カ所で以下の引用を行っている.

　　人々を受動的で従順にさせておく最も良い方法は, 受け入れられる意見の範囲を厳しく限定し, その範囲で非常に活発な討論をさせ, 批判的で反体制的な見解さえも奨励することである. それによって人々は自由な思考を行っているという感覚を得るが, 実は議論の範囲が定められていることで, 体制側が前提とする立場は常に強化されるのだ.
　　　　　　　　　　　　　　　（Noam Chomsky : *The Common Good*, 1998 年）

　またジグソー法を考案した E. Aronson も「話し合いや意見交換」がプロパガンダの有効な方法であると述べている.（*Age of Propaganda: The Everyday*

---

[23] *The Myth of the Spoiled Child*, 2014, p.185.

Use and Abuse of Persuasion, 1991 年)

　「総合」において，学習内容・方法を検討する際，このような指摘は重要であると考える．学校教育の中でアクティブ・ラーニングが議論される現在，生徒が学ぶ内容をどう考えるべきかという問題は避けて通ることができないのである（例えば「考え，議論する道徳」を謳う「道徳科」の学習指導要領に多くの内容項目（「徳目」）が指定されていることや，社会科などで教科書に「政府見解などを記述する」ことを定めること）．この点については稿を改めて検討したい．

Column 8　家庭教育って何だろう？

はじめに　新米パパの思い

　　私は3歳と1歳の2人の子どもがいる．共働きであるが，私のほうが時間の融通がきくので，保育園の送り迎えや集団検診，予防接種等は私のほうが行くことが多い．保育園は毎日のことなので父親が行っても何でもないが，それ以外の場面だと結構おもしろい体験をすることが多い．

　これは，『おんなの叛逆』というミニコミ誌に掲載された私の文章（Column 2）の冒頭です．1996年2月刊行で，原稿を書いたのは95年の秋ごろになります．1992年2月生まれの娘と93年12月生まれの息子との生活の一端を書いたものです．健診や病院，保育園で言われたこと，経験したことを書いた小文ですが，最後は次のようにまとめました．

　　夫婦が2人とも働き，本当に子育てを分担しようと思ったら，男のほうも仕事を犠牲にする覚悟がなければやっていけない．私はもっと男が育児の日常的場面に登場することが必要であろうと思う．そうすれば，職場でも「育児責任をもっていて当たり前」という風潮ができるだろう．

　これを書いて20年以上経ちましたが，今でもそれほど違和感がないのではないかと思います．少子化社会対策，子育て支援，ワーク・ライフ・バランス…，言葉が踊るばかりで内実が伴っていないのではないでしょうか．

「家庭教育」への違和感

　ところで「家庭教育は教育の原点（出発点）」であると言われます．2006年に改定された教育基本法の第10条は保護者の責任と家庭教育の在り方（基本的生活習慣・自立心・心身の調和のとれた発達）を定めています．
　でも私は「家庭教育」という表現にずっと違和感を抱いてきました．家庭

は教育の場なのでしょうか？
　例えば挨拶をするのは，「基本的な生活習慣」を身につけさせるためなのでしょうか？　学校の出来事を聞くのは「信頼感」を育成するためなのでしょうか？　家族で旅行をするのは，「豊かな体験」をさせるためなのでしょうか？　人間同士のコミュニケーションとして挨拶をして，子どものことを知りたいから学校の出来事を聞き，家族で楽しみたいから旅行をする，というだけではいけないのでしょうか．
　どっちにしても同じことだと考えられるかもしれません．しかし私は親が教育的な意図をもつかどうかで，子どもとの関わりに大きな違いをもたらすと考えます．

客体か主体か

　教育的な意図とは，子どもを客体（一定の方向に向けて形成されるべき素材）として見ることではないでしょうか．学校の教師は教育的意図をもち，それに基づいた指導を行います．親も（学校とは別の内容であるとしても）教育的意図をもつならば，子どもはいつも「導かれ，矯め直される客体」としてしか存在できないことになります．家庭を学校の下請け（あるいは学校に先立つ教育の場）にすることが，子どもにとって本当に良いことなのでしょうか．
　私は子どもたちを教育しようと思ったことはありません．自分自身が人を教育できるほどの存在でもないと感じており（これは大学でも同じですが），とにかく一緒に楽しく生活できればよいと考えてきました．子どもを自分と対等な主体として対することが何よりも大切だと思っています．

家族から

　本文を書くにあたって子どもたちに「自分の受けてきた家庭教育」を書いてもらうよう頼んだところ，ラインで次のような文が届きました．

　　　父は大学教授，母は中学校教員である私は，どんな英才教育を受けているのかと周りに思われたことは数え切れないほどだ．実際の我が家は父が家事をしており，母の口癖は「妻が家事をやって当たり前なんて有り得ない！」である．小学生のころ，私はお風呂掃除をしていた．母は

「これはお手伝いではなく，あなたの仕事だ．仕事をして初めてお金がもらえるんだ」と言っていた．また，母は私と弟に「姉だから，弟だから，女だから，男だからというのは差別だ．あなたたちは1人の人間なんだ」と言っており，いつでも私と弟を'ひとりの人間'として見ていた．だから私が決断したことを止めることはないし，逆に期待することもなかった．昔はテストで点数が良くても他の家では褒美があるのに我が家ではそれが無いことに不満を感じていたが，今となれば，自ら道を切り開き責任をもってその道を進むということができている私の人生は，母の言葉と優しく見守る父の教育の賜物だろうと考えている．しかし最近還暦を迎えた母は独身の私に何か期待しているように見える．1つくらい期待に応えたいものだ．［娘26歳］

　私が受けた家庭教育としてまず始めに思いついたことが『勉強しなさい』と言われたことがない点です．テスト前，受験期など多くの親はそれを子どもに言うと思いますが，我が家では両親に言われたことがありません．姉には常に言われていましたが…．また，わからないことがあるときには質問すると一緒に考えてくれたり，調べるための辞書や参考書を示してくれたり，答えを導くための手法を教えてくれました．どのようなことでも答えを出すまでの過程を自らで考えることで浅薄な知識ではなくしっかりとした土台の上に成り立つ知識として学ぶことができると思います．その大切さを教えてくれたのが『自分の受けた家庭教育』です．［息子24歳］

最後に妻からの一言です．

　未知なる我が子に会いたかった．けれど「母」にはなりたくなかった．私の母世代の多くは我慢強く，それを喜びとしているように見えた．しかし私には我慢が美徳とは到底思えなかった．「我慢とは何なのか」と悶々と問い続け自分なりの結論に至った．①我慢は我慢を再生産する，②我慢は問題を潜在化させる，③我慢は一部の人にだけ強いられる，だから我慢は美徳などではない，と．私は，性別・立場別役割分業を放棄することにした．「性別や立場を越えて個として生きたい」．人生は一度

きり，自分で創り上げるしかない．個として自立し，個として互いを尊重する生き方を貫きたかった．自分も家族に対しても．その結果，今日に至っている．

［2018 年］

初出一覧

第1章　現代の家庭教育政策の動向
「改定教育基本法制下における家庭教育の政策動向について
　―家庭教育支援条例・家庭教育支援法案・「親学」をめぐって―」
　　　（昭和女子大学近代文化研究所『学苑』929号　2018年3月）

第2章　家庭教育支援条例の成立過程
家庭教育支援条例の制定過程について―地方議会の会議録から―
　　　（昭和女子大学近代文化研究所『学苑』941号　2019年3月）

第3章　「親になるための学び」をめぐって
第1節
「親になるための学び」について
　―「家庭教育支援条例」と「ライフプラン教育」をめぐって―
　　　（昭和女子大学近代文化研究所『学苑』931号　2018年5月）
第2節
生徒の人生選択に学校教育はどう関わるべきか
　―「ライフデザイン（ライフプラン）教育」と家庭科教育をめぐって―
　　　（『昭和女子大学現代教育研究所紀要』　第4号　2018年12月）

第4章　「親学」「誕生学」をめぐって
「親学」と「誕生学」をめぐって
　　　（昭和女子大学近代文化研究所『学苑』943号　2019年5月）

第5章　アルフィー・コーンの家庭教育論
「現代教育界の思想を振り返る：Alfie Kohnの『子育て論・家庭教育論』批判をめぐって」
　　　（昭和女子大学近代文化研究所『学苑』917号　2017年3月）

補章　　アルフィー・コーンの教育論の諸相
第1節
「道徳教育の目的と方法－ Alfie Kohn の character education 批判をめぐって－」
　　　（昭和女子大学近代文化研究所『学苑』922 号　2017 年 8 月）

第2節
「教育評価の意義と課題－ Alfie Kohn の『評価批判』をめぐって－」
　　　（『昭和女子大学現代教育研究所紀要』　第 3 号　2017 年 12 月）

第3節
「中等教育における『総合的な学習の時間』」の目的とその指導について
　　－ Alfie Kohn の協同学習論を踏まえて－」
　　　（青山学院大学『青山学院大学　教職研究』　第 5 号　2018 年 3 月）

Column
1　『日本婦人問題懇話会会報』第 52 号　　1992 年
2　『女の反逆』第 44 号　　1996 年
3　江戸川区立堀江第二保育園卒園記念文集　　1998 年
4　昭和女子大学日本語日本文学科ブログ　　2012 年 1 月 10 日
5　昭和女子大学日本語日本文学科ブログ　　2013 年 10 月 9 日
6　昭和女子大学日本語日本文学科ブログ　　2015 年 1 月 4 日
7　昭和女子大学日本語日本文学科ブログ　　2014 年 1 月 11 日
8　Edumate（昭和女子大学教職課程報）第 3 号　　2018 年 10 月

あとがき

　本書は私にとって，『ジェンダーから教育を考える』(2013年)，『ジグソー法を考える』(2016年) に続く3冊目の単著となる．前著の『ジグソー法を考える』が翻訳書『ジグソー法ってなに？』の副産物であったのと同様に，本書も翻訳書『甘やかされた子どもの真実－家庭教育の常識をくつがえす』(2019年3月) の副産物である．

　今回翻訳をしたのは Alfie Kohn　*The Myth of the Spoiled Child: Coddled Kids, Helicopter Parents, and Other Phony Crises* (2016年) であった．私が Kohn の名前を知ったのは，『ジグソー法ってなに？』として翻訳した E. Aronson, Shelley Patnoe　*Cooperation in the Classroom: The Jigsaw Method* (2011年) の中であった．ジグソー法などの協同学習がアメリカが広く受け入れられていることを示す文献の著者として，Kohn の名前が挙げられていたのである．そこで Kohn の著作を探していく中で，彼の家庭教育論を知ることになった．私にとっては，ジグソー法と家庭教育論は，Kohn を仲介として結びついているのである．

　他方，家庭教育支援条例や家庭教育支援法，「親になるための学び」「親学」などについては，「ジェンダーと教育」への関心の延長上にある問題であると同時に，親としての自分自身のあり方を考える中で見出したテーマでもあった．

　本書には，ここ数年で書いた論文などに加え，1990年代に書いた文章も3本収録した．

　「『産む』ことへの国家的まなざしの成立」(Column 1) は，日本婦人問題懇話会の機関誌52号 (特集：産む　Part II 「産む権利・産まない自由」) に掲載されたものである．日本婦人問題懇話会は1961年に山川菊栄や田中寿美子らによって設立された，女性問題の研究会である．掲載の経緯についての記憶は定かではないが，機関誌を定期購読をしており，特集の内容を見て投稿したのではないかと思う．この特集は当時，出生率の低下が社会問題化となっていたこと (「1.57ショック」) を受けたものであった．

　「男が子育てをし，世の中変えませんか」(Column 2) は，名古屋の久野綾子氏が編集・刊行されていた『おんなの叛逆』というミニコミ誌に掲載された

ものである．当時の生活について，半ば個人的な手紙として書いたものであったが，久野氏がタイトルをつけた上で掲載してくださった．

そして「パパとママから悠ちゃんへの手紙」（Column 3）は，娘の保育園卒園にあたって，保育園父母の会有志で作成した記念文集に寄せたものである．

いずれも文字通りの小文であるが，親になる直前から育児に追われていた時期に書いたものとして，個人的には大変強い思い入れのある文章である．このような形で本の中に収録することになるとは当時は夢にも想像せず，非常に感慨深いものがある．

ところで，2019年3月に，Matthias Doepke, Fabrizio Zilibotti *Love, Money & Parenting: How Economics Explains the Way We Raise Our Kids*（Princeton University Press 2019年2月）という本を読んだ．経済学の立場から子育てのあり方を論じたもので，大変興味深いものであった．著者らの主張の一つは，「経済的格差が大きい社会では，intensive parenting が，格差が小さい社会では，permissive parenting が，それぞれ優勢になる」というものである．つまり子育てのあり方を決めるのは，子どもが将来どのような社会の中で生きるかについての見通しであり，経済的格差が大きい社会であれば，その中で競争に勝てる人間に育てようとする，という訳である．そしてその前提には「親は制約がありながらも，子育ての方法についていろいろと知っており，その中から選択をする」という見方がある．この指摘は当然のようであるかもしれないが，経済的・社会的状況が，親の子育ての方法や考え方を基本的に規定し，親はそれなりに合理的に行動する，という視点は大変重要であると考える．子育てが，親の考え次第である，あるいは親個人の知識や価値観や姿勢に影響される，という見方に立てば，「親学」に象徴されるように「親を教育すべき」ということになるが，そうではなくて，親が社会状況を見て子育ての方法を選択していると考えるならば，子育てや家庭教育を「良く」しようとするためには社会を変えなければならないことになる．もう一つ指摘されているのは，例えば「親が子どもに本を読む習慣がある方が，そうでない場合より子どもの学業成績がよくなる」ということは正しいが，だからといって「子どもに本を読めば，成績が上がる」「成績を上げるには本を読んでやればよい」とは言えないという

ことである．つまり「本を読む」のは，親が子どもに密接に関わる中の一つの場面にすぎず，本を読むだけ成績が上がるわけではないのである．

このような議論を Kohn の主張とどう関係づけられるか，家庭教育をどのように考えるかは今後の宿題としたいが，家庭教育や子育てついて考える際には，マクロな視点とミクロな視点の両方を見ることが重要であると確認できる．

本書に掲載した文章の執筆にあたっては多くの方のお世話になった．昭和女子大学人間社会学部初等教育学科の今井美樹先生には，家庭科の立場からのご意見をいただいた．資料収集にあたっては昭和女子大学生活科学部健康デザイン学科 2017 年度卒業生の増渕茜さんのご協力を得た．同じく人間文化学部日本語日本文学科 2018 年度卒業生の佐々木邑華さんには資料整理について協力をしていただいた．

とりわけ人間文化学部英語コミュニケーション学科 2012 年度卒業生の飯牟禮光里さんには，2 冊の翻訳作業をともにしていただき，本書の元の原稿を執筆する中でもいろいろなご意見をいただいた．さらに本書のタイトルも考えてくださった．ここに改めてお礼を申し上げる．

また子どもたちにもお礼を伝えたい．保育ママや保育園にお世話になっていた頃は，毎日家事育児に追われ，「出口のないトンネル」にいるようであった．この小さな子どもたちが大きくなるとは信じられなかったが，現在 20 歳台半ばとなって，それぞれの道を進んでいる姿を見て嬉しく思う．最後に，人生の大半をともに過ごしてきた妻に，これからもよろしくと伝えたい．

転載にあたっての労を執って頂いた昭和女子大学近代文化研究所の田畑伸子次長，原稿の整理・編集をして頂いた丸善プラネット株式会社の野邉真実氏にお礼を申しあげる．

2019 年 8 月　　友野清文

索　引

ACT　216
BGUTI（Better Get Used To It）　173
do（ing）to　168, 171, 225, 249
Helicopter parents　172
Kohn Alfie　159
NAEP（National Assessment Educational Progress）　216
PHP　143
SAT　216
TOSS　57
work（ing）with　168, 171, 225, 249

新しい時代に対応する教育の諸制度の改革について　3
新しい時代を拓く心を育てるために　―次世代を育てる心を失う危機―　5
生命（いのち）と女性の手帳（仮称）　111
エンゼルプラン　108
大葉ナナコ　149
親学　34, 134
親学アドバイザー　141
親学推進協会　34, 137
「親学」に関する緊急提言　10, 137
「親学」の教科書　35, 138
親学のすすめ　140
親になるための学習　7

親になるための教育　28
親になるための学び　79

学習指導要綱　123
学校教育活性化のための7つの提言　144
活力ある教育の再生を目指して　―学校・教師・親・教育委員会を元気にする提言―　140
家庭科教科書　128
家庭基盤の充実に関する対策要綱　108
家庭教育支援条例　16
家庭教育支援法案　29
家庭の教育力　3, 156
キャラクター教育　187
教育基本法　8
教育再生会議　8
教育再生実行会議　12
協同学習　242
高校生のためのライフプランニング　92
高校生向け少子化対策副読本「北海道の少子化問題と私たちの将来について考えてみよう」　104
根本的な帰属の誤り　189

始末をつける教育観　129
自明性への疑い　179
自由放任主義　170

生涯教育について　2
生涯の生活設計　124
少子化社会対策大綱　109
少子化と教育について　5
少子化を考える高等学校家庭科副読本「考えよう　ライフプランと地域の未来」　101
常識的な思想　158
思慮深い反抗性　177, 249
総合的な学習の時間　229
第一義的責任　6
高橋史朗　34, 134
探究活動　236
誕生学　149
つながりが創る豊かな家庭教育 ─親子が元気になる家庭教育支援を目指して─　13
とちぎの高校生「じぶん未来学」　94

内発的動機づけ　176
21世紀を展望した我が国の教育の在り方について（第一次答申）　3
ニッポン一億総活躍プラン　114
日本政策研究センター　119
妊産婦手帳　43

発達障害　48
標準準拠評価　222

標準テスト　215
報酬　173, 223, 247
母子手帳（母子健康手帳）　42

マシュマロ実験　175
未来の生き方を考える ─ Life Planning Booklet ─　98

良い親　171

ライフデザイン（ライフプラン）教育　117
ライフプラン教育　28, 89
臨時教育審議会　3, 144
ルーブリック　219

友野　清文（ともの・きよふみ）

昭和女子大学総合教育センター（教職課程室）教授．
岡山市出身．財団法人日本私学教育研究所専任研究員などを経て，
2009年10月から昭和女子大学総合教育センター（教職課程）准教授．2014年4月から現職．
主な著書に『ジェンダーから教育を考える』（丸善プラネット　2013年），『ジグソー法を考える』（丸善プラネット　2016年）．

現代の家庭教育政策と家庭教育論
これからの子育てと親のあり方

2019年10月25日　初版発行

著 作 者　友野清文　　　　　　　　　　©2019

発 行 所　丸善プラネット株式会社
　　　　　〒101-0051　東京都千代田区神田神保町2-17
　　　　　電話 (03) 3512-8516
　　　　　http://planet.maruzen.co.jp/

発 売 所　丸善出版株式会社
　　　　　〒101-0051　東京都千代田区神田神保町2-17
　　　　　電話 (03) 3512-3256
　　　　　https://www.maruzen-publishing.co.jp/

組版／株式会社 明昌堂
印刷・製本／大日本印刷株式会社

ISBN 978-4-86345-437-8 C3037